陈式太极拳
内功健身与技击术

王永其　编　著

人民体育出版社

太极大师冯志强传授再传弟子王永其技法

太极大师冯志强（中）与弟子谢志根（左）、再传弟子王永其（右）合影

恩师韩奎元从国外归来，带洋弟子参加北京 2012 年"和谐杯"太极拳邀请赛

恩师田秋田（左2）及师叔田秋信（左1）、田秋茂（右2）与弟子王永其合影

2012年恩师韩奎元与弟子王永其合影

2012年北京国际太极拳交流大会上陈式太极拳代表队领队王永其领奖

2012年北京陈式太极拳研究会代表队荣获"集体优秀表演奖"
队员左起：刘红萍、彭晔、孙靖、李春慧、周海、
王永其、陆小珍、张蓉蓉、何秀森、郝福荣

2013年庆祝恩师田秋田八十寿辰

2014年北京陈式太极拳研究会代表队荣获集体"优秀展演奖"

队员左起：郝景海、何秀森、张蓉蓉、王朋会、史敬民、

王永其、杨靖、周海、何雄、张峰

太极大师田秋信与获奖队员合影

作者演练太极棒

王永其教授的学生在北京体育大学第3届全国传统武术比赛大会上荣获集体一等奖

作者简介

王永其与弟子们合影

　　王永其（1943— ）是陈式太极拳第十二代传人、北京陈式太极拳第四代传人，师承太极名家田秋田、韩奎元，并得到太极大师冯志强的教诲，学得混元太极和太极推手。曾任北京市武术协会陈式太极拳研究会副秘书长、华城武术社副社长，现任北京陈式太极拳研究会顾问。

　　王永其自幼酷爱武术和书法，现为中国书画家协会理事、中华书法学会副主席、华夏夕阳红书画协会理事。长期以来任某期刊主编，从事编辑工作，有幸接触、采访中国传统武术名家。先后挖掘、整理了多个传统武术拳种的套路，使濒于失传的古老拳种有了系统的文字阐述。在全国大型武术期刊上发表了大量著述。其著作《陈式太极拳内功心法》于2011年由人民体育出版社出版发行，短短3年多时间先后再版了5次，被网上销售评为"五星"级畅销书。同时，此书于2012年由台湾大展出版社出版，向世界各国发行。

王永其自20世纪80年代初开始潜心钻研北京陈式太极拳拳理、拳法，并勇于实践，严以治学。所授弟子、学员在国际、国内武术重大比赛中获得突出的成绩。仅2007—2016年期间，先后在"香港首届国际太极拳邀请赛""第7届至第11届北京国际太极拳邀请赛""邯郸第11届国际太极拳邀请赛""北京体育大学第2届、第3届全国传统武术拳种比赛交流大会""中国焦作第5届、第6届太极拳锦标赛""香港第11届国际武术比赛"等27次国际、国内大型武术比赛中共荣获名次奖项260项，其中前三名有179个，即82个第一名（含金牌57枚）、47个第二名（含银牌30枚）、50个第三名（含铜牌28枚）。

《陈式太极拳内功健身与技击术》一书撰写、编辑的内容，是作者经多年挖掘整理成书，望能与太极同仁们共同交流、切磋。

序

《陈式太极拳内功健身与技击术》是太极大师田秀臣的再传弟子王永其根据师传技法和挖掘整理濒临失传的内功技击术而成书的。该书的问世，为传统陈式太极拳继承、发展做了一件很好的事情。

目前，传统太极拳已成为当代第一大拳种，现在世界上学练太极拳的人越来越多。据报导，"世界上有150多个国家和地区的10多亿人在习练太极拳"，这足以说明太极拳的魅力。

太极拳之所以受到人们的青睐，主要是因为太极拳是中华民族传统文化传承的一个特殊载体，它涵盖了哲学、易学、道学、医学、力学、文学、美学等方面。实践证明，太极拳通过形体运动表达出的是一种深邃广袤的中国传统文化信息，它具有武术技击和健身强体延年益寿两大功能，被称为祖国文化遗产中的瑰宝。

近些年来，太极拳的蓬勃发展确实让许多人始料不及，这就是太极拳随着时代的发展变化，太极拳的功能也逐渐发生变化，本属于冷兵器时代从属地位的健身和修身养性功能成了大众追求的最终目的，而武术本质的技击功能却被人们"冷落"。因而，传统太极拳在如何继承与发展上出现种种误区。如何走出误区，作者在书中提出了一些新的思路。

传统太极拳在继承与发展问题上，尽管有各种各样认识，综合起来其核心问题，就是在新时代传统太极拳传承人"如何实现传承与发展"的问题。

首先，传承人要摆正关系。从思想上要充分认识，太极拳是一种武术，"武"是它先天的属性，其理论与技术中处处都保持着技击的本色。同时，也要充分认识到推动与发展大众太极拳的健身运动是不可逆转的潮流。但也必须看到太极拳的核心功能与技术在"大众"中是普及不了的，这是因为：一方面大部分人不具备掌握太极拳技击的素质，另一方面训练条件差和训练的强度远远不够。大众武术的终极目标是修心养性、娱乐健身、延年益寿、社会和谐。太极拳的传承与发展重担责无旁贷地落到传承人的肩上。

大家知道太极拳融儒、释、道三家于一炉，涉及众多学科，它博大精深，道技并重，内外兼修，是一门难修、难练、难以致用的拳术。不下苦功夫，难以窥其门径。太极先贤告诫我们说："要想把太极拳学好，你必须有万夫不挡的勇气、百折不挠的毅力、脱胎换骨的精神，否则是功败垂成。"传承人的历史责任就是决不能让太极拳沦为"老人拳""健身操"。

其次，传承人要明确怎样继承和继承什么。传统文化的传承是一项系统工程，不是简单一个号召就能成功的。"师徒制"是我国历史上传统武术延绵不绝的主要生命形式。目前在传统武术"边沿化"的情况下，建立、完善师徒制显得十分重要。由师父和徒弟结合而成的传习双方，可共同构成中国传统武术"上传下承"的组织保证。有了传承人，才谈得上"继承什么"。

太极拳发展史告诉我们："继承"是太极拳发展中不可动摇的理念。传统太极拳要继承什么？一要"全"，二要"精"，三要"深"，四要"保"。传统太极拳经过几百年的传习，先贤们为我们留下了一大批宝贵的文化遗产。继承不能顾此失彼，要全面、系统地总结。对先贤们经过千锤百炼传承下来的经典理法，无论多难、多复杂，也应继承。同时，还要深入地挖掘整理已失传、濒临失传的绝技，并通过"申遗"加以保护。

我们阅读《陈式太极拳内功健身与技击术》一书，可以清楚地看到，本书作者在太极拳继承发展工作上为我们开了先河。古称人之年龄"七十为耄，八十为耋"，通过视频我们可看到作者已至耄耋之年，但依然身轻体健，精神矍铄，行拳走架身法敏捷，跳跃动作如年青人一般，可见其深谙太极养生之道，这为大家提供了太极拳养生健身、延年益寿之佐证。同时作者秉承师志挖掘整理了陈式太极拳只知其名不知其法濒临失传的技击术。

我相信"在21世纪里，太极拳这一中华瑰宝，将为世界上更多的人们所认识和接受"这句话不是空谈，而是正在发生着的现实。

王洪恩

2016年6月6日于北京

自 序

继承、发展、弘扬中华武术文化是每个习武之人的责任，挖掘、整理中国传统武术更是责无旁贷。顾留馨先生说过："现在已到坐而言不如起而行的时候了。"顾先生在20世纪80年代撰写书稿时曾感慨地说："年已七十有三，还常常深夜写稿，颇有谈迁写《国榷》时'残编催白发，犹事数行书'的感触。"大千世界无独有偶，吾也年已七十有三，当写此书稿时也颇有同样感触。

人民体育出版社于2011年出版了我撰写的《陈式太极拳内功心法》一书，至2014年短短3年多时间先后再版了5次，本人除对武术的热爱和一份责任感之外，读者需要是我决心进一步挖掘整理传统武术、撰写《陈式太极拳内功健身与技击术》一书的动力。本书内容，从四个方面进行了挖掘整理。

一是挖掘整理了练太极如何健身。详细阐述了太极拳随着冷兵器时代的结束，其功能也逐渐发生了变化。在现代社会，和平、友谊与发展已成为社会的主流，人们的精神文化、身心健康成了大家的重要追求，本属于冷兵器时代从属地位的健身和修身养性功能，成了人们追求的最终目标。本书从现实生活角度出发，生动地介绍了"快工作与慢太极"的关系，深入浅出地论述了"练太极拳如何走出种种误区"。

二是挖掘整理了"拳圣"陈发科由一个多病的少年是怎样成为陈式太极拳绝顶高手的。陈公发科是中国近代陈式太极拳的代表，"六代相传，理精法密"，代代出高手，但可惜未有著述相传。本书从十个方面挖掘整理了陈公发科一生的轶事，看过之后会让你大开眼界，会让你认识到"原来太极拳就是这样的练法"。

三是疏理陈式太极拳实战理法，从实战应用角度编写了"陈式太极拳二路炮捶"。陈公发科在京所传拳法有一路（83式）、二路（71式）两套拳法，这两套拳法在技法上是互补的。一路柔多刚少，以"掤捋挤按"四正手的运用为主，以"采挒肘靠"四隅手的运用为辅。而二路炮捶则刚多柔少，用劲以"采挒肘靠"四隅手运用为主，以"掤捋挤按"四正手运用为辅，其行拳走架"窜蹦跳跃""闪展腾挪"的身法较多，具有"快、刚、跃"的实战特点。动作要求"疾速、紧凑、连续"，正如《武学秘籍》所言："临敌全赖后手来得快，后手者，即接连而进之第二手、第三手，以至于无穷之手也。来得快，则救得急，虽有败手，亦一闪而过，敌无可乘也。"二路炮捶中的"搬拦肘""连珠炮""裹鞭炮""白蛇吐信""连环炮""黄龙三搅水"等势都是二手、三手连续进攻。本书就是从实战的角度疏清理法。

四是挖掘整理了关于"只知其名，而不知其法"的内功点（打）穴术。历代善此技者因互相慎秘而不外传，慢慢已失传，至今能精其法者甚微。此技是中华武术之奇葩，不能失传。本人经二十余年的挖掘整理，博采众家之长，终于写成《太极内功点穴释解》一文刊于书内。

习点穴之法，功在"血头"。歌诀明指："点穴之妙在血头，何时点打须追求；何时正头注何处，何时气血经穴流。"

"血头"之所以重要，是因为如果气血之头未到或已过，再点打此穴便是"空穴"，再深厚的功力也图劳。本书采用了现代医学研究成果，将人身十二经络 309 个穴位和任督二脉上的 52 个穴位，即周身共计 361 个穴位的"血头"到达的时间（按分钟计算）全部计算出来，并以表格形式列出，便于查找。

本书所论"任督二脉气血流注"，是以陈述堂所著《子午流注说奥》和方云鹏、方本正编著的《时间医学与针灸万年历》等书为依据，解决了"任督二脉"没有"气血子午流注"的问题。这在前人是未涉及的领域，这一理论对点穴术无疑是深层次的一次推进。从此，任督二脉可"循经按时"点打，效果会更好。

习点穴之法，虽获真功者甚少，但也并非万难。俗话说："只要功夫深，铁杵磨成针。"本书深入浅出地阐述了内功点穴的"基础理论""点穴技法""要穴论证""实战演练""解穴原理""解穴秘法"等方面的内容。此书法理明析，不仅适合初习点穴者，同时也为点穴高手提供了有价值的参考资料。一书在手，全部通晓点穴奥秘。

本自序最后言明：本人不是一个点穴高手，仅是一个武术点穴术的挖掘整理者和研究者，希望在有生之年为此技的继承、发展尽一点微薄之力。

编著者
2016 年 5 月 1 日于北京

目 录

陈式太极拳·名家轶事

第一章 "太极一人"陈发科 …………………………………（2）
一、青少年时的陈发科 …………………………………（3）
二、实战初露锋芒 ………………………………………（5）
三、应邀进京授拳 ………………………………………（6）
四、"居心叵测者"拒之门外 …………………………（8）
五、武术界誉为"太极一人" …………………………（9）
六、陈发科比武的故事 …………………………………（11）
七、功夫来自"苦作舟、勤为径" ……………………（13）
八、任职北平国术馆 ……………………………………（16）
九、艺如其人　武德高尚 ………………………………（18）
十、创办首都武术社 ……………………………………（20）

陈式太极拳·内功健身

第二章　太极拳架构与养生之道 ……………………………（24）
一、陈式太极拳老架、新架、北京架 …………………（24）
二、"快工作"与"慢太极" …………………………（26）
　（一）太极拳文化底蕴深厚 …………………………（27）
　（二）太极拳养生有道 ………………………………（29）
　（三）太极拳锻炼之规矩 ……………………………（34）

陈式太极拳·拳理拳法

第三章　论太极拳拳势技击法 ………………………………（38）
一、拳势技击术论要 ……………………………………（38）
　（一）拳势技击术基础理论 …………………………（39）

（二）拳势技击术基础技法 ………………………………（42）
二、二路炮捶实战技法特点 …………………………………（47）
　　（一）一式三招　势势连珠 ………………………………（47）
　　（二）窜蹦跳跃　闪展腾挪 ………………………………（48）
　　（三）贴身近打肘膝忙 ……………………………………（49）
　　（四）远踢近打连环手 ……………………………………（50）
　　（五）攻防自如　动即生法 ………………………………（51）
三、功力是近战的保证 ………………………………………（52）
　　（一）太极拳如何练气内壮 ………………………………（53）
　　（二）太极拳如何练形外壮 ………………………………（53）

第四章　陈式太极拳二路炮捶——传统套路·北京架 ……（56）
一、拳势名称顺序 ……………………………………………（56）
二、关于图解的几点说明 ……………………………………（57）
　　（一）方向 …………………………………………………（57）
　　（二）图线 …………………………………………………（57）
　　（三）呼吸 …………………………………………………（58）
　　（四）角度 …………………………………………………（58）
　　（五）幅度 …………………………………………………（58）
　　（六）刚柔 …………………………………………………（59）
三、拳势动作图解 ……………………………………………（59）

陈式太极拳·内功点穴

第五章　太极内功点穴释解 ………………………………（174）
一、太极内功点穴的基础理论 ………………………………（174）
　　（一）人体穴位概述 ………………………………………（174）
　　（二）人体十二经脉、任督二脉 …………………………（175）
　　（三）人体气血"子午流注" ………………………………（182）
二、人体穴位气血流注详解 …………………………………（183）
　　（一）手太阴肺经 …………………………………………（184）
　　（二）手阳明大肠经 ………………………………………（185）

（三）足阳明胃经 ………………………………………………（187）
　　（四）足太阴脾经 ………………………………………………（188）
　　（五）手少阴心经 ………………………………………………（189）
　　（六）手太阳小肠经 ……………………………………………（190）
　　（七）足太阳膀胱经 ……………………………………………（192）
　　（八）足少阴肾经 ………………………………………………（193）
　　（九）手厥阴心包经 ……………………………………………（195）
　　（十）手少阳三焦经 ……………………………………………（196）
　　（十一）足少阳胆经 ……………………………………………（197）
　　（十二）足厥阴肝经 ……………………………………………（198）
三、奇经八脉和腧穴 ………………………………………………（200）
　　（一）督脉 ………………………………………………………（200）
　　（二）任脉 ………………………………………………………（202）
　　（三）任督二脉气血循行"子午流注"开穴法 …………………（204）
四、人体十四经脉"血头"计算诠释 ………………………………（205）
　　（一）十二经脉"血头"计算法 …………………………………（206）
　　（二）任督二脉每个经段"血头"计算法 ………………………（212）
五、武术点穴功 ……………………………………………………（215）
　　（一）遵守点穴之戒律 …………………………………………（215）
　　（二）熟练掌握"识穴" …………………………………………（216）
　　（三）熟练掌握"取穴法" ………………………………………（216）
　　（四）"气、指、眼"三功 ………………………………………（217）
　　（五）"拳、肘、足"基础点穴法 ………………………………（219）
六、要穴精准点打 …………………………………………………（220）
　　（一）致命36穴精准点打范例 …………………………………（222）
　　（二）点打破气散功秘穴 ………………………………………（238）
七、实战演练点穴法 ………………………………………………（239）
八、武术解穴秘法 …………………………………………………（248）
　　（一）穴位解穴原理 ……………………………………………（249）
　　（二）《六总穴歌》解穴详解 ……………………………………（250）
九、民间（传统）解穴法 …………………………………………（254）
　　（一）已知所点何穴、何部位的解穴秘法 ……………………（254）

（二）未知所点何穴、何部位的解穴秘法 …………………… (256)

附录：人体十四经脉"气血之头"推算列表 ………………………… (263)

    表一 手太阴肺经气血循行"血头"推算表 ………………… (264)

    表二 手阳明大肠经气血循行"血头"推算表 ……………… (264)

    表三 足阳明胃经气血循行"血头"推算表 ………………… (265)

    表四 足太阴脾经气血循行"血头"推算表 ………………… (267)

    表五 手少阴心经气血循行"血头"推算表 ………………… (268)

    表六 手太阳小肠经气血循行"血头"推算表 ……………… (268)

    表七 足太阳膀胱经气血循行"血头"推算表 ……………… (269)

    表八 足少阴肾经气血循行"血头"推算表 ………………… (273)

    表九 手厥阴心包经气血循行"血头"推算表 ……………… (274)

    表十 手少阳三焦经气血循行"血头"推算表 ……………… (274)

    表十一 足少阳胆经气血循行"血头"推算表 ……………… (275)

    表十二 足厥阴肝经气血循行"血头"推算表 ……………… (277)

    表十三 任、督二脉气血流注开穴法 …………………………… (277)

    表十四 任、督二脉气血循行"血头"推算表 ……………… (279)

陈式太极拳·名家轶事

第一章 "太极一人"陈发科

本门祖师陈发科

陈发科（1887—1957年），字福生，陈氏十七世，陈长兴四世孙，师承乃父陈延熙。自1928年陈发科应邀进京（当时为北平）授拳先后30年，在原陈式太极拳的基础上，不断提高、发展，在动作上加强了"螺旋缠绕，蓄而后发"，设计了新的拳式，将原来74式发展成83式。现在全国普遍流行的陈式太极拳83式就是陈发科所定。

1953年陈发科和著名拳师胡跃贞共同创办了"首都武术社"，使陈式太极拳得到广泛的发展，为陈式太极拳培养了一批杰出的人才，如田秀臣、冯志强、洪均生、李经梧、肖庆林、雷慕尼、杨易辰、侯志宜、孙枫秋等，并有一批弟子还担任了省市武协的领导职务。为把陈式太极拳传向全国奠定了基础。

1957年陈发科逝世后，他的弟子李剑华、唐豪、顾留馨、李经梧、陈照奎等着手编写《陈式太极拳》一书，于1963年由沈家桢、顾留馨编著出版。从出版至今行销50多年常盛不衰。

陈式太极拳在全国得到推广的同时，拳的套路上，也有了新的发展，在原有陈式太极拳一路（83式）、二路（71式）的基础上，田秀臣、阚桂香合编了

《简化陈式太极拳》，冯志强编著了《精练陈式太极拳》，潘厚成整理了《陈式太极拳入门》，阚桂香主编了《陈式太极拳竞赛套路》等，这些书籍的出现，极大地丰富了陈式太极拳学习、演练的内容，广泛深入地推动了陈式太极拳的发展。

陈发科的弟子继承师志，于20世纪50年代开始，弟子侯志宜、雷慕尼、孙枫秋、田秀臣、洪均生、李经梧、杨易辰等，先后在北京、上海、南京、郑州、济南、石家庄、西安、焦作、北戴河等地设点授拳。

弟子田秀臣应邀到北京体育学院教学，使流传民间的陈式太极拳进入高等学府，体育学院设立了陈式太极拳的课程，从而培养出不少优秀运动员。

陈发科及其弟子经过几十年的努力，将禁锢在家族中的"陈氏太极拳"，完成了向"陈式太极拳"的转变，将陈氏太极拳变成社会大众锻炼身体的一种拳种，这是陈发科杰出的一大贡献。

北京市武术协会陈式太极拳研究会为纪念陈公发科的历史功绩，于20世纪末期，将他所传之拳，定名为"北京陈式太极拳"。尊陈公发科为"始祖"，第一代传人。从此，开创了北京陈式太极拳新纪元。

目前，国内、国外武术界尊陈发科为"拳圣"，但很多习拳者，对他的习武经历却知之甚少，为弘扬、继承和发展北京陈式太极拳，本书搜集整理了关于本门"始祖"陈发科的有关资料和广大习拳者共飨。

一、青少年时的陈发科

陈发科曾祖父陈长兴、祖父陈耕云和父亲陈延熙均为陈式太极拳高手。陈发科排行第三，两位兄长青年时因瘟疫流行，先后去世，加之其父60岁以后得子，自幼为父母所偏爱。饮食无节，腹内生有痞块，每犯病，疼得满床打滚。虽然自知习武能够祛病，但因体弱而懒，父母不肯严于督促，所以长至14岁，尚无功夫可言。尔时，其父陈延熙受当时在山东省任官的袁世凯之聘（后来任中国第一任总统）去教他的儿子们练拳，无暇顾及陈发科，晚间常有同族叔伯们聚而闲谈议论，大家都指小发科说："他们这一支，辈辈出好手，到这个孩子，14岁了，还病得这样，岂不从他这一辈要完了吗？"当时发科虽年小，听到这话也很羞愧，自己从内心立志，绝不能从我断了拳法。

陈发科暗下决心，一定要把拳练好。那时，父亲本家的一个哥哥伴他常一同下地劳动，也一同练拳，小发科想，哥功夫不错，只要能够赶上他，我心愿已足。但又想，我的功夫如果长进，他也必然长进，怎能够赶上呢？为此，小发科每日食之不甘，睡之不稳。三天后，晨起下地，走至半路，忽然哥想起忘拿今天地里干活用的工具。叫小发科快跑回去拿，说："我慢慢地走着等你。"于是小发科连蹦带跳地跑回家去，取了工具赶上了哥哥。干完活，回家吃着饭，心里琢磨，"你快快跑，我慢慢走着等你"这句话，联系到练功，我如果加上几倍下功夫，岂不是有赶上哥哥的那一天。从此暗下决心，不告诉哥哥。每天饭后哥歇晌，他练拳，夜里睡一小觉，也起来练拳，每天至少练60趟，多则100趟。如此习拳三年有余，到17岁时，腹内痞块都消了，身体发育得强壮了。

陈发科平时自己苦练，有时也请教其他的叔伯们练推手。但是他不敢与本家哥哥练，因他功夫好，一推手就来真的。本家哥说：练武要认真练，不能跟自己人练就随便，以后习惯了，遇上敌人就会吃亏。他和自己的堂兄弟、侄儿们推手，总是一丝不让，常常把人摔得头破血流。

小发科几年来，因不断向叔伯们请教推手方法，暗中练习，进步很快，一天小发科向哥哥请教推手。哥笑说："咱家兄弟子侄都尝过我的拳头，因为你年小体弱，不敢打你。你如今身体壮禁住摔打了，来尝尝我的拳头滋味吧！"说着就交起手来，哥哥本想把弟弟摔了，哪知三次反被小发科给摔了。哥生了气，对同族人说："这拳当有秘诀，我们不能练了，你们看，连从前不行的，倒比我强了。"其实，这三年中，父亲一直没回家来，哪里来的有什么秘诀呢？不过是三年来照着学的规矩，苦练而已。

陈发科曾和他的学生说："当此时，我父由外地回家，见我拳架大有进步，是年冬季，有一天，老人高兴，站在场中，叫众子侄们一齐来攻。那时父亲已80余，身穿棉袍，外加马褂，两手揣入袖筒。孩子们的手刚接触到老人身体，只见他略一转动大伙纷纷倒地。"并深情地说："拳要学得细致入微，方能练得逐步前进。功夫，功夫，下一分功夫，得一分成绩。功夫下得和我一样，则成绩也和我一样。如果功夫下得比我深，成就必然超过于我。这个中学问是不能投机取巧，不劳而获的。"又说："任何技艺名家之子孙，都有优先继承的条件，却无继承权，因为它不是财产物件，凡是子孙，就是当然的继承人。有人来学，我恨不能钻到他们肚子里，很快让他们学到手，但是办不到。教拳只是当好向导，路还是须要自己去走。走得快慢、远近，能否到达目的地，都在自己。不过方向的准确与否，却全在向导的指引。"

二、实战初露锋芒

陈发科曾跟洪均生讲过温县县政府请他保卫县城的事。陈发科没说具体是哪一年（大约是民国十四五年间），不过可以肯定是1928年去北京前的事。那个年代的中国是军阀割据，盗贼四起，治安很差。当时在冀南一带的农村会道门组织十分活跃猖獗，有个红枪会邪教组织，攻陷了附近几个县城，威胁着温县县城安危。县政府请陈发科带学生参加保卫县城。陈发科所在的陈家沟村隶属温县，到县城后，参加了温县县城的保卫战。

红枪会是一种邪教组织，出战前画符念咒，就以为会刀枪不入，赤着膊来打仗。当他们围攻温县县城时，县城城门都关闭，护城河的桥吊起，只辟一个城门，让陈发科把守这一城外的桥头。陈发科说："我站在桥头，手握没有套上铁枪头的白蜡杆等你们来攻。"那些人光着脊背、瞪着眼、端着枪，大声喊着一齐攻来，声势吓人。一个红枪会首领带着众人冲将过来，拿着红缨枪向陈发科扎来。陈发科用白蜡杆向他的枪拦拧一抖，枪就脱手飞出。陈发科再趁势向前一扎，杆头扎穿他的身子，其他的道徒见首领被杀，慌忙逃走，县城保住了。陈发科说："传说的刀枪不入的法术，完全是骗人的。"

1956年洪均生自济南返北京再向陈发科学拳时，温县新政府派两个人找陈发科了解这件人命案的事。陈发科送走两人后对洪均生说，本是为民除害，变成麻烦事。但红枪会是属被新政府取缔的反动组织，新政府也没有再麻烦陈发科。

洪均生还讲了陈发科另外一件事，20岁时陈发科的功夫已十分精湛。当时县政府已先请有一武师，他听说陈发科已到，便来较艺。陈发科正坐在堂屋八仙桌的右侧椅上，方欲吸烟，左手托着水烟袋，右手拿着纸媒。这武师从屋外来，进步便发右拳，并喊一声："这一着你怎么接？"陈发科见他从屋外来，刚欲起身迎接，站起一半，拳已抵胸，遂以右手接其右腕向前略送，武师即仰跌门外。他二话没说，回屋卷起铺盖便不辞而别。当时，洪均生听这事后，当然相信陈老师有这功夫，但不明白怎么能一触即发。后来自己功夫进步了，也能使人一触而飞出，明白这不过是全身的缠丝劲传到手上时圈子转小，速度转快而已。洪先生说："1962年我在病后，有访艺者用右拳进攻，刚速之至，我不经意地抬右手迎之，刚接触对方右腕外侧，他便飞出丈余，也是此法。"

三、应邀进京授拳

1928年前，陈发科的堂侄陈照丕从业药材行，受"杜盛兴"商号委托（此商号是北京同仁堂最大药材供应商，其药材行销京津辽沪及东南亚），由里（注：家乡）押运货物来京，寓于前门外打磨厂天汇药行。时北京风行杨式太极拳，名家高手聚集北京。习拳者无不知杨禄禅之太极拳法学自河南温县陈家沟。有些河南会馆的人知道陈照丕是陈家沟的人，也会陈式太极拳，就很高兴，认为是河南人的光荣，挽留他在北京教拳。

据说因1928年蒋介石发动北伐战争，袁世凯中央政府因而由北京迁都南京，原本由北洋政府执掌的北京城成了"旧都"，改称"北平"。那时为避战乱，吴鉴泉前往上海，杨澄甫奔赴南京，京城诸多太极拳名家纷纷离开北京城（当时北平），若大的北京城居然难觅一位太极拳老师。在这样的情况下，北平著名药店同仁堂的老板乐佑申托人聘请陈家沟拳师陈照丕在京授艺。并在《北平晚报》刊登一则消息：

"太极拳发源于河南温县陈家沟，诸多先辈名手陈王廷、陈长兴早已中华闻名，今陈长兴五世孙陈照丕漫游到此，小作逗留，暂下榻南门外打磨场杜盛兴号内，如有爱好，要交膀者，莫失良机……"

这则消息，将乱世中沉寂的北平武坛激起层层涟漪。当时的北京已风行太极拳，而在京城里流传的大多是杨露禅的"杨式"。晚报上的这则消息惹得众多武术爱好者纷纷来访，便有了之后陈照丕设擂17天未有能敌者的故事，陈照丕因此也声名远播，久之，学者日众。1928年南京国术馆成立，南京市市长魏道明以高薪邀请陈照丕去南京传拳授艺。

陈发科自言："尔时从照丕学拳者虽众，而因南京聘礼为每周二百元高薪，学拳者难以阻其不往，但拳套尚未学完，又惜半途而废，照丕见群情惜别，去留两难，因表示解决办法，说：'我之拳法学自三叔，我叔拳艺高我百倍，不如请我叔来北京传拳，我往南京就业，双方都有裨益。'于是就邀我来北京。"

陈发科又言："我是1928年来北京的。初来时，曾住在学生刘子诚、刘子元家，教他们学了陈式一、二路及单刀、双刀。他们家在枣林大院，有两个小姑娘名叫月秋、月华，她们也跟着学得不错。"

第一章 "太极一人"陈发科

据洪均生回忆说：1929年冬，忽然冬瘟，我卧床3月，至1930年才病愈。同院邻人周怀民，供职北京电报局，把我介绍给北邻刘慕三先生，从之学吴式太极拳。数月后，见北京小实报刊登名武生杨小楼从师陈家沟陈发科习拳后，身体转健，能演重头戏的消息，于是辗转托一先生邀请陈发科师至刘家授拳。陈师初来刘家，寒暄之后表演了陈式太极拳一、二路，大家都准备以1小时以上的时间瞻仰名师拳法，不料两路练完，只用10余分钟，而且二路纵跃神速，震脚则声震屋瓦。陈师表演后稍坐即辞去。于是大家纷纷议论起来：有的说练得这么快，按"运劲如抽丝"的原则来讲，岂不把丝抽断了；那个说震脚不合"迈步如猫行"的规律。若非因为陈师是陈家沟来的，还不知抱什么可笑的议论呢！当时还亏刘先生有水平，他说："动作虽然快，却是圆得旋转；虽然有发劲，仍是松的，这人打完拳后不吁不喘，面不改色，这人有功夫，可能是真正的陈家拳。我们既请了人家来，便应学下去，等学完拳式，再请教推手。如果比我强，就继续跟他学完二路。否则，就不必多花钱了。"这才一锤定音，"学"。当时从刘慕三先生学拳的电报局职员30余人都来学习，每人每月交大洋2元，每星期陈发科来教3次。洪说，我亦从此拜陈发科为师。

据洪均生回忆说：开学之初，大家向陈师请教的头一个问题是："动作究竟应快，还是慢？"师答："初学应慢，以求姿势正确。熟能生巧，久之，自然能快而且稳，交手时则快慢因敌而变。慢练是学拳的方法，不是目的。但动作慢些，腿部负担时间较长，也有益处。"陈师教拳不论多少人学，他总是一个一个地教。如学生向师请教示范，陈师亦不厌其烦地有求必应。

陈师常言："学武比学文更难。"学文，只要聪明善记，便可以自由运用写出文章；学武则不但要学得正确，而且要练得精熟。坚持锻炼在不知不觉中将功夫练到全身，才能因敌变化，运用自如。所以学练必须结合。

陈师在教拳过程中，常常既用现身说法，讲述自己练拳成功的过程，又谈人的秉赋与锻炼的方法。他说："人的天赋虽有聪明与愚笨的区别，而相差却不甚远。聪明些的学者，在初学时，必然接受得较快，但往往又以聪明而把事情看得过于容易，不肯多下苦功夫。笨人有三种：一是笨而不肯承认笨，反而自作聪明，这样的人是无可救药的；也有的人自己承认笨，而有自卑感，认为反正不如别人，学也学不好，索性不下功夫学；只有自知己笨，却有志气，心想同样是人，为什么别人能学会，我就不能学会？我一定要学会，而且学好，不仅赶上别人，而且要超过他们。这个笨的学法就是：'人一能之，己百之；

人十能之,己千之。'即古书所云求书的次序为:'博学、审问、慎思、明辩、笃行之。'更重要在'笃行之'。"

陈师教人从不保守,常说:"不保守,还教不会、学不好,为什么还保守呢?"所以学生们每问必答,而且详解动作的作用,如掤、捋、挤、按是什么着法,同时为做示范动作,数十次不厌其烦,可谓"循循善诱,诲人不倦"。当时北京教太极拳者都是教完一趟,便教推手,据说是为了从推手中求得听劲以至懂劲。实则活动身体有余,怎么懂劲,还需研究。陈师教完一路,必定练过半年以上,再学二路,而且不早教推手。说:"推手是对抗的初步功夫,也须在学拳时便明白什么动作是掤捋挤按、采挒肘靠,怎样运用和怎样随化,拳的功夫不足,说也无用。"

杨益臣回忆说:当时,刘慕三学完一路后,单独请陈发科老师教其推手。大家认为刘慕三习练吴式太极拳已有 20 多年,拳法在北平武术界很有声望,与陈发科推手应无太大差距。但一接手出乎大家意料,刘慕三步法大乱,跌跌跄跄,如同 3 岁小孩被大人拨弄,而且关节的韧带也被挫伤,疼了好长时间。陈发科事后说:"我太大意了。刘先生有一点顶劲,以至失手。"从此大家都不敢请陈发科教推手。陈发科笑着说:"只要松开转圆,便能化解,我和你们试着推,注意些是不会有什么损伤的。"

四、"居心叵测者"拒之门外

陈发科常和弟子们说:"为人之道,以忠实为主;处世之法,以谦和为本。不忠实则无信用,不谦虚则不进步,不和气则无朋友。但谦和仍是忠实而非虚伪。"所以,陈发科处事以处处照顾他人名誉利益为事,但对搞阴谋诡计者则拒之、远之。曾有两三事:

一事,是为保全一个未曾谋面的武师职业,拜辞了民大聘请武术教师一职。某日,来一位客人,自称是民国大学(私立)派来商请陈师往该校传拳。陈师问知该校数月前聘了一位少林拳师,陈师便说:我要去得有条件,不能因请我而辞退那一位教师。来人允许到校协商,陈师被邀到该校接待室。该处原系前清某王府的大殿,房屋高大,地上铺着二尺见方的方砖。陈师与主人见面,重申前语,后即表演拳法。当练到双摆莲跌岔时,有一个震脚动作,不料一经震下,竟将二三寸厚的方砖震碎,碎块飞到旁观者的脸上,还感到疼痛,如同在砖上扔了一个手榴弹似的。表演后因该校不愿请两位武术教师，陈师遂以自己无教学经验辞而未就。在回来的路上，陈师向随行的弟子说："偶然不小心，毁了人家一块方砖。"弟子问："震脚怎会有若大分量？"师答："这是震脚时，周身三五百斤力量经过松沉而集中在脚上，然后又和时速结合起来，方有作用。"事后数年，其弟子们才体会师并非不小心，而是有意留下这个纪念，表示不教并非无能。

另有一事，陈发科处处以人为善，对求学者的态度和收徒原则是"去者不追，来者不拒"，但对"居心叵测者则拒之门外"。陈师在京授拳30余年，就曾面拒过一个想拜师学拳的人。这个人名叫宋月，习拳击、摔跤10余年，有一定的功夫，他认为太极拳只能活动身体而已。他托人请陈师到家里会餐，商议拜师学拳，遍请武林同道10余人。此人身高体大，但却称身体有病，只吃半碗米饭就说吃不下了，谈起拳来，傲气十足，他说："我听人讲，太极拳主张用意不用力，但碰上力大的、善拳击的人与之交手怎么办呢？"陈师还是他习惯说的那句话："应当有办法，但我不一定行。"宋月提议试试看，陈师应允，在前虚步站着，右手斜在胸前。宋月用双手按在陈师臂上。陈师退了半步，说："你的力量可不小，总在300斤以上，我不一定能掤得住呢！"宋月说："不要客气。"接着进右步发劲。陈师略左转，宋月已全身前倾。那时离墙甚近，墙根放着脸盆架，上有满盆凉水。宋月如一头碰到墙上，非头破血流不可。陈师见势不好，立即转向右方，用右臂托住宋月胸部。由于宋月身材高大，用力又大又猛，所以头虽避免撞墙，前身却下倾，把额角碰了个月牙形的血印，不省人事，幸亏那盆凉水灌了他一脖子才醒过来。于是连说："佩服！佩服！"一定要磕头拜师。陈师当即推辞说："这不是我的能耐，你的力大，我本来掤不住，可是你用力过猛，收不住脚才这样的。我教不了你，还是另寻名师吧。"在回来的路上，陈师对弟子说："这个人体壮有力，却装着有病，交手时暗中发劲，搞阴谋诡计，他如学了本事，还不定惹什么是非？可不能教他。"陈师对"居心叵测"之人，决不收徒，陈师说："做事要光明正大，坚决反对搞阴谋诡计。"

五、武术界誉为"太极一人"

陈发科在京授拳时。结识了许多武术名家高手，在拳术交流中显示了他高深的太极技艺，功夫纯厚，他推手拿、跌、掷放，兼施并用，以"挨着何处何处击，将人击出不见形"的绝技受到北京武术界的叹服，陈式太极拳的本来面貌始为外间所认识。

在结识的武术名家中有一人，名叫许禹生，此人是前清贵族荣禄的后人。当时身边武士甚多。许自幼好武，功夫练得不错。曾跟董海川的学生刘凤春学八卦掌，跟杨健侯学杨式太极拳，民国后，许为北平国术馆馆长，甚有名望。后来经人介绍和陈师习拳，陈师以其年长又夙有盛誉，允以半师半友传艺。洪均生曾见许禹生和陈发科练推手，许一用劲就被陈发科打起离地数尺而跌出。有一次许禹生谈破解左手被拿之法：以右拳用力猛砸对方左臂弯，左手就可以撤出，随即以右拳上击对方下颌。陈发科开玩笑说让他试试。当许欲砸下时，陈发科即将手指加强缠劲，许竟嗷声跪地。

陈发科曾对洪均生说过："禹生的功夫不错，发劲虽未掌握缠丝，却也发得干脆。"许禹生对人说："我师功夫高我百倍，武德尤令我心服。当初交时，师照顾我的名誉，以友相待。今虽遍邀北京武林，当众拜师，我也情愿。"

一次许禹生主持北平武术擂台赛，欲请陈发科为裁判。陈辞之，并说：只知陈式，不懂其他拳种，裁判欠当，致损令誉。许乃聘为大会顾问，遇事协商。当议对赛时间，众议以15分钟为度。陈发科认为15分钟之久既拼体力，也徒有胜负，况日与赛者数百人，每小时才赛4对8人，需几天才能赛完？众以为合理，征求其意见。陈言："3分钟如何？"李剑华说："3分钟够吗？"陈言："这迁就大家。如接受我意，则口说一、二、三，甚至只说出一字，便胜负立判，那才叫武艺呢。"李剑华笑说："能这么快吗？"陈亦笑说："不信，你就试试。"李剑华果然搭手，双手用力加速按陈右臂（陈右臂横于胸前）。陈略转即右肘发出，将体重200多斤的李剑华发起四尺许高撞在墙上，将墙上挂的照片碰得纷纷落地，众皆大笑。剑华也大笑说："信了，信了。可把我的魂都吓飞了。"陈笑问："你怕什么？"李说："要伤了我呢？"陈说："你哪里疼了？"剑华细想想：只是感到陈的右肘刚刚擦着衣服，便腾然飞起。李落地时，脊背蹭着墙壁，礼服呢马褂有一片白灰，拍打不掉，原来劲大且速，将石灰弄到布纹中去，经用刷子刷了才算干净。一时无不赞服，称呼神技。

陈说："力与巧是应当善于结合的，但力是基础，巧是拳法。以肘发出去是力与巧的配合。当有人突然用力袭击时，应以力借力，使其不致动摇重心，而变法应战。但功夫深者，却又不须以力借力，来力一触即转，使对方的力被引进向前倾跌，或反向后面仰跌。我对剑华来力是引而后发的。"

陈在京授拳期间，和人交手不计其数，却没有敌人，反而交了不少朋友，武术界誉之为"武太极"。曾有武术诗人杨敞写诗赞曰：

都门太极旧尊杨，迟缓柔和擅胜场。

不意陈君标异帜，缠丝劲势特别强。

当时，许多颇有造诣的知名人士，如京剧泰斗杨小楼，以及许禹生、李剑华、唐豪、刘瑞苦等人纷纷前来拜师求艺。

陈发科为人谦虚忠厚，他总以"谦受益，满招损""己所不欲，勿施于人"为座右铭教导弟子。在武术界交往中，谈到技艺时，他总是操着浓重的河南口音谦虚地说："我不中。"因而，武术界送他雅号"陈不中"。陈发科武德高尚，谦虚待人，受到北京武术界的尊敬，特赠银盾一尊，镌刻"太极一人"以示敬仰。

顾留馨曾说："我学拳60余年，结交武林名手甚多，从未见有赶上我师功夫如此精妙者。"

六、陈发科比武的故事

陈发科到京授拳期间，比武之事时有发生，民间传说很多，还有人写文章介绍，故事写得很生动精彩，富有故事情节，如："打败李氏三雄""与摔跤专家沈三较艺""和擅腿高手比武"等。

洪均生和别人聊天时提到"打败李氏三雄"这件事，他认为可能不是真的。其故事大概情节是：1928年，陈发科的堂侄儿陈照丕到北京教拳，有许多人找他比试，其中"李氏三雄"叫阵最热，陈照丕没把握，怕输了败坏陈式太极拳的名声。于是，便写信请陈发科赶快来北京。陈发科到北京后，第一件事就是让他侄儿带去会"李氏三雄"。当时是夏天的傍晚，李氏弟兄三人都在，老大坐在屋里的太师椅上正喝茶，陈发科在院中等候，陈照丕进屋搭话，一看对方块大腰肥，拳头似升，不禁登时出了一身冷汗，暗想：赢了还好说，若把三叔打坏了，回去怎交代？犹豫之际，对方发话了："是送上门来的吗？"答："你不是要看看陈家拳吗？""好！"对方那个升似的拳头，一拍桌子壶碗都跳起来，站起身来简直像座铁塔。这时陈发科一个箭步，早已抢到屋里。陈照丕刚闪到一旁，还没来得及看清楚怎么回事，只听他三叔"哈"的一声吼，运用陈氏拳特有的抖发劲，早把"铁塔"扔到了门旁的窗台上。窗台砸塌了，人也没再起来。老二、老三正在发楞，陈发科问道："还上吗？"俩人立即猫似的向后退。这时陈发科才对侄儿说："走！"两人扬长而去。

洪均生说这个故事不是真的，当然不是说陈发科没这本事，而有别的理由：第一，陈照丕请陈发科去北京另有原因，而不是来京与"李氏三雄"比武。第二，其他师兄弟都没听说过这件事。第三，在北京没听过"李氏三雄"这些人，也没说是什么门派的。第四，按陈发科的品性，他是不会找上门去打人的。不是什么敌人，不会这么鲁莽。洪均生认为：真实的陈发科已够我们学习了，不需添枝加叶。

陈发科对人对事，一贯光明磊落，遇到有人要来比试，从不推辞，但总是预先声明：你有什么绝技尽管使出来，我如不胜，甚至受伤，不但不怪你，还要拜你为师，但是我保证只是点到为止，绝不伤你一根毫毛。陈发科这样说，既表示他愿意向别人学习的态度，也说明他对自己的功夫有很大的信心。

他的弟子们经历过很多陈师比武的事迹，下面介绍几件事：

陈发科的弟子雷慕尼讲过一件事，有一次陈发科正在教拳，有一位擅长用腿的人来找陈发科比试功夫。陈发科谦让一下，来人坚持要试，两人便交手。来人踏近飞起一脚踢陈发科，陈发科闪身一避，一手接住他的脚，另一手插在其裆下，一发劲，来人便飞出围墙外，在围墙外再进来跟陈发科谈话。雷又说，陈发科老师没说他用的是什么招式，但看到的动作像是野马分鬃。采访此事的人后来挽惜地说：因当时没考虑到写文章，就没仔细问清围墙有多高，那个人被发劲时离围墙有多远。但不管多高多远，本事不够的人肯定无法把人打飞出而不使他受伤，还能走进来谈话。采访者说，雷慕尼老师是一位很谦和的老人，我是相信他所讲的。

顾留馨曾讲过一件事：在北京一次摔跤比赛时，一名运动员把对方摔到观众席那里去，只见一位老人接住这名运动员，一下把他发回场内，全场哗然，后来大家才知这位老人就是陈发科。一天，几个摔跤运动员找到陈发科家里，希望见识一下陈发科的功夫，陈发科同意，让其中一人两手抓住他的手臂，只见他向右一转身，便把这人打到右边的衣橱上。另一位再试，同样抓陈发科的手臂，他看到前面那人被打向右边，便向陈发科左边用力，只见陈发科向左一转，把这个人打起，从窗口飞出屋外。采访者说，我没有问顾老师，是不是他亲眼看到的。不过顾老师见多识广，他一定是相信陈发科有这本事，才会讲这样的故事给别人听。顾老师也曾跟洪均生讲过，一次他和陈发科练推手时，把陈发科双手封住，想加劲按出时，突然觉得陈发科前臂上似有电流，一下子被陈发科打出老远，叹为神技。

冯志强也讲过一件事，那是采访者专程到深圳市拜会冯老的，冯老在那教外国人练太极拳。一天晚上在他住的宾馆房间里聊天，冯老谈到陈发科推手发劲时，听到啪啪二声，原来把人发上屋顶，然后掉下地来。当时在场有一个人听了不相信，说哪有这么厉害的人，冯老师笑说：这是我亲眼看到的，有什么不相信？宇宙飞船飞上月亮你相信吗？那还不是亲眼看到的。并说洪均生老师讲过，陈发科有时高兴，在地上划两条短线一条长线后，与学生推手，一发劲让学生向后跳3步，前2跳踏在短线上，最后落在长线上，每次都准确不误。洪老师还讲到，有时陈发科把学生一捋，使学生在空中翻个筋斗才跌下。这是难度极高的动作，平时我们看人捋时，都是把人捋向前扑跌，能使人被捋而两脚离地飞起就很少了，而像陈发科这样能使人翻筋斗的更是绝无仅有。

洪均生老师也讲过一件事，李剑华身高近2米，体重200斤以上，有一次和同学们练推手时，李说单凭我的体重，别人就难把我推出。陈发科一时高兴，说："真动不了你？"说着一手贴住李剑华的脖子，一手握李脚腕，将他平举起来。把200斤重的人这样平举起来，要比举200斤的杠铃难许多。采访者说，听陈小旺讲过，陈家沟太极拳名家陈垚（陈鑫的哥哥）有一对铁剪，每条16斤，一对32斤，陈垚死后别人不能使用，仅陈发科一人能够使用。每只要手持16斤重的铁家活作兵器使用，确实需要大力气。

七、功夫来自"苦作舟、勤为径"

陈发科的功力能把人打飞，越过围墙、窗口、翻筋斗，这种功夫，武术界称之为"神技"。这种功夫如何得来，从陈发科的武术生涯、成长过程，可综合为一句话，"苦作舟、勤为径"。

陈发科的刻苦练功是远远超过一般人的，很少能有人达到他的刻苦程度。当年他为了赶上堂哥，每天练拳套少则60趟，多则100趟。他平时抖大杆子，一抖就是几百下，那是真下功夫。一日，有人与发科戏闹，伸手抓住大杆的另一头，发科一抖，那人一下子被抖至房檐高，吓得面如白纸，随杆落地，半响不语。

本村有一壮汉，拳脚不但好，又力大如牛，一般人与他交手往往败北。一日，他遇到发科，挑衅道："听说你的功夫练得不错，你能动得了我吗？"不待说完死死攥住陈发科的双腕不松，陈发科略一转动发力，那大汉就电击般地跌倒在地，他还是不服气，爬起就猛扑过来，发科又一发力，那大汉便飞出丈把远，摔得心服口服。

发科将此技传给弟子洪均生屡试屡爽，洪均生总结为方向、角度和时间的巧妙配合，现今尚未有人练到此技。

顾留馨说："陈师到京数10年，每日坚持练拳30趟。当时我师住在河南会馆里，曾移居数屋，屋内砖地原都是好好的整块，但居住不久，必有两行砖成了碎的，可能就是他在屋里坚持练习而踩碎的。"

陈发科拳架

我师在闲坐中，也常以手交叉旋转，并嘱我也这么做。当时我不理解这是练什么功夫，日后方悟此乃体会缠法功夫。又说，"拳要学得细致入微，方能练得逐步前进。功夫，功夫，下一分功夫，得一分成绩。功夫下得和我一样，则成绩也和我一样。如果功夫下得比我深，成就必然超过于我。这个中学问是不能投机取巧，不劳而获的"。

杨益臣说，那时我每天骑自行车到河南（中州）会馆学拳，早晨5点就到了，这时陈老师已经练完了，老师起得更早，五更天就起来练了，每天早晨最少练20遍拳。

第一章 "太极一人"陈发科

陈发科拳架

洪均生也说，我师平常少说话，单坐时常常两手交叉练习，可见他脑里时时都想着练习太极拳。有一天陈发科对洪均生说："昨天晚上做了一个梦，梦见与一怪物对打，我胜不了它，它也胜不了我，打了几百回合，最后各以一只手握拳单推手，虽然很紧张，但是很痛快。"洪说这应该是日有所思夜有所梦，这是有道理的。平时陈发科独坐时一定是在想象别人怎样进攻，自己怎样应付，对方又怎样变化，自己又怎样对付。这样想多了，就变成了梦。

洪均生又说，陈发科在坚实的土地上练扫膛腿时，地面被左右足划出两个半圆，沟深寸许。另外他跺地碎砖，震脚屋顶落沙，足见他腿劲之厉害不是凭空而来，真是"梅花香自苦寒来"。

陈发科因长期坚持苦练，到中年时功夫已登峰造极，在北京传拳时，弟子们都深有感受。冯志强说，跟陈师一搭手就似触电，他的两手像蛇一样缠绕着你，怎么也摆不脱。他一托，你全身就像散了架似的。他一发力，你就感到五脏震动，立即恶心，眼发黑冒金星，鼻涕眼泪一起流，但他还觉得没用多少劲，致使一般人不敢跟他推手。但他总是鼓励徒弟们说："只要松着随，就没事不会受伤。"

洪均生说，与陈老师肢体接触之处，一点不觉得有力，但其手略微转动之中，缠丝劲已达我手而肩而腰，直达足踵。若用力一顶，便自然身子腾起而已不觉，仅感到劲路如擦衣而过，即使仰跌后退也须至少跳 3 次才能立稳。陈老师曾在地面上划两点一线，试验预期所跳的位置及跌处，竟不差分毫。如果被引而倾跌，则被牵动者劲由腰而至头顶，甚至使人在空中翻跟头，然后跌倒。

田秀臣回忆说："看陈老师与别人推手，真如拳论所言：'挨着何处何处击。'全身到处能用拿法，只要他的小指勾住你的拇指，倾刻间就可把你摔倒。如被他的拇指勾住，任你多大本事，也只能任其摆布了。"田秀臣对陈发科佩服得五体投地，在陈发科60岁那年，他递帖磕头拜师，成为陈发科的入室弟子。北京拳师们对陈发科的武功无不称赞，当时大名鼎鼎的"醉鬼"张三翘着拇指称赞其是"真正的把式"。

陈发科与弟子田秀臣推手

八、任职北平国术馆

陈发科在国术馆任职一事，他的弟子们对此事未谈起过，也未见诸有关资料，但有一作者写过此文，此事是否真实，难以把握。陈发科这段史料，又不忍割舍，现取其此文的主要情节。

陈发科从河南来北京后，一直住在同仁堂，国术馆就在同仁堂附近，陈发科心中打算到国术馆去见识一下。有一天，乡下打扮的陈发科来到国术馆的大门口，他一身布衣，头上还裹着条毛巾，见两人抱臂倚在门旁，一副得意神情。陈发科想进去看，便迈步向门里走，刚走进一只脚，就被两边的人按住双臂，道："干什么的？"陈发科一看，抖肩解开双臂说："找你们这里的头儿。"两人答道："今天头儿不在家。"陈发科说："那好，改日我再来。"转身便走。

第二天，同仁堂王先生和陈发科一起上街，行至国术馆门前，道边站的几个人见王先生过来，上前挡住王先生的去路："王先生，货带来没有？"王先生看了看陈发科，支吾道："没……没有带来。""没有？进去和我们头儿去交待吧！"说着架起王先生进了国术馆。陈发科在旁没搭言，跟着也进了国术馆。

陈发科环视院内，迎面正堂上挂着"研武厅"三个大字，庭堂前排列着十八般兵器，一伙人正在舞刀弄枪。靠西边台阶上站着一个人，身高六尺有余，看上去煞是威风。他就是国术馆拳师，姓阎，名雷，自称阎王爷，人送外号"六百斤"。他双臂展开能挂600斤的东西。因他高大力足，武功又好，在国术馆多年未遇对手。一个小徒弟上前说道："阎师傅，王先生来了。"六百斤扬扬眉，扯嗓道："王先生，我上次向你要的东西呢？"王先生忙答："本店实在没有。"六百斤大怒："放屁！大药店没有虎骨酒？"他边说边走下台阶，伸手抓住王先生的肩头，疼得王先生呀呀直叫。这时，陈发科在后边喝了一声："住手！"六百斤听身后有人喝他，抬头一瞧，见是个乡下人，便指着陈发科说："哪来的乡巴佬，敢顶我阎王爷，胆子不小。"凑到陈发科跟前。王先生急忙过来说："阎大人，这是我店上的徒弟，他……"六百斤并没有听王先生介绍，只狠劲儿地瞪着陈发科。陈发科并不示弱，也横眉冷对。六百斤咬咬牙，从嘴里取下烟头，用力按在陈发科的脖子上，陈发科不知此馆的暗机，就没轻易出手。一旁的王先生忙上前说："阎大人，我这徒弟也会点拳脚，相约个日子跟你比划比划，不知意下如何？"六百斤回头一笑，头摇得像拨郎鼓："我看还是免了吧！"王先生看了看怒色未尽的陈发科，说"今天先到这里，改日再来"。

三天后，国术馆热闹非凡，堂前摆着兵器、桌椅，北平众多武林人士坐到两边。陈发科进门时，六百斤的大徒弟正在练枪，六百斤在旁说："列位请看，阎家枪，光见明，风雨不透。……"他话音未落，陈发科已摘下礼帽，嗖地飘了过去，将礼帽戴在了练枪人的头上。四周一阵哗然。

就在这时，王先生趁机上前介绍说："列位，这位就是河南温县陈家沟陈发科，世袭太极拳，初来北平，想与阎大人小试，望列位赐教。"陈发科向两边点点头，不一会儿，赛场已安顿停当。六百斤与陈发科上场向各位施礼后，便在场中拉开了架子。两人看上去，一个壮壮实实，一个膀大腰圆，双方各自暗蓄力，伺机进攻。走过几圈，六百斤显得有些不耐烦，朝陈发科心窝虚晃一拳，接着双手齐出，向陈发科肩膀抓来。陈发科见势，一缩身，双手向上架开，出掌砍在六百斤的肋上，借着六百斤撤身之机，侧身用右肩一靠，六百斤后退不及，滑出倒坐在地上。六百斤从未败过，心里一怒，起身抡拳，招招逼近，不给陈发科一丝空隙，看上去六百斤力大壮实，但却并不笨拙，出拳同时，一个扫腿过来。只见陈发科纵身翻起，稳稳地站在地上，六百斤又想打个立足未稳，再次扑向陈发科。陈发科急转体，六百斤拳落空处，又无力收回，见陈发科一抬腿，正顶六百斤小腹，将其撞倒在地，好一会儿爬不起来。国术馆下面的看客纷纷向陈发科拱手道贺，再看六百斤已悄悄溜入侧房。按国术馆的规矩，陈发科接任六百斤执教。从此，陈发科一直在北平国术馆执教，新中国成立后定居北京。

九、艺如其人　武德高尚

中国古人总以"艺如其人"来评价艺术，是说有什么样的品质，会产生什么样的艺术。用此语来评价陈发科感到恰如其分，他的武艺被称为"拳圣"，他的人品可称为"高尚"。他"为人之道，处世之法，以忠实、谦和为本"，武术界送他雅号"陈不中"。他常以"己所不欲，勿施于人"为座右铭教导弟子。

陈发科在京传拳期间，经常有武术界名家来访，沈三先生是当时全国摔跤第一名手，一次沈三与陈发科遇于某次武术比赛场上，二老互道仰慕，握手攀谈，沈先生说："擂台赛以抽签方式选择对手，习太极拳者如抽着摔跤的对手，应当如何？"陈发科说："我想应当有办法，但我却无应付经验。"沈先生笑说："我们研究一下如何？"陈发科说："我虽不懂摔跤，却喜欢摔跤艺术。"说着两人便搭上手，陈发科的两臂给对方抓住，弟子们都暗想：今天两位名家比试，研究妙技，有眼福欣赏了。对方握住陈发科手臂，刚好有人呼唤请二老去商量什么事。对方便撤开了手，二人相视哈哈一笑，一同走去，大家为看不到比试而感到遗憾。

过了两天，洪均生说，这位沈老提着四包礼物进来，陈发科赶快起立欢迎。坐定，寒暄几句之后，沈老说："那天多亏陈老师让我。"陈发科笑说："哪里，哪里，彼此，彼此。"洪均生和同学们听后都不明白，因为没见到两位

第一章 "太极一人"陈发科

老师比试。沈老看他们的神情，就问："你们老师回来后没和你们说么？"大家回答："没说，什么事呀？"沈老激动地一拍大腿说："咳！你们的老师真好，可要好好地跟他学呀，他不但功夫好，德行更好！你们认为那天我们俩没比试吗？行家一伸手，便知有没有。陈老师让我握着他的两个胳膊，我想借劲借不上，腿也抬不起来，我就知道他的功夫比我高得多，所以我愿意交这么一个好朋友。"

洪均生还谈到和这件事有关的另一件事，其实那天沈老走后，有个同学贸然说："老师怎么不摔他一下？"陈发科听后立刻沉下脸来问他："摔他一下？为什么要摔他？"这同学见老师生气，吓得不敢回答（陈发科平时与学生说话都是和颜悦色的）。陈发科又厉声问他："你说，你说，你说在大庭广众之中，愿不愿意让人摔一下？"这同学呐呐说："不愿意。"陈发科说："啊，你也不愿！自己不愿意的事，怎么对人来施。连想都不应该想。"又和颜悦色教导说："一个人成名不易，应当处处保护人家的名誉。"

洪均生说："当时，我深佩我师的宽厚。事后，又想到沈老的品德也是难得的，因为那是我们年青人未见且不知道的事，他却坦率直言。足见二老的品德甚是相同，难怪后来二老长期往来，交成好友。"

洪均生还说，我师从不以太极内家自居。他说："凡事物都有表里之分。假如太极拳果为内家拳种，学了三天，连皮还不能像，便以内家自夸，行吗？"我师闲常评论别人，总是扬其所长，而不批评其所短。例如我们在公园看到有练拳的，回来问老师。师答约分三类：一说练得好；二说有功夫；至于我们见到那些练得不成样子的，我师则曰：看不懂。久之，我揣摩师评，所谓练得好，是指其套路与功夫都好；所谓有功夫的，则指其套路虽不怎样，却练已有年；唯对套路、功夫无一取者，只用看不懂评之，绝不肯说他人学得不好。

洪均生说，我师以处处照顾他人之名誉、利益为事。他详说了这样一件事：北京《小实报》曾宣传百岁老人王矫宇为杨禄禅亲传弟子，在和平门内后细瓦厂吕祖庙内传拳，一时从学甚众。同学李鹤年年轻好事，曾往欲试杨禄禅弟子本领如何。据说，王在该庙租房三间，跌坐床上学牌位陈之状，由其侄代为教拳。李回来笑向大家说："原来是个棺材瓢子（北京笑人老弱之语），我没敢同他动手。"我师说："你找他干什么？"

原来三年前，我师和我同在许禹生家闲话，忽有人递来名片，上用毛笔写着"王矫宇"三字，说武行来拜。当即迎入，问明来意。王自我介绍从杨家学过拳，今因年老无业，欲请许校长在体校安排工作以之糊口。我们请他表演拳，他练了半趟气已上喘。于是许说："同是武行，本应照顾，但校中有一定的编制，校长也不可随意增加人员，只可徐徐谋之。"为了目前生活，送他10元；我和陈师也各赠5元。那时他自云年逾六十。三年后，竟突长百岁，因不满百岁，不能当上杨禄禅之徒。其门内房桌上有红纸写的牌位为"先师禄禅公之位"，以表示为曾受教于这位祖师。旧社会里弄虚作假的事屡见不鲜，在新社会也有80岁的武术家自炫百岁而无人揭破。我师嘱我不要向人说起曾在许家相逢之事，以保其谋生之路。此更属仁厚之至。

十、创办首都武术社

1953年，陈发科与胡跃贞在骡马市大街共同创办了首都武术社，陈发科任社长，推动了陈式太极拳的发展并培养了一大批武术人才。

1953年陈发科（前排左四）、胡耀贞（前排左三）与部分学生合影
二排右二孙枫林、右三李经梧、右四李瑞媛（女）、右五雷慕尼，
二排左一田秀臣，后右一冯志强

京城中很多人都是带着最初的疑问接触陈发科，然后逐渐被他出神入化的功夫和谦逊质朴的品行折服。拜倒在陈发科门下者不乏名人，如大名鼎鼎的北平国术馆馆长许禹生、一代京剧武生宗师杨小楼等。带艺投师的也不少，

很多人更是学得出类拔萃，像沈家桢、李剑华、唐豪、顾留馨、田秀臣、冯志强等。

1930年陈发科先生与弟子合影 前排左起：赵仲民、陈照旭、刘慕三、陈发科、陈豫侠；后排左起：张一凡、洪均生、杨易辰、刘亮

从此陈发科使陈式太极拳的真正功夫和面貌被外界所认识与称道，使长期以来一直寓于一隅、家传秘练的陈式太极拳从此公开流传于世并发扬光大；他培养出沈家桢、顾留馨、洪均生、田秀臣、雷慕尼、冯志强、李经梧、肖庆林等诸多太极人才，而这些人才也纷纷沿着他的足迹为普及陈式太极拳做出了很大贡献；他开创了陈式太极拳传递发展的新纪元，成为中国太极拳运动发展史上的第二个里程碑。

在陈发科北京30年的传拳过程中，他在继承陈式太极拳原理与宗旨的前提下，对祖承的老架进行了改进，融入了自己的风格，形成了现在的架式。与原来的架式相比，现在的招式更为简捷明快、舒展大方，举手投足间散发出一种只可意会不可言传的"京味"。从陈家沟走出来的陈式太极拳终于抖落了一身的乡野尘土，在达官显贵聚集的北京城登堂入室。从此，陈式太极拳开始了以发源地陈家沟和北京两地为中心向全国以至全世界传播的全新历程。

陈式太极拳·内功健身

第二章　太极拳架构与养生之道

一、陈式太极拳老架、新架、北京架

陈式太极拳目前在民间流传着 3 种拳架，即老架、新架、北京架。很多人对这 3 种拳架说不清楚，讲不明白，其实，3 种拳架是一脉相承的，是陈式太极拳在不同发展阶段的一种称谓，顾留馨先生将此称为"大架系统"。

根据近代武术家唐豪考证，老架是清初焦作人陈王廷所编，原有 5 个套路，又名十三势，另有长拳一百单八势一套、炮捶一套。从陈廷起，经过 300 多年的传习，积累了不少经验，对原有拳套不断加工提炼，特别是自陈长兴以来，历经陈耕云、陈延熙，至曾孙陈发科几代相传，理精法密，终于形成了近代所流传的陈式太极拳第一路和第二路拳套。

老架、新架，又称大架。现在我们经常能看到的实际上有 3 种，即大架老架一路、大架新架一路和小架一路。大架有新老之分，还有一路和二路之分；小架没有新老之分，只有一路。

大架老架一路，74 式，是由陈长兴定的拳谱；大架新架一路，83 式，是由陈发科定的拳谱。沈家桢、顾留馨 1963 年编的《陈式太极拳》一书根据陈发科的新架，定了 83 式，成为了国家标准而出名。田秋茂老师所撰"陈式太极拳 74 式与 83 式的来龙去脉"一文说的非常清楚，他在文中说："陈公发科初来北京时教的就是 74 式。其早期弟子，侄陈照丕、子陈照旭、弟子杨易辰和洪均生等皆习此拳套。"

陈照丕第一次代表陈家沟到北京教拳时也是教这套 74 式，就是说，陈发科、陈照丕最初到北京和南京教出来的大弟子们与陈家沟的子弟们学的都是这一套家传大架。这是陈式的经典之作。所以今天流传最广的就是这一套拳——74 式。好像有些老人叫 72 式，还有人叫 75 式，都是一样的。

陈发科在北京授拳 30 年，他不断总结经验，在动作上加强了"螺旋缠绕，蓄而后发"，设计了新的拳势，从原来的 74 式发展成 83 式。把古老的陈式太极拳提高到一个新阶段。

田秋茂老师说："陈公发科在长时间教学中逐步增加 3 个式子，即三换掌、退步压肘、中盘。此 3 式在整套拳中又重复一次就成了 6 式。另，双震脚与背折靠有动作而未单列成式。在 1963 年《陈式太极拳》（沈家桢、顾留馨著）一书出版时均单列成式。原 74 式金刚捣碓即为收势。1963 版本又增加收势，因此 74 式就演变为 83 式了。"

其实不管是 74 式还是 83 式都是陈公发科所传。他的中晚期弟子多习 83 式，如雷慕民、李经梧、田秀臣、冯志强等老师。田秀臣老师直到 1978 年在北京体育学院录像时，三换掌只打了一换掌，这便反映了中期弟子在过渡中的痕迹。三换掌、退步压肘、中盘 3 式是陈公发科对陈式太极拳的重要贡献，是具有强烈技击内涵的经验总结，它更加丰富了陈式太极拳，将其推向了更高的境界。

陈式太极拳老架、新架搞清楚了，那么何为"北京架"呢？要弄清何为北京架，还须从陈发科进京授拳说起。

陈发科 1928 年进京授拳时，在与（北平）武术界交往中，他以刚柔相济，采、挒、肘、靠、拿、跌、掷、打，兼施并用，技击技术极好，与人交手时以得人以其刚为准，以不见形为妙，"挨着何处何处击，将人击出不见形"的高超技艺受到北平武术界的叹服。从而在北平站住了脚，开始在北平传拳，改变了当时北平"谁知豫北陈家技，却赖冀南杨氏传"的局面，而开创了"不意陈君标异帜，缠丝劲势特刚强"的新时代。因其为人忠厚，武德高尚，受到各界人士的欢迎，特赠银盾一尊，镌刻"太极一人"以示敬仰。

陈发科在京授拳 30 余年，他教授徒弟很多。其子照旭、照奎，其女豫霞，其弟子先后在北京、上海、郑州、焦作、西安、青岛等地设点教拳，将陈式太极拳逐步普及到全国。陈发科进京授拳这一创举，使陈式太极拳发展史上产生了一个巨变，这个变化使得有 300 多年历史的只流传在陈家沟"一隅之地、一姓之众"的陈式太极拳走出了陈家沟，进入了大城市，走向了全国，瞄上了世界。

北京市武术协会陈式太极拳研究会，为纪念陈发科的历史功绩，于 20 世纪末期，将陈公发科在京所传之拳定名为"北京陈式太极拳"，相应的拳架，也自然简称"北京架"。尊陈公发科为北京陈式太极拳"始祖"、第一代传人。

弄清了陈式太极拳大架系统"老架、新架、北京架"后，对于"小架"不免还要多说几句。历史上陈式太极拳并无大、小架型之分，而是在训练方法上，对于初学者，师傅为了使徒弟尽快入门，把架型放大，让徒弟先从大圈、外圈入手，经过一段时间的训练，在徒弟掌握了陈式太极拳划圈走圆的运动规律之后，再逐步由大圈过渡到小圈、外圈过渡到内圈，而形成劲路沿躯干和四肢变化、传递的螺旋缠丝劲，达到外形上不见圈的高级境界。

据一些史料载：陈式太极拳第六代陈有本之前，太极拳被传下来的只有一种练法，并无大、小架之分。对大、小架的分化起着划时代作用的关键人物是陈有本。《陈氏家乘》记载，陈有本的父亲陈公兆"学术纯正，明上多出其门"，由以上记载可以看出，陈公兆、陈有本父子皆武学造诣深厚，弟子名家辈出，陈有本之艺显然是得到父亲真传，并且在陈有本之前小架已经存在，只是当时并无"小架"之说，一直是按"小圈"架型进行的系统训练，最终达到无圈无极的境界。后人为了加以区别，将走大圈的练法打法之架型叫"大架"，将走小圈的传统练法打法称为"小架"。

小架具有刚柔相济、螺旋缠绕、快慢相间的风格特点，而且因其完整的理论体系和严格有序的训练方法，被陈家沟人誉为"功夫架""看家拳"。当代陈式太极拳"小架"代表人物有：陈克忠、陈克弟、陈伯祥、陈伯先、陈金鳌、陈立宪、陈立清等。

二、"快工作"与"慢太极"

现如今，我们生活在一个讲求速度和高效率的时代，周围的世界比以往任何时候的变化发展都要快。我们竭尽全力使自己更有效率，力求每时、每分乃至每秒都能做更多的事情。这个快节奏像给人上紧了发条：匆匆忙忙上班，风风火火出行，吃饭狼吞虎咽，入厕草草了事，就连休息都得争分夺秒。

由于工作压力的加大和生活节奏的加快，人们对身体健康忽视了。但可怕的是这种快节奏的工作会让人产生节奏综合征，这种节奏综合征不仅会使人产生心理上的不适，也会产生一系列生理上的不适。由于精神长期处于紧张状态，使中枢神经和植物神经系统功能失调，出现类似于"神经症"之类的症状，如神经性头痛、神经性呕吐、神经性厌食等。当然，这种无休无止的快节奏生活会给人带来丰厚的物质回报，但同时，也给人带来了心灵的焦灼、精神的疲惫以及健康的每况愈下。

据一份关于上班族健康现状的调查显示，自认为生理和心理完全健康的上班族不足10%，而90%以上都存在不同程度的健忘、精力不集中、失眠、浑身酸痛、无力、颈肩僵硬、头晕眼花、经常感冒等症状，而且患高血压、高血脂、颈腰椎病、糖尿病等病症的不在少数。如此节奏混乱的生活是养生之大忌，应学会快慢、张弛、紧疏有度。

是什么原因造成上班族的健康状况如此令人担忧呢？除去不科学的饮食和生活方式，很大程度上是因为上班族们普遍缺乏锻炼！

常言道：生命在于运动。事实表明，参与有规律的体育锻炼会使人"身体棒、感觉爽、精力充沛"。体育锻炼的最大作用在于全面增进人的健康，体育锻炼的方式，多种多样，如骑自行车、爬山、步行、跑步、跳绳、打乒乓球、打羽毛球、打高尔夫球等，但较好的锻炼形式还是太极拳。因为其他的活动形式，只是强筋壮骨，而太极拳却是内外兼修，集运动和修心养生于一身，具有科学、全面的保健功能，是身心整体锻炼的最佳的运动形式。不要以为太极拳是老年人的运动，年轻人同样适合练习，尤其对白领阶层缓解身体各部位劳损和精神压力有很好的效果。

（一）太极拳文化底蕴深厚

深入地了解太极拳的真正内涵，正确地定义太极拳，这是广泛地继承、发展、弘扬中华传统武术文化的需要，也是时代的呼唤。长期以来，人们对太极拳有一些误解，看到公园里练太极拳的人以中老年人居多，很多人误以为太极拳是"老人拳"，只有身体有病的人才适合练习。其实不然，太极拳文化底蕴深厚，拳理博大精深。

1. 太极拳为什么冠以"太极"

拳是中国传统武术中一个具有普遍意义的名词，它表示了一种运动形式，既有徒手的套路、技击，又有各种器械和对练。它的主要功能体现在三个方面：一是技击，二是健身，三是表演。

中国的传统拳术种类繁多，其名称有以动物形象命名的，如蛇拳、鹤拳等；有以历史人物命名的，如太祖拳、燕青拳等；也有以演练特点命名的，如醉拳、地趟拳等。太极拳为什么却以"太极"而冠名呢？

"太极"是中国传统文化中的一个哲学名词。哲学是世界观、是方法论，哲学是人们对客观世界的反映和思维方式。中华民族几千年来对客观世界的思维方式主要来自于"太极"思维。

"太极思维"认为"太极,无极而生,阴阳和合而成",即"无极生有机,有极生两仪","两仪者,阴阳也",阴阳道合而成象,是谓无中生有,"有,名万物之母",谓之太极。这就是哲学中的"对立统一"规律。客观世界的万事万物都是由两个方面组成的,两个方面分别称为阴和阳。阴阳两方面既互相排斥,又互相依存,并且在运动中互相转化,互相包容,最终实现了阴阳两方面的平衡和协调。世界上的万事万物就是在这种不断地寻求平衡和协调的过程中前进与发展的。

太极拳之所以冠以"太极",是因为太极拳每一式、每一个动作都是"阴阳"的演化过程,可以说太极拳是一个"阴阳互变"的运动,如刚与柔、快与慢、开与合、方与圆、进与退等。

2. 时代给太极拳赋予了新的定义

中华民族几千年来对客观世界的认识主要来自"太极"思维。以"太极"这一中国传统哲学思维命名的"拳",贯穿了寻求"阴阳"平衡、和谐的理念。经过历代太极大师的总结、继承和发展,使太极拳具有了丰富的文化底蕴。

可以说,太极拳定义在本质上是中华民族传统文化传承的一个特殊载体,它包容了哲学、易学、道学、医学、力学、文学、美学等方面。实践证明,如果不学"文学",难以读懂文言文的古拳谱;不学"哲学",难以理解阴阳互变;不学"力学",难以掌握"四两拨千斤""以弱胜强"的技法;不学"易学",难以懂得太极"八法""五行""天人合一";不学"医学",难以练好太极内功,"疏通经络";不学"美学",难以让太极拳"舒展紧凑""在紧凑中自具舒展"。因而,不能简单地把习练太极拳者看成是一介武夫。练太极拳可提升个人道德修养、文化修养和技能修养。

如:经常练太极拳深呼吸,气沉丹田,使横膈膜下降,胸腔体积增大,日久天长,经过一个从生理变化到心理变化的过程,会自然行成胸怀宽广、性格豪爽之风格。同时,如秉持道家"无为而无不为"的原则,定能成就一番事业。

又如:练拳遵照"道从静而入"的原则,行拳"舒展松柔,连贯圆活""内固精神,外示安逸""神舒体静",日久天长,能做到精神上的放松、肢体上的放松和内脏的放松,而达到心平气和。因此,一个老成、善于应变的心理素质也就自然养成了。

再如:太极推手练习,强调"以柔克刚""后发制人""四两拨千斤",

这就要求习练者"肯动脑筋，善于谋划"，日久天长，便会养成对待矛盾的态度就是要通过对应旋转，从主要矛盾入手解决矛盾，而不是硬碰硬激化矛盾。学会太极中的"走，化"和"引进落空"等手法，提升了个人智慧，久而久之，便可成为一名至大成者。

更重要的是，太极拳不仅仅是中国传统文化的遗产，它还具有深奥的研究人体科学的奥秘。当太极拳理论与《周易》道家阴阳学说和《内经》中医理论相结合后，太极拳实质上是调节人体阴阳均衡的一种养生运动。

(二) 太极拳养生有道

太极拳之所以是调节人体阴阳均衡的养生运动，在于它运用阴阳学说和中医理论，把自然界的五方、五时、五气、五化与人体的五脏，五味、五志等用阴阳五行运化机制有机地结合起来，形成了以五脏为主体，顺应五时、五气的，人与自然界相对应的五个功能系统，达到阴阳协调中和，不治已病治未病，治养结合，以养为主的治病健身目的。

1. 练太极拳可预防心血管病

血液循环系统被誉为不知疲倦的"运输线"，每时每刻，它都为人体的新陈代谢，紧张而有序地输送营养、运走废料。近20年来，随着人们工作节奏的加快，精神压力的加大，饮食的失衡，导致心血管病的发病率、死亡率逐年上升，严重威胁着人类的健康。

太极拳术与中医学中的导引理论相结合，将气功运用于拳术之中，导引主要是通过呼吸、仰俯、手足屈伸的形体运动，太极拳动作之中讲究"缠绕"，"下则旋踝转膝，中则旋腰转脊，上则旋腕转膀，进行顺缠逆缠，由表及里""上下相随"。一臂运动，另一臂也相应跟着运动，保持"两膊相系"。总之是"一动无有不动""周身一家"的运动。这种以腰为轴，带动四梢的旋转缠绕能有效地推动骨骼肌、胸腔、腹腔做有规律的收缩和舒张，促进静脉血液的回流，达到及时补充营养，排除废物，维持身体健康。

正如专家所指出的："静脉血回流心脏，主要靠肌肉张弛及关节屈伸而产生的压挤作用。太极拳着重进行放松的练习，加以运动多走曲线，肢体螺旋形的拧转，这样就更促进静脉血的回流，好像松软的毛巾拧绞时比简单挤压更易于使水分流出是一个道理。"

事实证明，演练太极拳可使心气旺盛，心血充盈，脉道通畅，心主血脉的一切功能正常发挥，血液在脉管内正常运行，起到练拳养生的作用。使人体各部血液精气流通无阻，从而使心脏生理正常，引导血气于身畅通。

2. 练太极拳可改善呼吸系统的疾病

呼吸系统是人体天然的气体更换站，吸进新鲜氧气，排出二氧化碳，这个过程由呼吸系统来完成。如果一个人呼吸系统患病，就会降低人体气体交换功能，影响身体健康。

吐纳，也是中国古代医学家们所发明的一种养生术。吐，即从口中吐出，意为呼气；纳，即收入，意为吸气，由鼻孔而入。吐纳术就是呼吸之术，通过口吐浊气，鼻吸清气，吐故纳新，服食养身，使形神相亲，表里俱济。人在太极拳锻炼过程中呼吸过程加深，会吸进更多的氧气，排出更多的二氧化碳，从而使得肺活量增大，残气量减少，肺功能增强。经常锻炼的人由于身体适应能力较强，其呼吸显得平稳、深沉、匀和，频率也较慢，平均每分钟呼吸 6~8 次，而不锻炼的人平均每分钟呼吸 12~15 次。打太极拳可使人气道畅通，呼吸调匀，具有补气益肺的作用。对慢性支气管炎、肺气肿、活动性肺结核等疾病有康复治疗作用。

3. 练太极拳可提高消化系统的功能

生命离不开饮食，饮食离不开消化，没有消化对饮食中营养的转化，山珍海味也只能是一些无用的废渣。消化是人体吸取各种营养的手段。打拳时通过腹式呼吸，推动膈肌的升降运动，通过胸腹的折迭运化，带动肠胃蠕动，通过气沉丹田，引起腹腔鼓荡；通过舌抵上颚，促进唾液分泌，提高了消化、吸收和排泄功能。一个人的消化吸收、排泄功能好了，身体便也健康了。

太极拳的特点是"刚柔相济""快慢相间""方圆相生""松活弹抖""螺旋缠绕"，太极拳的锻炼，运动量增大，也会增强体内营养物质的消耗，使整个机体功能增强，从而提高食欲。另外，还会促进胃肠蠕动和消化液分泌，改善肝脏、胰腺的功能，从而使整个消化系统的功能得到提高，为人的健康和长寿提供良好的物质保证。

4. 练太极拳可改善神经系统的功能

人的神经系统是机体内起主导作用的系统。分为中枢神经系统和周围神经系统两大部分。神经系统调节和控制其他各系统的功能活动，使机体成为一个完整的统一体。俗话说："病由心生，命由心亡。"对大脑神经的锻炼是强身治病的重要一环。练太极拳要求全身放松，首先是心的放松，静心敛神于内。

例如，在太极拳练习时，随着骨骼肌的收缩，出现呼吸加快加深、心跳加速、出汗等一系列变化。总之按照太极拳拳理要求行拳走架要"一动无有不动""内不动，外不动，内一动，外全动"，内外兼修会使神经系统特别是大脑皮质功能得到改善，使人的思维、学习、记忆、智能等得到大大的增强。坚持太极拳锻炼的人，常表现为机体灵活、耳聪目明、精力充沛，这正是神经系统功能健壮的表现。

5. 练太极拳可降低糖尿病发生的危险性

太极拳锻炼能强健肌肉，改善骨骼的理化特性，畅通经络，有利于营卫气血的通行。太极拳的运动方式是一动无有不动，从内气的畅通到外形的变化、从五脏六腑到四肢百骸，都寓于"动"中。特别是陈式太极拳，其顺逆缠丝的螺旋运动，以及上下相随、内外结合、快慢相间、节节贯穿等运动，都融为一体，使人体从脏腑组织到肌体组织都得到活动和锻炼。久而久之，练到一定程度，就有小腹发热、四肢末梢发胀发麻之感。中医针灸学认为这种现象是"得气"的表现，也就是调动内气，打通经络，使经气畅通运行，阴阳调和，同时可刺激体内胰岛分泌胰岛素（胰岛素是一种蛋白质类激素）。糖尿病患者，发病因素恰恰是其病理生理主要是由于胰岛素活性相对或绝对不足以及胰升糖素活性相对或绝对过多所致，每天坚持太极拳锻炼的人，不仅可以强化胰岛素的分泌，还可降低分泌胰升糖素（胰升糖素作用同胰岛素相反，可增高血糖）。这可大大控制糖尿病的发生或帮助糖尿病患者降低血糖。

据 2010 年 3 月 26 日《联合早报》报道，中国已经取代印度，成为全球糖尿病第一大国。据国际糖尿病联合会的一份医学研究报告显示，中国糖尿病患病人数超过 9200 万，此外尚有 1.5 亿中国人属于糖尿病前期，这意味着将有 1.5 亿人可能将步入糖尿病大军中。中国每 10 名成年人中，就有 1 人是糖尿病患者，而且糖尿病发病年龄前移，患病率从 20 岁开始就呈加速上升趋势。目前糖尿病已成为中国最主要的和最棘手的公共卫生问题。糖尿病的特征之一是人的血糖水平很高，如果病人不加控制，还会引起许多其他健康问题，如视力减弱和肾亏等。实践证明，太极拳锻炼可控制血糖水平的提高，从而使个体产生糖尿病的可能性大大减小。

6. 太极拳锻炼可防止筋缩病的发生

现代人的流行病——筋缩，在二十几年前是不可想象的：这种病症是老人年轻时积累诸病的显现与人体功能自然退化的综合结果。而今却在年青人中大量出现，这种病症则多是现代科技的副产品，因电脑、电视、游戏机和汽车的出现导致人体以同一姿势长时间不动而气血瘀堵；还有因为空调，将寒湿不断灌入人体，堵塞气血的运行，形成痛症。这种病的症状有：颈紧痛、腰强直痛、不能弯腰、背紧痛、腿痛及麻痹、不能蹲下、长短脚、脚跟的筋有放射性的牵引痛、步伐开展不大、密步行走、髋关节的韧带有拉紧的感觉、大腿既不能抬举亦不能横展、转身不灵活肌肉收缩或萎缩、手不能伸屈（手筋缩短）、手脚肘膝时有胀麻痛感，活动不顺。

什么是"筋缩"病？在医学古籍中，古人将筋症分为筋断、筋走、筋弛、筋强、筋挛、筋萎、筋胀、筋翻及筋缩等，筋缩是其中之一。筋是中医的旧称，西医统称为肌腱、韧带、腱膜等；缩，有收缩和痉挛的意思。简单来说，筋缩就是筋的缩短，因而令活动受限。每个人身上都有一条大筋，从颈部开始引向背部，经腰、大腿、小腿、脚跟至脚心。解剖学里没有提及这条大筋，它就像经络穴位，并无有形的位置，但当你接受治疗时，就体会到这条筋的存在。

治疗这种病症的最好方法，就是拉筋，把筋拉长。而太极拳又是拉筋的最佳运动方式。道家说："筋长一寸，寿延十年。"

舒筋功是太极拳法中一个重要的基础，是对筋、骨、髓、肌肉、皮毛等全方位的训练，就太极拳而言，腰、腿基本功（压腿、踢腿等）和盘低架等，也能达到舒筋开骨的目的。对筋骨的训练主要是开筋、润筋、养筋，人体之筋如同橡皮条，长期不拉会使其老化失去弹性，正确的练法应是在其拉开后，还要适时给它补充养分，好增加周身弹性，延缓其自然老化。

打太极拳时对全身每个骨节都有明显的动作要领，要求抻筋拔骨，节节松开，内气穿行于骨间和筋膜肌健之中，催动筋骨合乎生理规律的运动。可防骨质疏松，预防中风、风湿，预防畸形驼背，保持挺拔的体形和轻盈稳健的肢体动作。但需要明确说明的是，各项基本功达到一定要求后，其效力都应体现于太极拳每一式中。拳功一体，不能分家。各种基本功如何化入拳中，太极拳中的"螺旋缠绕""节节贯穿""拳走低架"以及腿法、身法的练习，都是拉筋的过程。能提高和保持身体活动的能力，防止身体活动能力的逐步衰退，这种有规律的太极拳锻炼，能使身体活动能力的退化减慢。

7. 太极拳锻炼可控制体重与改变体型

众所周知，过分肥胖会影响人的生理功能，尤其是容易造成心脏负担加重，缩短寿命。如果一个人的皮下脂肪超过正常标准的15%~25%，他的死亡危险率会增至30%。俗话说："长练筋长三分，不练肉厚一寸。"由于太极拳锻炼能减少脂肪，增强肌肉力量，保持关节柔韧性，故可以控制体重，改善体形和外表。

我在教学中，有一个学生，体重达190多斤。他在暑假40多天中，苦练太极拳，体重减轻到170多斤。这是一个突出的范例。大多人，如果按科学方法练习，一般在四五个月内，体重能减轻4斤左右。

8. 太极拳锻炼可延年益寿

太极拳练习能延年益寿，为什么这么说呢？太极拳不是一般的运动，它是内外兼修的一种养生功法。太极拳的最高境界是打通人身的全部经脉，即"小周天"和"大周天"。

中国古代中医经络学说主要是论述人体经络系统的生理功能、病理变化，以及经络与脏腑之间的相互关系，经络是运行全身气血，联络肺腑肢节，沟通表里、上下、内外，调节体内各部分功能活动的通路，是经脉、络脉及其连属组织的总称，是人体特有的组织结构和联络系统。其中，经脉是人体经络系统的纵行干线；络，有网络之意，是人体脉络的大小分支，纵横交错，网络全身，无处不至，人体的经络系统主要包括十二正经、奇经八脉、十二经别、别络、孙络、浮络、十二经筋、十二皮部等几个部分，起着决死生、处百病、调虚实的重大作用，但是绝不可不通。经络系统通过有规律的循行和错综复杂的联络交会，把人体的五脏六腑、四肢百骸、五官九窍、皮肉、筋脉等组织器官联结成一个统一的有机整体，从而来保证人体生命活动的正常进行。

医学告诉我们：全身经络贯通，百病不生。人身体健康了，不生病，自然要延年益寿。俗话说："身体锻炼好，八十不算老；身体锻炼差，四十长白发。"大量的研究表明，有规律的太极拳锻炼可以延年益寿。有一项持续30年的研究显示，不锻炼的人比经常锻炼的人早逝的可能性多31%。所以，上班族们，不要让繁重的工作和无休止的应酬占据了生活的全部，在你的日程表里留出锻炼和运动的时间吧。常言道：工欲善其事，必先利其器。锻炼出一个好身体，你会更加精力充沛地投入工作。

（三）太极拳锻炼之规矩

练太极拳必须按规矩练，无有规矩，不成方圆。太极拳练法规矩主要有以下几项：

1. 不可自专自用，固执不能

谚曰："专求力则凝滞不灵，专求重则圆转不活，专求气则拘泥不通，专求轻神意涣散。"

练太极拳心内中和，无形中自增灵感。练至功行圆满时，凝神于丹田则身重如山，化神成虚灵则身轻如羽，得其妙道，若有若无，若实若虚，勿忘勿助，不思可得，无形而生成神奇，力活气顺，虚心实腹，久练自达化境。

前辈太极拳家讲：练太极当功夫达到"柔中寓刚，刚柔内含"后，再从虚静上专一锻炼，处处体会"空、松、圆、活"的意趣，一举一动，至虚至灵，一片神行，无迹像可寻，无端绪可指，技艺至此，真神品矣。

2. 不可心躁气浮，急于求成

练太极者之大忌："未用功而先期效，稍用力而即期成。"理明路清，进而不止，日久自成。练拳心躁气浮，急于求成，就会形成心不静则神不宁，心肾不交则神气不通。心要静，心静神自宁，神宁心自安，心安气自行，神气相通，万象归根，静练出真功，功夫长进快。静养灵根气化神，静中求动生太极，不静不见动之奇。因此，要求初练太极拳要心静体松，用意导引全身内外器官、肌肉、关节，保持全身心舒松的感觉。

3. 不可不知养，欲速不达

拳曰："练拳不知养，易伤不易长。练拳不懂养，百练功不长。"十年练拳，十年养气，气以直养而无害。太极拳以养为本，初学者以慢为宜，配合逆呼吸练、心静练、顺气练、循序渐进由慢逐渐转快练为养，养气、养神、养性、养身；猛练、努气练、心不静练、不按规距瞎练为伤，伤气、伤神、伤心、伤身。须清心寡欲，平心静气，太极太和，自然达到练精化气，练气化神，练神还虚，虚至虚灵之境。

太极拳何为养？何为伤？一种说法，"慢练为养，快练为伤"；还有一种说法，"震脚为伤，轻落为养"。顾留馨先生认为这是一种误区。首先要明白，太极拳是武术，凡是技击性强的太极拳，发劲、震足、腹式逆呼吸是增强和提高技击作用的必要条件。不要和"医疗保健性的太极拳混为一谈"，不发劲、不震脚、不结合腹式逆呼吸法，这是化武术而为疗病保健服务，并不是技击性的武术。

还要说明一点，"震脚"与"跺脚"是有区别的。震脚用的是"松沉劲"，当脚落在地面上时，因全身放松，地面没有向上的反弹力。如震脚方法适当，不但不伤人，反而帮助通经络。而"跺脚"用的是"硬挺劲"，全身僵硬，当脚落地时，脚与地面硬碰硬，地面的反弹力全部作用在踝关节、膝关节、胯关节上，因而伤人。

太极拳另一个重要特点是"先慢后快，快慢相间"。太极拳快练、慢练，都是为提高太极拳技击能力服务的。顾留馨先生说："轻松而又缓慢的练法，能逐步提高耐力，能逐渐产生一种沉重而又灵活的内劲。等到轻缓有一定基础，再逐渐练快，快后复慢，既能慢到十分，又能快到十分。如此反复锻炼，始能快慢轻重，随心所欲。"

4. 不可存打人念，心无所依

练拳者，如存打人之念，心动神去无所依，神杳气散无所归，好勇斗狠失心和。妄念一起横气生，肝气不平，阴阳不和，火水不济，久之五劳七伤与身俱存，稍有病痛则齐发而至，是为大害。练拳时，一志凝神，主于敬，养其诚，洗心涤虑，平心静气，一念无所思，一物无所著。

5. 不可努气用力，努者必伤

练拳时不可努气，先辈有言："能松则轻，能轻则灵，由松入柔，积柔成刚，刚柔摩荡，即为轻灵沉着兼而有之。"行拳亦走中气（即内气、元气），中气贯足，方能柔中寓刚，刚中有柔。

如果练拳不懂此理，而蛮用"努气"，努者必伤。努气则力刚易折，气易阻隔于胸，肺被排挤，久之必得胸憋肺炸之病。若用拙力，则周身血脉不能通顺，筋骨不能舒畅，全身拘谨，四肢不活。身为拙气所滞，滞于何处则何处成病，当时不觉，必于后发。总要力活形顺，圆满无亏，积柔成刚，一片神行。

6. 不可挺胸突臀，违者僵直

太极拳要立身中正，头顶"百会穴"与裆部的"会阴穴"要上下对拉成一条"垂直线"。练拳时，不可俯仰，不可歪斜，不可挺胸凸臀。打拳时要身心放松，否则气逆而上，不能归于丹田，双足如萍草无根，且心肾不交，神气不合。阴阳不和则万法不至。周身放松，脊柱竖直，松腰敛臀，松胯圆裆，虚心实腹，则中气贯通，太和之气才能浩行。

陈式太极拳·拳理拳法

第三章　论太极拳拳势技击法

传统武术是我国中华民族的文化瑰宝，是以套路演示、攻防格斗、养生健体等内容所组成的民族体育运动项目，三者是有机联系的统一体。自古以来，经过历代历史的发展，社会的变迁，在传统武术中富有技击特点的攻防格斗，均被视为武术内涵的主体。因此，从古至今都把武术的本质建立在技击基础上，产生了各种自卫防身御敌的技能，并随着时代的发展也衍化出各种不同派别的不同搏击技术，强调技击实用之重要性，把它视为传统武术的灵魂"精髓"。

传统武术中的陈式太极拳，它具有的实用技击之术，是经过历代武术先辈们在实践应用中总结出的有效实战技法。

陈式太极拳二路炮捶就是从实战、实践中经过众多武术前辈不断总结出的实战技击术。据顾留馨先生考证："综合明末各家拳法中踢、打、跌、拿各种功防方法的拳势，以戚继光训练士卒、活动身体的《拳经三十二势》为基础。戚继光且述其《拳经三十二势》的技击作用是'势势相承，遇敌制胜，变化无穷'。"又说：太极拳也和其他拳种一样，技击性是强烈的。"陈王廷所造陈拳五路及炮捶，虽长拳短打，兼收并蓄，而以短打为主体，成为中国武术中长拳、短打两大系统中的短打拳种之一。"

这就告诉我们，二路炮捶在创编过程中，兼收并蓄了戚继光《拳经三十二势》的实战应用特点。同时，陈王廷曾是温县的"乡兵守备"，并率乡兵击退了攻城"土寇"，可见他具有实战的经验。武术理论家唐豪先生也曾作出"可证太极拳、炮捶的创造，实受《拳经捷要篇》相当的影响"这样的结论。

一、拳势技击术论要

技击术，古代称为"手搏"，汉时著有《手搏六篇》，民国时称为"国术"，现在称为"技击"。传统拳术含有什么样的技击术，首先要弄清"技击"之含义。所谓"技"，指本领和方法；所谓"击"，指攻、斩和搏打，是手段和策略。技击术就是人与人相搏击的技术，它包括徒手和器械两种对抗形式。

第三章 论太极拳拳势技击法

传统拳术太极拳其徒手技击术即为"近可用手,远可用足,贴身可用摔与拿",人体各部位都可成为攻击对方的武器,概括起来为:"头、手、肘、肩、足、膝、胯、臀",古代称为"十四拳"。本书将结合二路炮捶拳势的攻防作用,进一步论述其"拳势技击之法"。

二路炮捶其技击方法分为"踢、打、摔、拿、靠、撞、跌"等法。"踢"就是腿击法;"打"就是攻击和防守的方法;"靠、撞"就是以人自身的体重,巧妙地贴身撞击对方,使其失去平衡的击法;"摔"就是两人相抱使对方倒地的技巧;"拿"就是抓筋拿脉、反挫关节、点穴擒捕的方法;"跌"则是利用合理倒地而进攻对方的能力。

下面从传统拳术技击术的基础理论、基础技法等问题入手,进一步阐述实战应用技法,弄清楚陈式太极拳二路炮捶具有什么样的实战应用价值。

(一) 拳势技击术基础理论

"太极"一词,源于《易经》。经曰:"易有太极,是生两仪,两仪生四象,四象生八卦。"其意是说,两仪、四象、八卦,全由太极而生。太极的一动一静而产生了天地万物。拳名太极,就是以拳来体现"拳为小道,而太极大道存焉",即拳为道,道在拳中之理。

太极拳技击术的千变万化,"阴阳五行"学说,是其最核心的基础理论。

首先,太极拳从《易经》阴阳学说所具有的含义,从两个方面演绎出一系列"阴阳概念"。阴阳学说是《周易》经典中主要的哲学思想,具有朴素的唯物辩证思想。《易经·系辞上传》云"一阴一阳之谓道",讲的是宇宙间一切事物既对立又统一的法则,万事万物的变化都由阴阳运动使然。传统拳术把阴阳之理运用于拳法之中,正如拳经曰:"一阴一阳之谓拳。"形意拳两仪歌曰:"鹰熊竞志,取法为拳,阴阳暗合,形意之源。"等。阴阳学说,在拳法技击术中起到至关重要的作用。

一是从人身肢体看:背为阳,腹为阴,外为阳,内为阴;身体左侧为阳,右侧为阴;上为阳,下为阴;人体四肢,外侧为阳,内侧为阴;手背为阳,手心为阴;拳背向上为阳,拳背向下为阴。

二是从运动形态看:动为阳,静为阴;起为阳,落为阴;快为阳,慢为阴;进为阳,退为阴;呼为阳,吸为阴;刚为阳,柔为阴;开为阳,合为阴;攻为阳,守为阴;外为阳,内为阴;气为阳,血为阴等。

其次，太极拳根据"阴阳对立，阴阳转化，阴阳相济"的运动规律和法则，创造出一系列技击原理和方法。太极拳、形意拳等拳法，其技击法明显地具有阴阳特征，其攻防、进退、吞吐、虚实等无不体现出阴阳对立统一的概念；而实战中变化多端的手法、腿法、身法也无一不是阴阳的展开和体现。可见，太极、形意等传统拳术，从理论到实践都离不开阴阳学说的互变理论，颜曰："拳之大要，重在阴阳。"

最后，传统拳术除了阴阳学说的支撑外，"五行学说"也是它的重要理论基础。五行学说和阴阳学说一起构成了传统拳术最本质的理论基础。五行理论，即"木、火、土、金、水"，这五种元素相生相克之法：木生火，火生土，土生金，金生水，水生木；木克土，土克水，水克火，火克金，金克木。在传统武术中的陈式太极拳根据五行相生相克法则演绎出一系列技法。

其一，在陈式太极拳拳术中，以五行的形态、性能、方位为基准，将某些拳势配组为五行系统，作为构成各种拳势的基本元素。如：在太极拳中五行主要用以分五种步法，即马步、弓步、虚步、仆步、歇步。弓步因为刚猛，用于猛烈攻击，所以属火；马步因为稳定不动，用于防守，所以属金；虚步因为其高度灵活性，所以属水；仆步因为其防守反击后发制胜，所以属土；歇步向下性，所以属木。太极拳结合实战应用技法，依次将"进步、退步、左顾、右盼、中定"作为五行定位。

五行相生相克图

其二，太极拳以五行结合人体，以五行配五脏、五体、五官。以五行配五藏，即肝属木，心属火，脾属土，肺属金，肾属水，这叫"内五行"；以五行配五体，即筋属木，脉属火，肌肉属土，皮毛属金，骨属水；以五行配五官，即目属木，舌属火，口属土，鼻属金，耳属水，均叫"外五行"。拳家认为内外五行要结合，即内五行要合，外五行要顺，内外同化，调和脏腑气息，以至精与气互化达到强身延年的效果。

其三，太极拳以五行相生相克原理解释拳势的攻防作用，即以相生理论说明变换相连的拳势，以相克理论说明相互制约的拳势。如太极五步，五步是太极十三总势中的五种步法，即指"前进、后退、左顾、右盼、中定"，这五种步法与五行相对应。

五行配五藏图

（1）"前进"，在五行中属水，方位正北。人体对应穴位是会阴穴，此穴属肾经。此劲的劲源在会阴穴，如欲前进，只要意在会阴穴，眼神向前上方看，身体即自然前进。

从外表看，此劲只表现在步法上。蕴于内者，即粘劲。粘劲，主前进。粘劲带有主动性，系用自己的手、腕、臂来粘对方的手、腕、臂，将对方粘起，使对方引进落空。

（2）"后退"，在五行中属火，方位正南。人体对应窍位为印堂穴，此穴属心经。劲源在印堂穴，如欲后退，只要意想印堂穴，眼神向前下方看，身体便会自然后退。

从外形上看，只表现在步法上。蕴于内者，即连劲。连劲，即连贯也，连绵不断，不脱离，无停无止，无声无息。真正懂连劲之后，即能得屈、伸、动、静之妙，开、合、升、降之效。见进则退，遇出则合，看来则让，就去即升。

（3）"左顾"，在五行中属木，方位正东。人体对应窍位为夹脊穴，此穴属肝经。此劲的劲源在夹脊，如欲侧转前进，只要意想夹脊穴往实脚之涌泉穴上落，身体便会自然地侧旋着前进。

从外形上看，表现在步法上。蕴于内者，即黏劲。黏劲，如粘如贴，不丢不顶，彼进我退，彼退我进，彼浮我随，彼沉我松，丢之不开，投之不脱，黏劲可化解棚、挤、按等进攻手法。

（4）"右盼"，在五行中属金，方位正西。人体对应窍位是膻中穴，此穴属肺经。此劲的劲源在膻中穴，如欲侧转后退，意想膻中穴微收，眼神顺左手食指往下看，身体便会自然地侧转后退。上述为左虚右实，反之亦然。

从外表看，表现在步法上。蕴于内者，即随劲。随劲，随即顺从，跟随之意，缓急相随，不即不离，进退相依，不先不后，舍己从人。应注意不丢不顶，只有不丢不顶，才能引进落空，借力发人。

（5）"中定"，在五行中属土，方位正中央。人体对应窍位是丹田穴，此穴属脾经。劲源在丹田，如欲立稳重心，只要意想命门和肚脐，立刻会身稳如山岳。

从外表看，表现在步法上。蕴于内者，即不丢顶劲也。不丢顶劲要练于内，形于外，只有内外合才能灵活奏效。中定不离位，含胸把腰松。对方来势，或高或低，或横或直，或左或右，或长或短，当走化对方来力，意念要集中在丹田，前方来力，意想肚脐贴命门，后方来力，意想命门贴肚脐。不要与之相抗，当松开其来力后，劲源反之则为发，必使对方弹跳跌出。

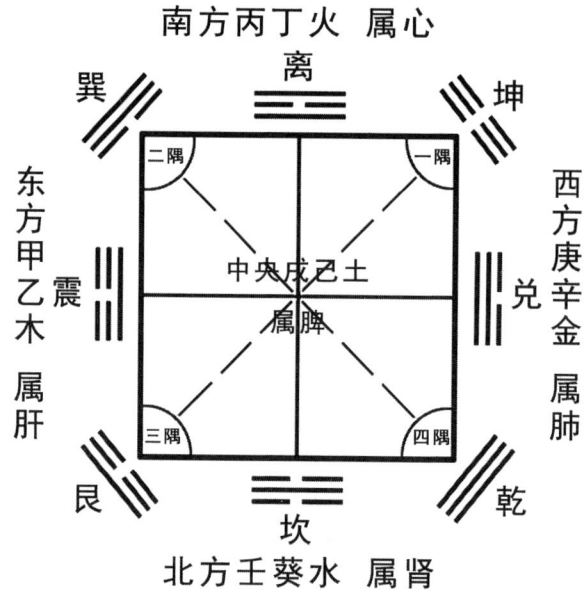

八卦五行图

（二）拳势技击术基础技法

传统拳势技击技法，在古拳谱中就有"十四打法"之论，也称之为"十四拳"，它是指个人在与对方搏击时，身体的14个部位都能发挥有效地打击对方的作用，即头、两肩、两肘、两手、两胯、两膝、两脚、臀等。这14个部位都有不同的技击打法，在经常运用中多以四肢为主，其具体打法分述节录如下。

（1）头打。"头"为一身之首，在技击中主要采用顶、撞、摆等法。顶有前顶和上顶，摆有左摆和右摆，撞有前撞和后撞。实战运用头打时，须竖项、直腰、蹬后腿、气贯百会、脚踏中门，钻身而进，如蛇吸食。侧打时前脚须进到与对方后脚相齐，方为得法。

"头打"之力甚大，一撞即可把对方击出甚远，但须用手的拨、拦、挑、挂手法打开对方的门户，以腰之拧转钻身而得入，以脚之蹬蹚而抢占地位，最后一顶才能成功。运用头打，可击对方之要穴，其头部有太阳穴、和髎穴、耳门穴；在心胸部有华盖穴、膻中穴、乳中穴等。这些要穴，都是"头打"的目标。

（2）肩打。"肩"为臂部根节，其力厚劲大，故以熊膀称之。肩打既能撞开对方，也能撞死对方，在使用中多以靠打为主。两肩靠打时要意在对方之先，盖住对方之意。肩在顾防对方进攻时，要两肘不离肋，防住自己的肝脾部位。在使用肩打时必须进步近身，贴身靠打，脚插进对方的中门、偏门，两手裹顾要严，护中护面钻挤而进。

"肩打"主要是用撞、靠、点、盖、摆等打法。如：点打用法，有走里和走外，走里主要用肩点打对方华盖、膻中两穴及左右两肺；走外主要点打对方之肩贞、章门等要穴及左右腰肋。

又如：靠肩打法，用两肩的左靠和右靠，靠打时肘要藏于肋下脐侧，左手藏于右肋之下，右手藏于左肋之下，此谓之"束"。当肩靠打之后，紧接着速开肘直打对方心窝或两肋章门穴、期门穴，此谓之"长"，故言"束长二字一命亡"，可使人致残或致命。靠打时肘横开，后靠时顺开，前击时前开。

肩打的要领，谚曰："贴身靠打，阴阳互易；正反进击，盖势而取。或上或下，以肩撞击；或左或右，以肩靠击；或里或外，以肩点击；或前或后，以肩摆击。"在运用肩打时多与对方贴近，我出两手封闭对方的两手，一脚踏入中门，用肩撞击其胸部要害部位。也可采用我右脚向对方身外侧插进一步紧靠对方肩，用我右肩击其对方右肩臂后侧要穴部位，也为"肩打"。

（3）肘打。"肘"在技击运用中是一个非常重要的部位，因肘为上肢的中节，乃藏劲之所，变化之处，其发力脆，劲力沉，屈肘呈三角，并有距离短和防不胜防的优点。肘如硬打对方胸部，能使对方毙命。肘分左右两肘，在传统武术中称为"二门"，谱有"二门横竖用肘"之说。它既有明肘的运用方法，也有暗肘的运用方法，但在进击时两手不离心，两肘不离肋，先要护住自己，再去进攻对方，如此打中有顾，顾中有打，双管齐下。

"肘打"在技击搏斗中主要有点、顶、拗、摆、砸等打法。如：肘点打，主要运用肘尖骨点击对方穴位及要害部位。前胸有"膻中、鸠尾、中脘、乳根、中府、云门"等穴位，腰腹部伤其"章门、期门、脐中"等穴位，脊背部伤其"肩髎、臑俞、肩贞、身柱、灵台"等穴位，后腰部伤其腰隙"命门、中枢、脊中"等穴位。运用肘点击时，须用寸劲，此劲全在腰脊、背脊和尾椎的转抖脆劲。

又如：摆肘（又称横打），摆肘的劲是运用肱部和肘部的摆抖劲打击对方。肘打的多种用法，是比较凶残的攻击方法，俗话讲，"宁挨十手，不挨一肘"。肘部鹰嘴骨利如牛角，肘打似疯牛斗虎，在运用时要进身才有效。俗话说，"远了须用手，近了便加肘"。运用时要掌握"肘顶与点，腰背运转；下砸上撞，肘肱屈弯；掩肘封闭，裹肘要严；开肘外打，夹肘如剪；压有横直，剉要动转，拗肘别劲，拐肘自然；摆打拷顾，随机应变"，此为肘打。

（4）手打。"手"为左右两拳两掌，在技击中运用最广泛，变化最多，既有左右之分，又有单手双手之别。拳有阴阳之分，掌也有阴阳之易，还有掌拳互变之妙用。在技击中，擒拿、点穴、卸骨、摔法等，无论采用哪一部位打法，都脱离不开两手的封闭、领化。所以说手打在技击中的地位十分重要，它包括了拳、掌、勾、爪、指等。在技击打法中，主要用砸、劈、钻、拿、盖、掳、推、刁、击、撩、啄以及反背拳、切削掌、剑指等多种打法。

手为梢节，可以放长击远，能灵活机动，可变掌变拳，功能多，变化快，是攻击对方的有力武器。发拳出掌三节齐动，手先击，肘随之，肩催之，互依互助，三位一体，继而连环，此为拳打"三节"之意。

"手打"在打击对方前身头面部位要穴时，可掌盖"百会穴"（头顶），拳钻"廉泉穴"（咽喉），掌击"太阳穴"（头眩晕），指扼"气舍穴"（颈气管）。在前胸各部要穴，掌劈"华盖穴"，拳钻"鸠尾穴"，指啄"中府穴"，掌推"膻中穴"。在后背各部要穴，拳砸"脑户穴"，掌盖"心俞穴"，拳钻"命门穴"。在上肢各部要穴，掌劈"天府穴"，手拿"少海穴"，手刁"内关穴"。在下肢各部要穴，掌撩"前阴穴"，掌劈"血海穴"，拳砸"犊鼻穴"等，此为手打。

"手打"在技击时，运用的技法变化无穷，任何技击都离不开双手，任何门派拳种都有其独特的打法技艺。

(5) 胯打。"胯"为下腹根节，肉厚骨粗，力大无穷，胯分左右两胯，有里外之分。其劲力疾脆，干净利索，不拖泥带水。外胯是指用自己的胯尖打击对方，找对方的胯骨对准部位，掌握好时机而击之，一下可以将对方击出好远，直至摔倒在地。时机掌握我为动势，而对方为静势，此为外胯打人。里胯打人，必须上步前进，把对方逼住，使其不能变化，退又退不掉，进又进不来，此时用我的胯把他打出去，此为里胯打人。

用里胯或外胯打人，以步为先，两脚换步须自然，阴阳相合，乘机得势，才能一击必中。胯打也谓两拳，由于胯的活动范围比较小，所以在技击中有一定的局限性，只能用左右的横撞打以及向下的坐打。胯在技击中的打击，限于人体中节之间，主要是运用挤、靠、撞、坐的打法。

"胯"打之要领：外胯用靠，里胯用挤，横胯用撞，侧胯用坐，即挤要紧、靠要猛、撞要狠、坐要毒。胯对胯打以实击虚必出，胯对裆打必伤，胯对股打必折。总之要狠、毒、快、绝，此为胯打。

(6) 膝打。"膝"为下肢的中节，虽然它发打的尺寸没有脚、手伸得长，但是它的打击力量却是最大的，不仅发力勇猛，并能打死人命。

膝分左右两膝，其打法尚多，只要对方来拳为中平或在中平以下，皆可以膝作拳用，或防或打，皆能解难。但膝打须要进身，并要手脚配合得当，随身合胯，不能强行。拳经云："远来用脚踢，近了便加膝。"此即说明膝打要上步近身之意。

"膝打"在运用击打时，主要用顶、提、转、跪、摆、拨等打法。其打击力量颇大，主要用于攻对方前胸腹部位鸠尾穴、石门穴、气海穴、前阴穴、章门穴等。攻击其后身的命门穴、腰俞穴等；以及大腿的内外和股骨等处。

如膝提打。是向上提抬的用法，也是最多见的一种打法。提膝既可运用于对方的裆部，也可打击对方的心胸肋部要害，还可以打击对方之面部。只要运用得法，配合得当，均可达到最佳效果。

又如跪膝打。分里跪和外跪。里跪是向自己的内侧跪压对方的腿；外跪是向自己的外侧跪压对方的腿。里跪要脚尖朝里，外跪要脚尖朝外。如要跷起脚尖为下肢擒拿技法，里跪为里擒拿，外跪为外擒拿，都是为断其对方膝关节。

(7) 脚打。"脚"在下节为梢节，但在全身仍为根节。脚在技击中常与手法结合，脚既是支持全身的支撑点，又是进攻对方的有力武器，在技击运用中的地位远远超过手，故拳谱曰："脚打七分手打三。"脚的用法多，变化快。

"脚打"技击的方法有"踩、蹼、撩、削、勾、挂、摆、跺、踏、磕、扫"等。在打法中主要有寸踢、崩踢、蹬踢、趟踢、弹踢等法，在技击中对对方身体各部位均可用脚击踢，并常与手法相结合。"脚打"的方法要领，拳经云："起脚望膝。"即脚打高不过膝之意，以"七寸为妙"。要踢、要踩，向前发脚如"卷地风""脚打踩意不落空，消息全在后脚蹬"。在脚法上：寸踢在臁骨，崩踢要凶猛，蹬踢须直出，趟踢脚要横，踹踢从侧攻，弹踢击下阴。"脚打"要注意"远去不发脚，发脚必不灵"。发脚要低、要快，迟必自误，经曰"脚打七分""全凭脚胜人"。

如踢脚。分点踢、平踢两种。"点踢"是用脚尖部的力量点踢对方的胫骨和踝关节的前侧或内外踝骨，也可点踢小腿内侧的承山穴和三阴交穴。"平踢"是用脚面部的劲力，上踢对方阴部，侧踢腰部和腹部。要因势而用，灵活多变。

又如蹬脚。分正蹬和横蹬两种，并有单脚蹬和双脚蹬之分。"正蹬脚"是脚尖向上，用脚前蹬向前领劲，以满脚掌接触对方身体，谓之正蹬脚。"横蹬脚"是脚尖向里，使用脚踵外侧和脚掌外沿横击对方，谓之横脚蹬。

再如踹脚。是运用脚踵之内侧和脚掌的内侧横击对方，谓之踹脚。在技击时运用外横勒，脚尖向外。踹起的高度不超过对方的膝盖，用前踹、下踹。

还如挂脚。挂脚与勾脚运用的部位、方向正好相反。勾脚是用脚踝，挂脚是用脚踵，勾脚是朝身前，挂脚是向身后，左脚挂时向左后方，右脚挂时向右后方。

(8) 臀打。"臀打"，指尾闾打，也称臀尾打。由于它活动范围小，在技击中是较为少用的一种打法，只有在得机得势时运用。"臀打"主要打法有撅、坐等。尾闾在拳术技击中最主要的作用就是转抖，它是在发放抖劲时不可缺少的劲节，故有"龟尾以转抖"之训。

尾闾的打法有后掀和下坐。后掀是在我被对方从身后抱住时，为了控制对方发出劲力，故用掀臀来将对方中节腰部向后逼弯，然后再接用头打。坐是为了稳固身体，而使重心下移的一种方法。当对方从身后抱住我腰部时，我用下坐之劲，使身体蹲低，伸手向后抓抄对方腿，然后再用坐法下压达到断其膝关节。打击要领要掌握"插外调臀尾，用手向前摔。后掀向上撅，下坐搂敌腿。撅坐可合用，使敌倒尘埃"。在具体运用时一般多撅坐合用，此为臀尾打。

上述"十四拳"技击之法，是指在防身御敌打击中，身体的 14 个部位都是技击的利器。但在实战中这 14 个部位绝不是孤立的，它是一个整体，运用"拳势技法"将各部位有机联系起来，相互配合运用，其威力倍增。拳谚曰："手去脚不动，打人不能胜；脚踢手不出，打人必负输。"实战中不仅手脚要同时并用，人身 14 个部位都要互相联系起来。

二、二路炮捶实战技法特点

陈式二路炮捶是实战与应用的拳套，据史籍记载：陈氏自清末以来，陈式先辈至近代之陈公发科都擅炮捶，发科公震足将河南会馆之大方砖震裂；杨式太极始祖露禅公亦苦练炮捶，人称杨无敌，班侯、少侯之发劲刚脆也是来自炮捶的淬炼；武式前辈至郝为真、李亦畬，亦皆苦练炮捶之发劲，来强化自身功力与实战的实力。种种证明，实战应用是二路炮捶的核心价值，其显著的实战特点有五项。

（一）一式三招　势势连珠

传统武术实战技法，在近战应用上"一是打技、二是摔技"。从二路炮捶拳套上可以看出，多以"采、挒、肘、靠"为主攻法，以"掤、捋、挤、按"为辅助手法。在身法应用上，多用"闪、转、挪、化、揉"。在步法上，以多变化，贴身粘黏连随。在手法上，多用擒手破擒手、拿手破拿手、摔技破摔技。可见二路炮捶是近身打击，为近身技法。

从二路炮捶拳套中可以看出，一个最显著的近战特点，就是"一式三招，势势连珠"技法。一进着多数采用接二连三，一上手就是连招，而且是全面性的攻击，上面手打击、中央身体靠打、下面脚盘套，"摔、打、拿、踢、点"五法具备，发招五法接连，出招招式相贯，严守内三合，谨遵外三合，浑然一体六合，如一圆球，手法、步法、身法、战法法法俱备。拳套中的拳势"连珠炮""白蛇吐信""左裹鞭炮""右裹鞭炮""夺二肱""左黄龙三搅水""右黄龙三搅水""左冲""右冲""玉女穿梭""回头当门炮"等，每势都是"一手连二手，劲脆如电击"。这些拳势，一旦进击，就是一式三招，三招九变，环环相扣，虚实并用，阴阳有方，全力以赴。正如拳谚曰："翻生不息，招招相接，发力迅猛，脆快连贯。"如"连环炮""白蛇吐信"，一式三招，招招紧跟，不容对方喘息。真是"手起如箭落如风，追风赶月不放松；一环自有一环接，环环相连法无穷"。

拳经曰："练拳不练把，等于胡乱打。""把"，就是近战实战技击的手法。在技击的攻防中要学会全身"十四拳"的应用，出击时要"上出下进、左击右打"，采取直线、弧形、侧摆、抢劈等诸多打法。其劲路及打击目标要交叉变化，随机应变，掌握闪、转、巧打和硬劲攻敌的技法。正如拳谚所云："拳法重快，攻防紧密，手法灵活，连削带打，抢占中线，毫不相让，时间抢先，顺势发拳，随机应变，连珠运用。"

（二）窜蹦跳跃　闪展腾挪

二路炮捶第二个实战的显著特点就是"窜蹦跳跃，闪展腾挪"的步法身法。实践证明身法战法法法俱备，才是实际攻防运用之拳套，"窜蹦跳跃"为武术中不可缺少的攻防技术。古人说："教拳不教步，教步打师傅。"由此而知，此术在实战中的地位。这里所讲的步有两个意思，一是步法变化，二是步骤方法。

多数学太极者大多不知步法灵活与应用，所以在应用中受制，没有学陈式炮捶就更难说应用实战，因为炮捶步法变化多元，在炮捶步法身法中，"窜蹦跳跃"为主要的攻防技法，它分"平纵"和"上跃"两种，即平纵为跳远，上跃为跳高。

炮捶拳套中"飞步拗鸾肘""抹眉红""玉女穿梭"等式为"平纵法"，意念一动，向前平纵，愈远愈好。未纵之前，一足尽力蹬地，另足前纵，一足后随紧跟，其进如风，手法、步法、身法、转法，愈快愈好。

炮捶拳套中"翻花舞袖""掩手肱捶""护心捶""左冲""右冲"等式为"上跃法"。"翻花舞袖"上跃180°大转身、"护心捶"上跃180°大翻身，此法跃得愈高愈好，如鹰捉兔，如虎扑羊，气势勇猛。足蹬愈重，则身起愈高。

训练掌握此法，可以柔势练，似猫之足纵跃，起落无声；也可以刚势练，落地作金石声。技击之法，用掌时则指如钢锥之坚利，用虎爪时则指如钢钩之锐利，用拳时则似钢锤之冲击。

"闪展腾挪"，是太极拳技术上的"心法"，是以弱胜强的技巧。拳谚所云："闪展空费拔山力，腾挪乘虚任意入。"两句话，是说明以小力胜大力、避实击虚的技术。

"闪展"是动度极小的避实就虚之法,方向、角度、力点突然转换,小圈转关,迅速发劲,谓之"闪展",也就是富于弹性的一种抖劲。眼、身、手、腰、腿相顺相随,一气呵成,劲向前发,迅若雷电,一往无敌,此乃惊战之法。其特点是不与来力顶撞,似挨非挨,突然一转,避实就虚,善于以小力胜大力,使对方有力无所施其技,这就是"闪展空费拔山力"的技术。二路炮捶拳套中如"回头当门炮""倒骑麟""海底翻花""转身六合""高探马""运手"等式,均是运用"闪展"之法技击对方。

"腾挪"是有动之意而未动,即预动之势。气势腾挪,实此以虚彼,虚此以实彼,精神团聚,一气贯串,有预动之势,无散漫之意,虚足与胸有相吸相系之意,不使偏浮,是谓虚中有实。实足并不站煞,精神贯于实股,支持全身,有上提之意,是谓实中有虚。两手前膊,内中也要有腾挪之势,始有圆活之趣。锁骨管两手,两手与胸须有相吸相系之势。能体会"腾挪",则虚虚实实、实实虚虚之妙用便愈练愈细巧、精密,便能"腾挪乘虚任意入"。

(三) 贴身近打肘膝忙

二路炮捶近战的第三个突出特点,就是"肘膝"技击法运用较多。通常在贴身近搏所用招式中,运用"靠肘膝胯"技击四法是主要的攻击方法,采用"靠肘膝胯"进行贴身攻击,又隐蔽又快速,变化莫测,使对方难以招架,一击则胜。但在四法中,运用"肘膝"攻击比较多,因肘膝运用更快更狠更奏效。拳谚云:"四拳搏击隐而快,贴身短打肘膝忙,肘打四方人难防,沾身用膝无处藏。""肘膝忙"是二路炮捶实战短打的显著特点。

肘部鹰嘴骨利如牛角,肘打似疯牛斗虎,在运用时要进身才有效。二路炮捶拳套中用肘攻击的拳势较多,有"搬拦肘""煞腰压肘""飞步拗鸾肘""拗鸾肘""顺鸾肘""穿心肘"等。这些拳势都是贴身进击,有的下砸上撞,有的屈肘横打,有的裹肘前冲,有的开肘外打,招招式式体现出以肘打人的优势,力大且猛,路线短,打击快,令人防不胜防。正如拳谚所讲:"近身靠打,挨身肘发。""宁挨十手,不挨一肘。"

从肘打拳势可以看出:肘的攻击比拳法隐蔽,而攻击方向又不受限制,击打部位遍及全身,可上、可下、可左、可右、可前、可后,正如拳谚所说的"肘打四方"。

"膝打",在贴身攻击中是一种更猛烈的招法。打击的力量很大,不仅发力勇猛，且能打死人命。在二路炮捶拳套中运用"膝打"的拳势共有十二式，同一拳势并多次重复出现，即六式掩手肱捶、三式金刚捣碓、三式海底翻花。可见"膝打"在二路炮捶中地位犹为重要。

"膝打"分左右两膝，其打法颇多，主要用"顶、提、转、跪、摆、拨"等打法。只要对方来拳为中平或在中平以下，皆可以膝作拳用，或防或打，皆能解难奏效。

（四）远踢近打连环手

远踢近打连环手是二路炮捶第四个显著的近战特点。在技击实战中，手腿的配合，以能适当而恰到好处为准。以手配合用腿法攻击，其威力是相当大的，有向前发脚如"卷地风"之说。远踢近打，这是一种"连环手"的技战术思想。以手掩护腿的攻击，速度快，发力猛，着力准，打击重，向前发脚如"卷地风"即此意。腿打技击之道，谱曰："脚打踩意不落空，消息全在后脚蹬。"脚打要注意"远去不发脚，发脚必不灵"。要求"脚打七寸为妙"，发脚要低、要快，迟必自误。

二路炮捶拳套中"金刚捣碓""拗步斜行""井揽直入""运手""转身六合""劈架子""左蹬一根""右蹬一根""掩手肱捶""扫蹬腿""风扫梅花"等均是脚法与手法结合，实施远踢近打连环手的拳势。在技击运用中脚的作用和地位远远超过手，故拳谱曰："脚打七分手打三。"在谱中应用于实战技击的脚法有"踢、蹬、震、踏、撩、勾、挂、摆、扫"等，如拳势中的"左蹬一根""右蹬一根"，用的是左右蹬脚。蹬脚在技法上，分"正蹬"和"横蹬"两种，此势技击的方式用的是"正蹬脚"，蹬击对方的膝盖、阴部和小腹，同时两手握拳在胸前"对开"，配合脚的蹬击。

又如拳势中的"夺二肱"一式，用的是"踢脚"。踢脚在技法上，分点踢、平踢两种。"夺二肱"一式技击的方式用的是"点踢"。出脚进击对方的胫骨、或踝关节、或内外踝骨。点踢运用方法，起脚高度不超过膝，因而拳经云："起脚望膝。"即此意。同时，此式运用双手配合，左掌前撩，右拳前冲，脚手连环向对方攻击。

再如拳势中的"金刚捣碓"一式，用的是"震脚"。震脚老拳谱称"跺脚"，是从上朝下直跺对方前脚的用法，脚下落时要使整个脚掌落地，可使劲力非常之大，其用意是为了断伤对方脚面骨和脚趾骨。此势左手前掤，右手前撩，提膝下落震脚，上下配合，手脚连环，非常默契。谚曰："手法出于中，拳掌不落空，手脚齐运用，连环如旋风。"

（五）攻防自如　动即生法

"动即生法"贵在知变。《拳经》云，"阴阳互用手法真，一正一反技通神。世人不解法中意，须向变中去寻根。""变者"，分"技巧之变"与"精神之变"。

近战中"引上打下，示左击右；忽东忽西，即打即离；虚虚实实，真真假假"，是拳家实战中常用的熟知之法。如拳谚所云："欲攻而示之以不攻；形似必然而不然，形似不然而必然；似为而不为，似不为而为之；欲重击而示之毫不介意。"以假动作给对方造成刹那间的错觉，而我恰因得势而用招，此谓"技巧之变"。

"知变"，更为重要的是要知"精神之变"。这种"变"，即"无中有，有中无，无有有无在变通。真是假，假是真，真假虚实见敌分。柔则刚，刚则柔，柔刚刚柔意上求"，此谓"精神之变"。故拳经曰："精神之变法更奇，谈笑之间便克敌，任他凶猛多气力，怎奈心头一思机。"此法之"变"，即是在实战应用中"以勇而示之弱，以不能而示能，以进而示之退""示近取远，示远取近"，这就是精神之变，可在谈笑之间便克敌。

在二路炮捶拳套中，这种"巧变"的运用和"知变"思想，体现得十分充分。如"井揽直入"转"风扫梅花"，先以左脚插入，企图踩踏对方之脚，而在瞬间起右脚反扫对方之腿，采用"示近取远"，"以不能示之能"之法猛击对方的腿。又如"倒骑麟"转"白蛇吐信"，先出左脚踢对方裆腹部，突然向后转身180°，以前插掌连续进攻对方之要害部位咽喉，使其防不胜防。以声东击西，"真是假，假是真，真假虚实见敌分"之法，诱击对方。再如"玉女穿梭"转"回头当门炮"，这是在对方围攻情况下采用的突围之法，先以平纵之法冲击面前的对手，然后180°回转向身后的对手发出重炮攻击。此谓"引上打下，示左击右；忽东忽西，即打即离"之法。这种"巧变"的运用和"知变"思想的运用，正是二路炮捶近战技击的一个重要特征。

"动即生法"，就是在技击的攻防中指全身上下有多个出击点，即人身十四个部位"头、双肩、双肘、双手、双胯、双膝、双脚和臀"，都是技击的武器。通过"巧变"的运用和"知变"思想的运用，掌握"动即生法"一系列的辩证规律，达到"拳自身发，挨着何处何处击"。正如拳谚所云："头欲撞人，手要打人，身要催人，步要过人，足要踏人，神要逼人，气要袭人，得机发力。一打眼，二打胆，三打力，四打巧，五打分寸，六打手脚并相连。"这种"动即生法"之势，不仅能使全身上下产生多个出击点，而且能在临战时高度警觉，让实战状态调整到最佳，达到纵横自在，有感皆应。如在实战中两人交手，各立一势，俟机而进，如不可诱，或不利于己，即可移步换形，另立一势，但变换动作，全凭"动即生法"之法则。顾留馨先生讲："每一拳势，应用实战，各有其起、承、转、合之机。发势为起，接榫为承，变换为转，成势为合。合者，合其全体之神，四肢的上下、左右、前后，自然相合。势与势之间，似停非停之际，内劲渐渐贯足，精神团聚，下势之机势自生。"此谓按"着法承接"，即形成"一式三招，三招九变"连珠之势。

练习二路炮捶，不仅要懂得"动即生法"之理，还要明白"着与势"之区别与作用，其行气运劲便有着落，练习日久，逐渐做到"上下相随""内外合一""一气贯串""一气呵成"。达到"一环自有一环接，环环相连法无穷"，"遍体松紧弹簧似，灵机一动鸟难飞"。正如《拳经》所讲："拳无空出，手无空回。"此全凭"动即生法"也。

三、功力是近战的保证

在拳势技击法中，近战技法很多，但其中最主要的是"巧打"和"劲功"（即劲力和功夫）。所以，一代太极大师陈照奎先生曾说："没功夫，技巧也是空的；功夫不出，什么技巧也不顶用，关键是出功夫。"这里讲的"功夫"就是内劲功力。陈公发科一掌能把人打飞，震脚能把地砖震碎，大杆子能把人挑上房顶，这完全靠的是功力。因此，太极拳非常讲究功夫与技巧。但功力是技巧的基础和保证，而技巧又是内劲功力发挥到恰到好处的手段。如果内劲达到具有随心所欲的高强程度，加之配合以太极的神奇技巧，便是所向披靡的拳技。

如何功夫上身？传统太极拳功力修炼有"内练"和"外练"之分。太极拳功夫修炼功法有多种多样，各门各派功法又各不相同，但"练气内壮"和"练形外壮"却是一致的。太极大家孙禄堂说:"拳中之内劲,是将人散乱于外之神气,用拳中之规矩,手足身体动作,顺中用逆,缩回于丹田之内,与丹田元气相交,自无而有,自微而著,自虚而实,皆是渐渐积蓄而成。"又说:"内家明劲、暗劲、化劲随气机饱满促级而上,由公尺劲,进而为尺劲,再进而为寸劲分劲,周身一气。"孙大师将内练与外练的关系阐述得一清二楚。可见太极拳两者均不能偏废。

(一) 太极拳如何练气内壮

《内功经》曰:"内功之基,始于工桩,握其大要,纲举目张:头正而起,肩平而顺,胸出而闭,足坚而稳。脊竖而拔,肋开而张,膝屈而伸,裆深而藏。"《内功经》告诉我们,"内功修炼始于桩功"。太极大师冯志强也强调说:"练拳须从无极始,阴阳开合认真求;不入无极圈,难成太极图。"谈的也是"以桩法为始"。

传统桩功的练功方法有站式桩功、坐式桩功、卧式桩功之分,武家大都以站式桩功为主,并以坐式和卧式桩功辅之。其桩功练法有:无极式桩、太极式桩、三圆式桩、三体式桩、混元一气桩等。太极拳就是通过桩功训练实现"始而意动,继而内动,然后形动",也就是内动导外形,外形合内动,由内及外,以外引内,最后做到内外合一,表里一致,从而达到"以心行气,以气运身""一动无有不动"之目的。正如陈鑫拳论所云:"外之所形,莫非内之所发。"陈发科更明确指出"内不动,外不发"。大师所言都是说的"由内及外""内外合一"的锻炼方法。

"练气内壮"之法即是在桩功基础上进行内功练习,传统内练功法有:内功周天功法、五行培元功法、丹田功法等。这些功法殊途同归,都为达到一个目的,就是打通奇经八脉、十二经络,运行"大小周天"。周天功法源于道家"内丹术",是道门里特有的内练功法,如果深入研究,距步入武学殿堂不远了。此称"以武入道"。武学高人莫不如此,董海川、孙禄堂、杜心五、万籁生等均是"以武入道"。据说李亦畬晚年也与峨眉山的丹道高人交流。

(二) 太极拳如何练形外壮

易筋经说得很明白,"内在的精、气、神靠躯体包裹承载,皮肉不坚,难存三宝"。所以说没有强健的体魄是承载不了精、气、神三宝的。传统太极拳历来都非常重视"练形外壮"的训练，过去学拳入门先练桩功3年，同时还要进行一系列的基础训练。

传统太极拳不主张练什么骑马蹲裆、打沙袋、排打硬功、拙力横练等伤身的功夫，通常采用"练形外壮"的方法，其方法有：站桩、拳势单操、抖杆子、抖大枪、拧太极棒、转缸、抓葫芦、转太极球等。通过锻炼可抻筋拔骨、抻长肌腱，这样才能做到收放迅速、收得快、放得远、螺旋劲、弹抖力强，打击力大。有的练抖大杆子还挂上沙袋，练转缸时缸内装满沙子来加大训练强度和螺旋劲。每天坚持转上百、上千圈，时间一长，整体的力量过人，转个人推个人像玩一样就出去了。

拳谚云："招式易练，功力难求。"如何功夫能上身，非下工夫苦练才行。太极大师陈发科为加大外壮功夫，每日练拳少则三十遍，多则一百遍。他平时抖大杆子，一抖就是几百下，那是真下工夫。一次，有人与他戏闹，伸手抓住大杆的另一头，他一抖，那人一下子被抖至房檐高，吓得面如白纸，随杆落地，半晌不语。还有一次，陈发科的弟子李剑华说："凭我这200多斤的体重，无人奈何于我。"陈说："真的动不了你吗？"说着一手贴住李颈部，一手握李脚踝，将他平举起来。把200多斤的人这样平举起来，要比举200多斤的杠铃难得多，要举起200斤的活人，非真有臂力过人莫成。陈发科的功力能把人打飞，越过围墙、翻筋斗，这种功夫，武术界称之为"神技"。此功夫如何得来，从陈发科的武术生涯、成长过程，可综合为一句话"苦作舟、勤为径"。

传统太极拳对功夫一般分为三层，即下乘、中乘、上乘。下乘功夫，招熟，拆招破势承转自如，能做到刚柔相继，称为常态。中乘功夫，懂劲，知己亦知彼，能做到阴阳交融，亦松亦紧，化打合一，称为太极态。上乘功夫，神明，全身透空、虚无、无刚柔、无化打，能做到沾身便弹，出手便摧，无力可挡。为无极态。一个人太极功夫达到上乘，则他于行走坐卧之中皆可因敌而动，因敌制胜，犯者立仆，挡者立摧。比思想还快的反应出自本能，比判断更准确的行动出自直觉。

《内功经》具体详述了太极功夫达到"无极态"时的境界："莫知而达，不思而作，应变自如，源于直觉。超乎行为，出自本能。"又云："伸可成屈，住也能行，屈如伏虎，伸比腾龙。行住无迹，屈伸潜踪，翻猛虎豹，转疾隼鹰。身坚似铁，法密如笼，门有变化，法无定形。前后有序，左右分明，远则追击，近则接迎。高低任意，长短纵横，如火如电，如水如风。"先贤们把这种太极功夫称为"阶及神明境界"。在实战中能够做到"挨着何处何处化，不用心思就能拿。挨着何处何处打，不用心思就能发"，这就是"出拳无心能胜人的境界"。

  要掌握真正的传统太极拳功夫，靠的是实实在在、持之以恒、百折不饶、对太极拳的信念；靠的是智慧、参悟、全身心的忘我潜心修炼；靠的是有朝一日将所有的修炼融入成一触即发的"无人敌"的功夫。

第四章　陈式太极拳二路炮捶
——传统套路·北京架

一、拳势名称顺序

第 一 式　预备势
第 二 式　金刚捣碓
第 三 式　懒扎衣
第 四 式　六封四闭
第 五 式　单鞭
第 六 式　搬拦肘
第 七 式　护心捶
第 八 式　拗步斜行
第 九 式　煞腰压肘
第 十 式　井揽直入
第 十一 式　风扫梅花
第 十二 式　金刚捣碓
第 十三 式　庇身捶
第 十四 式　撇身捶
第 十五 式　斩手
第 十六 式　翻花舞袖
第 十七 式　掩手肱捶
第 十八 式　飞步拗弯肘
第 十九 式　运手（前三）
第 二十 式　高探马
第二十一式　运手（后三）
第二十二式　高探马
第二十三式　连珠炮（一）

第二十四式　连珠炮（二）
第二十五式　连珠炮（三）
第二十六式　倒骑麟
第二十七式　白蛇吐信（一）
第二十八式　白蛇吐信（二）
第二十九式　白蛇吐信（三）
第 三十 式　海底翻花
第三十一式　掩手肱捶
第三十二式　转身六合
第三十三式　左裹鞭炮（一）
第三十四式　左裹鞭炮（二）
第三十五式　右裹鞭炮（一）
第三十六式　右裹鞭炮（二）
第三十七式　兽头势
第三十八式　劈架子
第三十九式　翻花舞袖
第 四十 式　掩手肱捶
第四十一式　伏虎
第四十二式　抹眉红
第四十三式　右黄龙三搅水
第四十四式　左黄龙三搅水
第四十五式　左蹬一根
第四十六式　右蹬一根

第四十七式　海底翻花　　　　　第 六 十 式　回头当门炮
第四十八式　掩手肱捶　　　　　第六十一式　玉女穿梭
第四十九式　扫蹚腿　　　　　　第六十二式　回头当门炮
第 五 十 式　掩手肱捶　　　　　第六十三式　撇身捶
第五十一式　左冲　　　　　　　第六十四式　拗鸾肘
第五十二式　右冲　　　　　　　第六十五式　顺鸾肘
第五十三式　倒插　　　　　　　第六十六式　穿心肘
第五十四式　海底翻花　　　　　第六十七式　窝里炮
第五十五式　掩手肱捶　　　　　第六十八式　井揽直入
第五十六式　夺二肱（一）　　　第六十九式　风扫梅花
第五十七式　夺二肱（二）　　　第 七 十 式　金刚捣碓
第五十八式　连环炮　　　　　　第七十一式　收势
第五十九式　玉女穿梭

二、关于图解的几点说明

（一）方向

本拳图势的方向：面向读者为向南，背向读者为向北，面向读者右侧为向东，左侧为向西。

拳套学熟后，平素打拳不必拘定方向，可根据场地，任意选定。古人大多在夜晚练拳，因而以"北斗"为向。有"北斗在北方，司天造化，宜以向北为主"之说。陈鑫《陈氏太极拳图说》一书，就是以北为向。而今一些拳套书籍大都以南为向，并以晨练为主，"迎旭日，以养生"，故本图势以面向南为准，面南、背北、左东、右西以定向。

（二）图线

图照中的拳势运动，标有实线和虚线的箭头，这是标明从这一动作到下一动作所经过的路线。右手、右足的运动路线由实线表示；左手、左足的运动路线由虚线表示。箭头表示该动作的终点，也是下一动作的起点。为了表示清楚，拳照与文字相对照，做了分解说明。

（三）呼吸

图解中有吸气、呼气和内气运行。初学拳者，应先求动作、姿势准确，吸气、呼气不必执泥，呼吸应顺其自然。可先从一个拳势开始，逐渐掌握动作与拳势呼吸相配合。然后根据个人太极拳练到何阶段，再采用相适应的呼吸方式。但本书图势均按"逆呼吸"解析。

（四）角度

角度就是拳势的方向、方位。太极拳"手之运动有八方，足之运动有五步"。手八、足五，其数十三，故称"十三势"。

十三势系称五行八卦，以金、木、水、火、土五行来比喻太极拳的5种步型，即前进、后退、左顾、右盼和中定；以乾、坤、坎、离、巽、震、兑、艮之八卦来比喻太极拳的8种手法，即掤、捋、挤、按、采、挒、肘、靠，用以对应四正，即东、南、西、北；四隅，即东北、西北、东南、西南八个方位。而太极拳的手足运动的方向均不出此八方。因此太极拳有"怀揣八卦，脚踩五行"之说。

本书图照的方向、方位是以南方为准。拳势运动，包括扣脚、转腰、迈步、落脚、出手、面部、胸腹、手指、眼神等，所对的方向均是按"八卦"四正、四隅定位。学者左转、右转、后转，或45°、或90°、或180°、或360°等，角度均应合度，要符合"八卦"四正、四隅方位。

（五）幅度

太极拳架根据拳势高低的幅度分为3种，即高架、中架、低架。

3种拳架有的拳家又分大、中、小架子3种。大架子特点是身体重心低且平稳，长功夫快，但不抗压，重心转换不如高架子灵活，姿势开展；中架子特点是介于大、小架之间，拳势动作不应过或不及，且能连绵不断；小架子特点是身体重心偏高，拳势紧凑，重心转换灵敏且迅速，但不如大架子重心稳。

本图照即为中架。学者，拳架之高低应自己掌握。根据本人条件确定高低架，还应注意拳架之开展与紧凑须有度。手臂伸出以将直未直为度，弓步的蹬腿以将直不挺为宜。双臂、双腿都不可直挺挺的，但也不可缩手缩脚。

（六）刚柔

二路拳势特点，从松柔入手，刚中寓柔，以刚发为主。其势以发劲、震脚、窜蹦跳跃、闪展腾挪的动作较多，行气运劲，故以缠丝劲锻炼为主。

三、拳势动作图解

第一式 预备势

动作一：无极桩。"无极者，一物未有也"，阴阳未判，混混沌沌。

学者上场打拳，身桩端正，两手下垂，两足并立，两目内视，心念无思，空空洞洞，"外观其身，身无其身，内视其心，心无其心"，身心内外一片虚空。此"无极象形"也。（图1）

要点解析：

静桩默立，舌抵上颚，胸廓微含，尾闾前敛，虚领顶劲，气沉丹田。

默立1~3分钟，当进入无声无息"无极"之境时，以静待动。此时阴阳开合之机，已俱寓心腹之中，待气机一动，即太极生也。

图 1

动作二：太极桩。"太极者，无极而生"也。

练拳未始之前，为无极混元。"然太极虽无形声，但其阴阳开合之机已动"，此时，提起左脚，向左跨出一小步，与肩同宽，静桩站立。

当手足欲行之时，吐纳为先，清气上升，浊气下降。此即阴阳虽未开，而阴阳开合之机已动，"太极象形"也。（图2）

要点解析：

两腿微屈，自然站立，两目平视，两脚距离与肩同宽，脚尖微向外撇，两臂松垂体侧，两手心向内，指尖自然下垂，中指轻贴裤线，腋下留有一拳空隙，肘不贴肋。

做到：头正体松，裆要虚圆，两膝微屈，立而不挺，内固精神，呼吸自然，意守丹田。

第二式　金刚捣碓

动作一：身随意领，微微下蹲，两膝微屈，重心下沉，开裆松胯，上体微向左转。同时，两臂微内旋，以手带臂缓缓向左前方掤起，掤至与肩平，掌心向下，指尖斜向左前方。目视左前方。（图3）

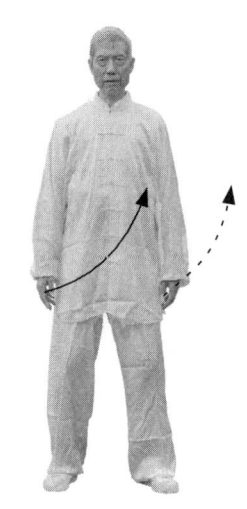

图2

动作二：腰向右转，重心移向右腿，两腿屈膝继续下蹲。同时，两手随屈肘转臂左顺、右逆缠随转体向右平捋划弧至右肩前。随即腰向左转，左腿外旋，右腿内旋；两手随屈肘转臂变左逆、右顺缠向左前方推挤。目视左前方。（图4、图5）

图3　　　　　　　　图4　　　　　　　　图5

动作三：腰微左转再向右转，重心微下沉，右脚以脚跟为轴外撇，随即右腿外旋，左腿内旋，重心完全移于右腿，提左膝，成右独立势。同时，两手转臂翻掌左顺，右逆缠向右后上方大捋展开，置于右肩侧，右手略高于肩，掌心皆向外，指尖皆向前。目视前方。（图6—图9）

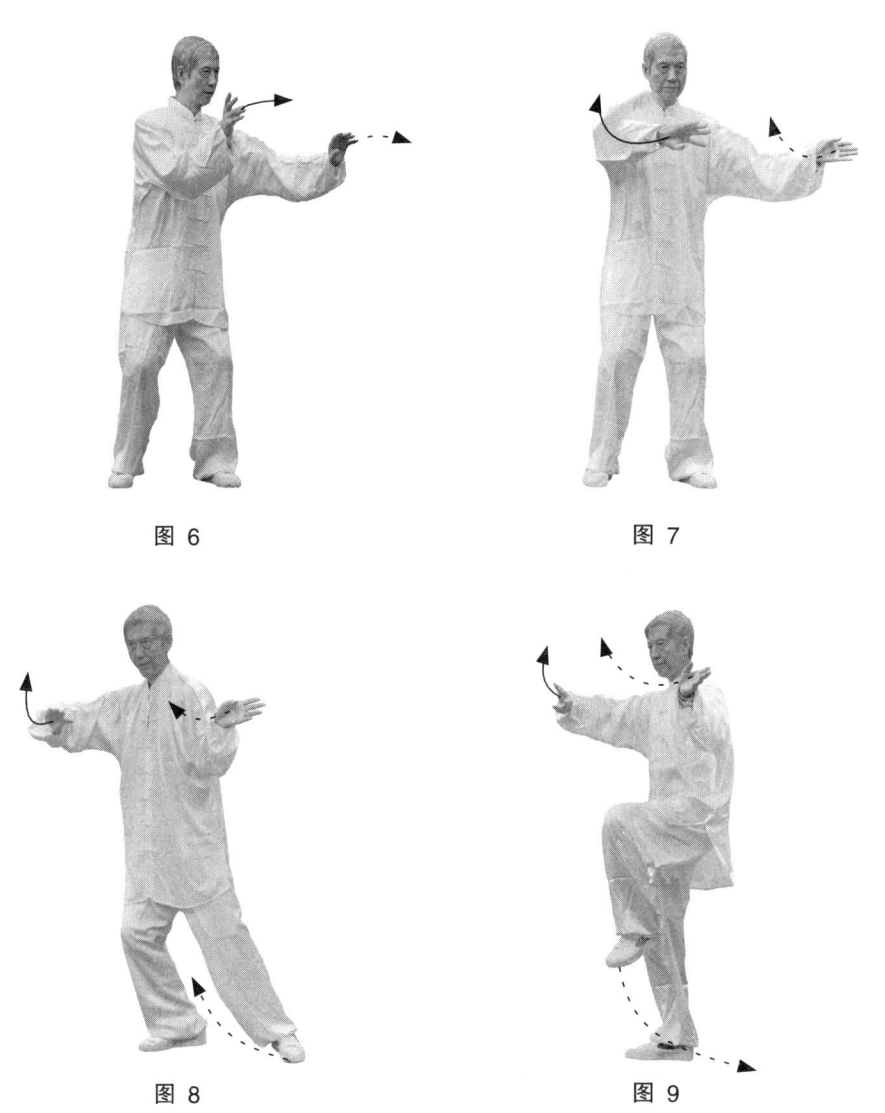

图 6　　　　　　　　　　　图 7

图 8　　　　　　　　　　　图 9

动作四：重心下沉，松右胯，右腿屈膝下蹲；左脚脚尖翘起，以脚跟内侧贴地向左前方（15°）铲出。同时，两手左逆、右顺缠向右后方大捋伸展，掌心皆向外，指尖皆向前，成手、足对开势。目视前方。（图10）

动作五：腰向左转，左腿外旋，脚尖外撇，重心走下弧线向左脚过渡。同时，左手沿体从右下弧线下捋，再向左前方逆缠伸挤，掌心向前下方，指尖向右；右手向右后下方顺缠伸撑，掌心向后下方。目视左手方向。（图11）

图 10

动作六：重心前移至左腿，腰向左转，右脚顺势上步，前脚掌虚着地，松胯屈膝下蹲。上右步同时，右手前撩，掌心向前，指尖向下；左手顺缠向里合于右臂肘窝上，掌心向里，指尖向右，两臂掤圆，气贴脊背，形成合劲。平视前方。（图12）

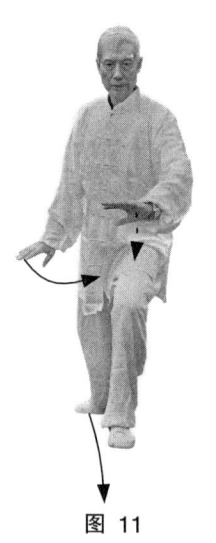

图 11

图 12

动作七：松腰落胯重心下沉，左脚踩实蹬地起身，右腿随势屈膝向上提起，重心完全落于左腿。同时，右掌变拳顺缠，屈肘上提至胸前，拳心向里；左手逆缠向下落于腹前，掌心向上，指尖向右，右拳、左掌上下相对。随即周身放松，重心下沉，拳随身，身随势，右脚松落，整脚向下，平面震脚，两脚与肩同宽。右拳随右脚下落时沉落于左掌心内，右拳左掌叠合于腹前，形成上下合击，与小腹之间约一拳之隔。目视前方。（图13、图14）

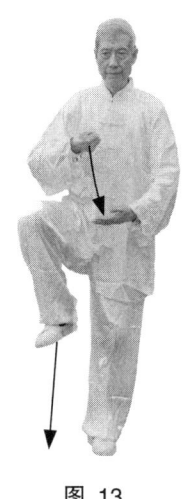 

图 13　　　　　　　　　图 14

要点解析：

"金刚捣碓"其意右手捶如降魔杵，左手掌微屈如碓臼，取两手收在一处，以护其心，故名。此式基础动作是"掤、捋、挤、按"，其技击含义：敌来，则顺势捋；敌去，则顺势发。每招都暗含"拿、踢、撩、打"等杀机，处处体现太极拳"化打结合"之妙。进攻敌人多采用"上、中、下三盘并取之法"。左手向敌面部撩打，敌接住；右掌集拢手指向敌小腹"神阙穴"插打戳击，同时右脚向敌踢击小腿内侧的"阴陵泉穴"。

第三式　懒扎衣

动作一：身微向右螺旋下沉，左掌右拳粘住用顺缠在胸腹前转一小圈，右拳变掌经左臂内侧向左前外上方穿出，两掌逆缠相合；由左脚实转为右脚实。两手扩大缠丝圈的同时，右掌移向右外上方顺缠、左掌向左下逆缠分开，形成

右上左下的对开劲。同时，身向右转，螺旋下降，重心左移，右脚实变为左脚实。目视右前方。（图15、图16）

图 15　　　　　　　　　　图 16

动作二：身微左转，再转右旋下降。随即左手向左下逆缠，经左胯顺缠转逆缠上举，掌心向右下，高不过眉；右手顺缠里合经胸前变逆缠下按，掌心向下。同时，提右膝，形成上开下合之势。目视右前方。（图17、图18）

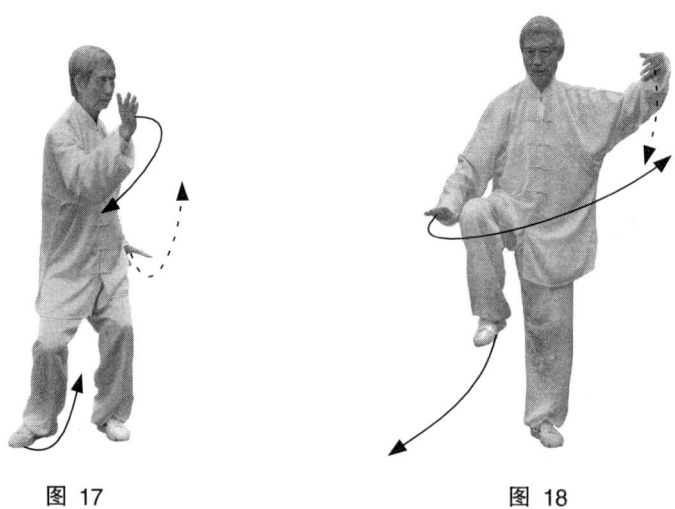

图 17　　　　　　　　　　图 18

动作三：心气下沉，左腿松胯，屈膝下蹲，重心左移；右脚跟内侧贴地向右铲出。同时，两手由大开转为双顺缠大合，右手合于左手下，掌心向左，左手心斜向右。目视左前方。（图19）

动作四：身微左转再向右转，随重心右移，右腿渐变实。同时，两手由合再开，右手大顺缠向右转臂展开；周身放松，右腿内旋踩实，左腿微外旋，松两胯；随即右手顺缠放松，沉肩坠肘，手心向右前方，指尖转而上竖，高度与肩同；左手随之置于左腹前，掌心向上，指尖向右。调整后胯，气往下沉。目视右手方向（此懒扎衣定势）。（图20、图21）

图 19

图 20　　　　　　　　　图 21

要点解析：

懒扎衣一式古称"撩衣备战之势"，有临敌从容不迫之态。此势技击含义：对来敌取"上引下击"和"右引左击"等法，化打结合，来敌攻防皆难。陈鑫说："世人不识揽擦衣，左屈右伸抖虎威。伸中寓屈何人晓，屈内寓伸识者稀。"

"懒扎衣"对左方的攻防技击法，运用左腿的下击与左手的上引组合成"上引下击法"。如敌上右步用右拳或掌向我胸部或头部击来，我迅速左扣脚45°~65°蹬地反弹力逆缠翻掌抱双掌、抱双臂挤出，落点放在左手肘弯处，这种左右能开弓的多功能拳势是陈式太极拳奥妙的又一个特点。

第四式　六封四闭

动作一： 身体放松。同时，右臂向下松，右手沿竖圆轨迹逆缠一圈至右上方，掌心向右前，指尖斜向上；左手围绕肚脐以拇指为中心左上右下绕转一小圈。接着身微左转再右转，重心先左移后右移。右手逆缠至左肘下，掌心向左前下，坐腕翻掌转顺缠，左手逆缠，两手背相对合住劲，向右前方挤出。随即两手分开，右手在上，掌心向前下，高与胸平；左手在下，掌心斜向内，高与腹平。目视右前方。（图22、图23）

图22　　　　　　　　　　　图23

动作二： 腰向左转，螺旋下沉，重心走下弧偏左，右脚虚展，左脚踏实。以身领手，右手顺缠上托，劲贯指尖，置于右膝上方；左手逆缠转臂，以手背

一侧腕关节弧形向左上掤，气贯手背，五指斜向下垂，高与鼻平。目视右前方。（图24、图25）

动作三：腰继续左转。同时，两手顺缠翻掌分置于双肩外侧，掌心斜向外，随即胸腹折叠，腰胯旋转，两掌合劲向右下按，指尖向前，成"八"字形状。重心也随着移至右腿，左脚向右并步，以前脚掌虚点于右脚旁。目先左顾后转视右前方。（图26、图27）

图24　　　　　　　　　　　　图25

图26　　　　　　　　　　　　图27

要点解析：

"六封四闭"是陈式太极拳中的一个著名拳式，有左右之分，其技击含义是封住上下、左右、前后六方，闭锁东西、南北四门，使对手无隙可乘，是典型的守中有攻，引而后发的技法。只有方法得当，拳理明白，招式精熟，拆架懂劲，才能动作准确，运用自如，得心应手。歌诀曰："六封四闭捋采变，顺势左捋塌外碾。上引下松随敌意，跟步双按闭中封。"

此式动作要求，上步按，要先逆缠向下按，再变顺缠向前、向上、向外发放，同时胸腰配合双手走右胯靠劲。手按、胯打，上下配合，整体发劲。

第五式　单鞭

动作一：腰微右转螺旋略下沉，随即向左转回，左脚尖虚点地，脚跟右转里合。同时，右手顺缠向内，左手逆缠向外各翻一个圈，右手屈腕收于左肘侧向左，左手在右手下伸向右前方，两掌心皆向上，随即右掌变勾手。目视右前方。（图28）

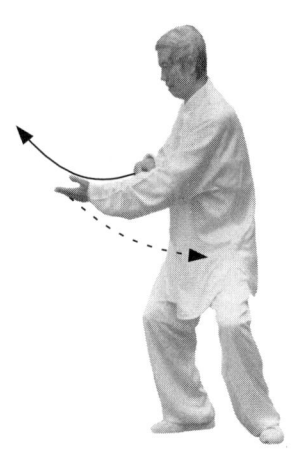

图28

动作二：腰向左转，螺旋下降，左腿自然外旋，右腿内旋，体现"欲左先右""逢左必右"的特点。同时，右勾手经左掌心向右前方逆缠伸展至高与肩平，松肩沉肘，勾尖向下；左掌弧形移至腹前，掌心向上，指尖向右，形成左屈右伸之势。目视右前方。（图29）

动作三：身体微右转，重心全部移至右腿，左腿徐徐上提，高与腰平（低不过脐），稍向右合，小腿松垂，成右独立势。目视前方。（图30）

图29

图30

动作四： 重心下降，右腿屈膝下蹲，以左脚跟内侧先着地，脚尖稍上翘，虚贴地铲出，胯根撑开，重心左移，渐至左脚尖落地、变实，形成上下斜开势。目视前方。（图31）

动作五： 重心左移，旋腰打肘，随即腰向右旋。同时，左掌自腹前向右上托，至右勾手上侧，旋腕外展，掌心向外，指尖向右，弧形向左顺缠至肩左侧，掌根微下按，沉肩坠肘变竖掌，指尖转向上，目随左手而注，中指与鼻同高。两腿虚实比例也同时加大，重心左移，左占四成，右占六成，为四六开，也有三七开或二八开的（此为单鞭定势）。目视左手中指尖。（图32—图34）

图 31　　　　　　　　　图 32

图 33　　　　　　　　　图 34

要点解析：

"单鞭"一式在陈式太极拳拳势中是一个千变万化的拳势。如拳歌所云："单鞭可当捆仙绳，逆缠勾折腕肘镇，右扣脚蹬开左手，摆战长蛇一字阵。"其技击含义，犹如"一字长蛇阵"，正如孙子在《九地篇》中曰："故善用兵者，譬如率然。率然者，恒山之蛇也。击其首则尾至，击其尾则首至，击其中则首尾俱至。""单鞭"一式正是运用了孙子上述兵法的原理。

"单鞭"一式主要技击手段是"勾手"和"开手"。勾手以应战右侧之敌；开手以应战左侧之敌，应战时以左臂、左肘之引化与发放劲为主，与"懒扎衣"又称谓左右对称之势。

第六式 搬拦肘

动作一： 松腰落胯，重心微向右移成马步。同时，右勾手顺缠松落变拳，拳心斜向上，置于右胯侧；左掌变拳，自左而下逆缠松落至腹前，拳心斜向下。随即腰腹折叠，重心左移。左拳经胸前向左以拳眼横击发劲，高与肩平，拳心转向上；右拳自右向左也以拳眼横击发劲，置于左胸前，高与胸平，拳心转向下。目视左手。（图35、图36）

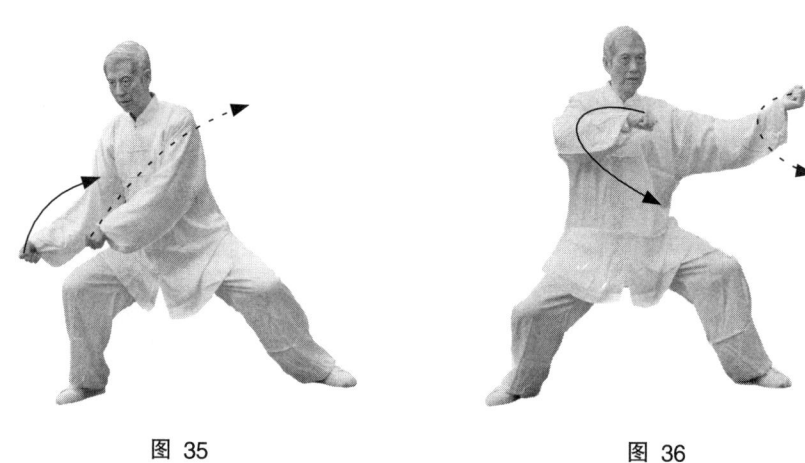

图 35　　　　　　　　　　　图 36

动作二： 重心右移，随重心右移的同时，两手左逆右顺缠沿上弧线抡转一圈；随即两手左逆右顺缠自左向右以拳眼横击发劲，右拳置于右肩侧，高与肩

平，拳心转向上，左拳置于右胸前，高与胸平，拳心转向下。目视右手。（图37、图38）

图 37　　　　　　　　　　　图 38

要点解析：

搬拦肘一式，左右两次发劲，需连接着做，不可停顿，内劲发自腰腿，为螺旋式的弧形动作。用于技击可即化即打对方来手，如我足套住敌腿，我的尺骨横击敌头、胸，使敌跌出。

此式自单鞭过渡到向左发劲，需重心向右移，松腰胯，体现蓄而后发。要求重心移动与两拳发劲一致，达到劲整。

第七式　护心捶

动作一： 腰向右旋，重心全部移于右腿。两手随体右旋落于右胯侧，随即提起左脚，身体猛向左转，右脚蹬地跃起，向左旋转45°，左脚先落地，右脚也随即落地；落地时，要震地有声。同时，两手拳随转体落步时下击，左拳置于腹前，拳眼向上；右拳落于胸前，拳眼向上。两腿下蹲，形似兽头势。目视前方。（图39—图41）

动作二： 腰胯微左旋，重心微左移，重心落于两脚。同时，左拳逆缠下沉小腹前转顺缠上掤至左胸前，右拳顺缠右肩前转逆缠下沉至腹前，两拳在胸前交叉而过。目视左拳。（图42）

动作三： 腰胯微右旋，重心微右移，落胯塌腰，气沉丹田。同时，左拳下沉内收，拳心向内；右拳随腰左旋顺缠向前发力掤出，拳心向内，高与肩平。目视右拳。（图43）

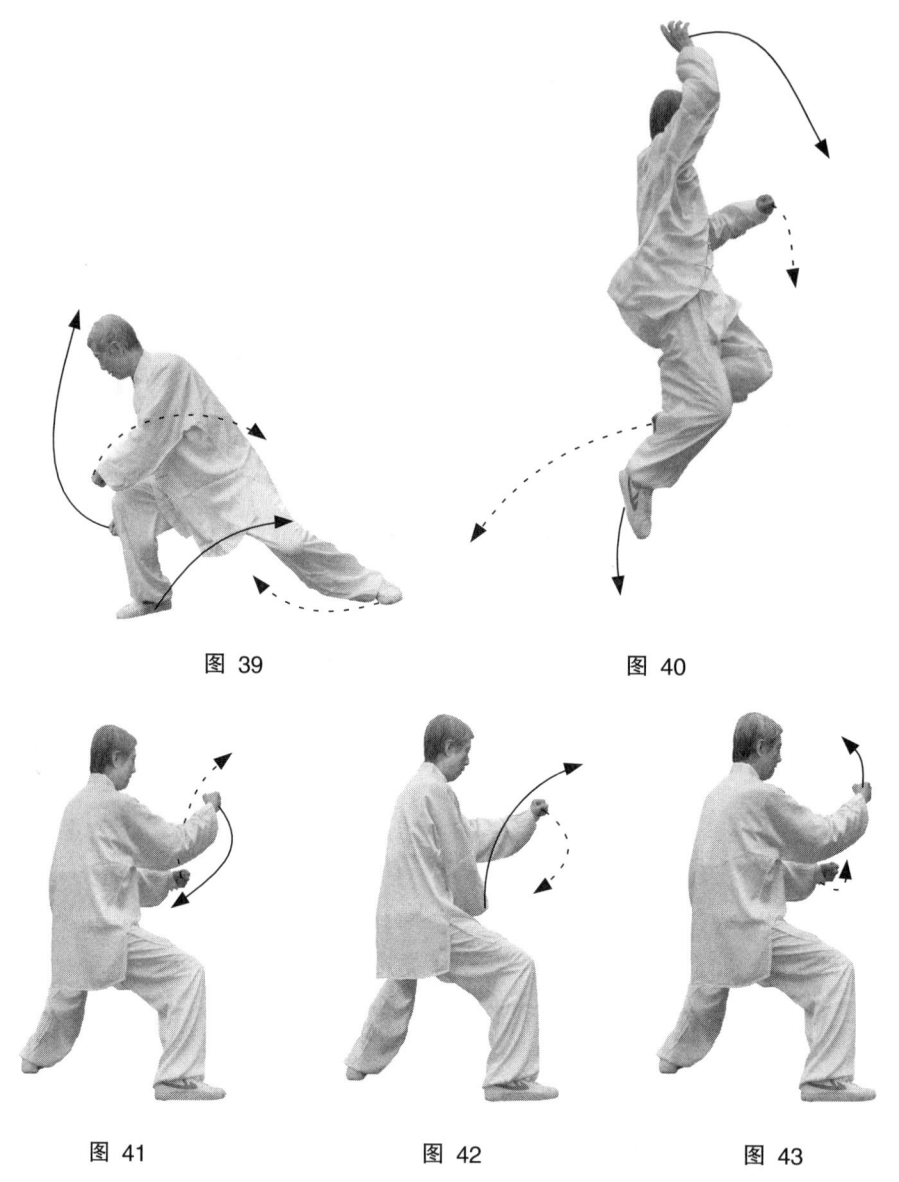

图 39　　　　　　　　　　图 40

图 41　　　　　图 42　　　　　图 43

要点解析：

护心捶一式，在陈式老谱中称"护心捶八面玲珑"，又称"护心捶盖世无双"。此式纵身空中转体，要注意保持身法中正，左右足要先后落地，有瞬间时间差。足落地可轻、可重，轻如猫儿落地无声，重如打桩入地，轰然做声。忌双足同时落地，防震伤膝盖和后脑。

此式为"短打拳势"，双手为一采一掤，在胸前做里外左右顺逆缠丝动作，即形成了"采拿绞转，左右连环""蓄劲如开弓，发劲如放箭"。练习此式时，要注意双手掤出一般不超过足尖。

第八式　拗步斜行

动作一：腰微左旋，双拳放开为掌，两掌左逆右顺缠相合于左胸前，右手在上、左手在下，右掌心向左、左掌心向上。随即腰向右旋，扣左脚，撤右脚，两掌继续左逆右顺缠分开，左掌沿弧线上掤至左肩前，右掌沿弧线下按到右膝侧，掌心均斜向下。目视右掌方向。（图44、图45）

动作二：身体微右转，左脚内扣，重心移于左脚，身体中线右转至45°方向。同时，两手左逆缠、右顺缠，左手转臂下按腹侧，掌心向下；右手上举至额前变竖掌。重心完全落于左脚，提起右脚，成左独立势。目视右前方。（图46、图47）

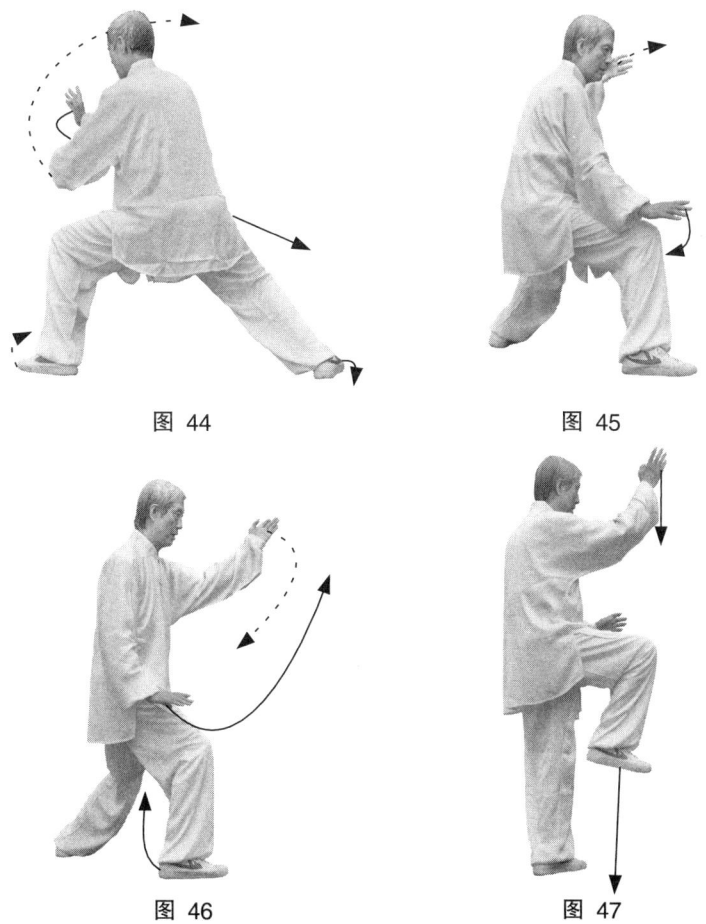

图 44　　　　　图 45

图 46　　　　　图 47

动作三：左腿松胯，屈膝下沉，右脚下落震脚，随即右脚外摆，重心完全转至右脚，身体右转45°，提起左脚，成右独立势。同时，左手顺缠上举置于左肩侧，高与眼平；右手逆缠下按至腹前，掌心向下。目视前方。（图48、图49）

图 48　　　　　　　　图 49

动作四：松腰落胯，左脚下落，脚内侧贴地铲出，腰随之下沉右旋，右脚实，左脚虚，重心在右腿。同时，两手含上挏、下按之意，与左腿形成斜开势。目视右前方。（图50）

图 50

动作五：身体微左转，重心右移。同时，左手顺缠沿左下弧线至右肋前，五指撮拢变勾手，勾尖向下，腕背高与胸平；右手下按。随即左勾手向左顺缠而下，经腹搂过左膝至左肩前；右手随左勾手逆缠至左前臂上，掌心向左上，重心随之左移。目视左前方。（图51、图52）

动作六：身体随之左转，右手旋腕外翻，掌心向外，指尖向左上；同时以肩领右肘，以肘领右手，随即右转，沿平圆轨迹自左向右徐徐外开，顺缠至右腿外侧上方，高与肩平，掌心向右前方。气往下沉，开胸、松胯、屈膝，腰左转螺旋下降，重心自右移至左腿。目先随右手而视，后转视左前方。（图53）

图 51　　　　　　　　　　　图 52

图 53

要点解析：

拗步斜行一式取伏羲八卦艮、兑、震、巽之方位，即45°隅角。此式在拳套中，除"金刚捣碓"之外，"拗步斜行"是陈式太极拳另一个最具特色的拳式。该式的技击方法、内涵较为丰富，特别是体现在"绞缠之术"和"下采上击"之法这两个方面。其法：左右兼施、开合兼用、忽上忽下、忽左忽右、上下翻绞、顺逆螺旋，可掌击、可肘靠、可脚踢。

动作要求，两腿左伸右屈，左脚斜行，身则左右平准，中正不偏；当右手向左旋绕小圈时，两臂合抱，腰背裹圆；开展时，上肢肩、肘、手，下肢胯、膝、脚同时对开并圆裆，形成上下四旁骨节自相照应，全体一开全开。此势形体虽变则义理不变，正如陈鑫所说："此势手足位于四隅，各据一角，吾心以中气运于四肢，各得其宜。"其技击用法拳歌明指："斜行化拿左脚踹，进步平，转身采。右转掤法无穷变，三进左肩侧身靠。"

第九式　煞腰压肘

动作一：腰微左转，重心稍移于左腿。同时，左勾变拳，右掌变拳，随腰左旋，双逆缠松落腹前，拳心相对。目视前方。（图54）

动作二：裆劲下沉，重心移右腿成右弓蹬步。同时，两拳外旋，右拳向右下沉，拳心向上，置于右膝侧；左拳往左后上旋掤举向内屈肘，拳心向右斜方，肩松，肘沉，裆开圆，两足蹬地，如深入地中。目视右前方。（图55）

图 54

图 55

要点解析：

此式是"化解对方擒我双腕"之法，如敌擒我手腕，无论是单手还是双手，我以尺骨处向其拇指旋压，彼自然松开，我随即以拳背骨节猛击。

此式要领，当肩松沉，肘沉住，两拳到落点时，为之一震，是"内劲猝发之意"。平时练习此式，要揣摩太极之本，"松柔圆活，不用拙力"，用意贯劲，才能猝发，达到"动短、劲长"之目的。如果周身之力量集中一点，突然爆发，太极劲法称为"明劲"；以意贯劲，称为"暗劲"。

第十式　井揽直入

动作一： 松腰落胯，右脚向右撇，随即身体右转，上左步，前脚掌虚着地，重心移于右脚，左脚虚、右脚实，成右丁八步。同时，两拳随腰右旋，双顺缠合于左胸前，左手在上、右手在下，拳眼均向上。目视左前方。（图56、图57）

动作二： 以腰脊作中轴向右旋转90°，左脚以前脚掌为轴脚跟向外碾踏。同时，两拳变双掌，左掌随左足向外碾踏由上斜向胸前左外下方捋按，劲在掌根；右拳顺缠，翻腕转掌向右肩上方掤挤，掌心斜向右前方，两掌形成对开动。目视左手方向。（图58）

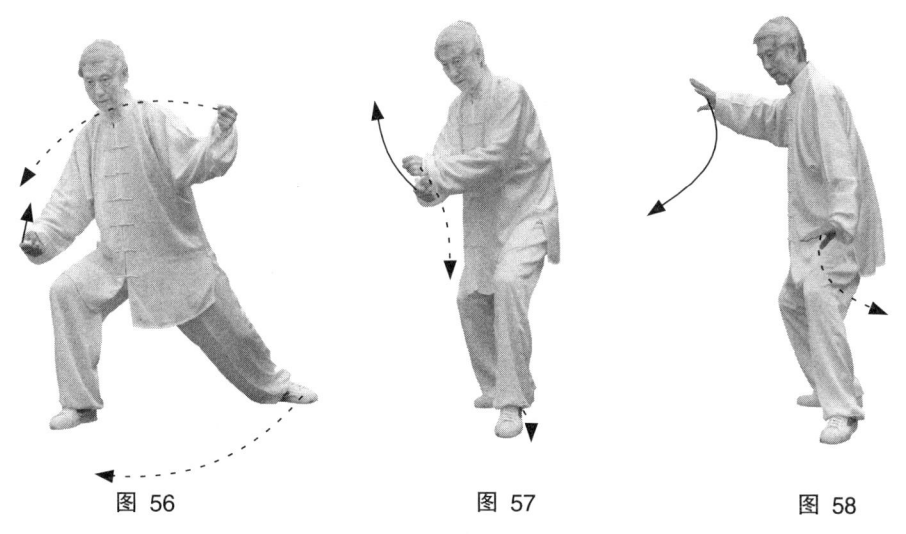

图56　　　　　　　　图57　　　　　　　　图58

要点解析：

井揽直入一式据顾留馨先生考证，为戚继光《拳经》三十二势中的第十五式，其歌诀曰："井揽四平直进，剪臁踢膝当头，滚穿劈靠抹一钩，铁样将军也走。"

此式两手相合，两膝内扣，腰腹折叠，皆内含抱裹之意，其意"合为虚、为蓄""开为实，为发"。上部左手劲点在掌根，乘势掌、肘可"击胸、挤胃、按腹"。如左手按其胯根，用抖劲可使其跌倒，还可乘势"俯肩一靠破铜墙"。下部左脚可"踢臁、踏膝、踩足"。

第十一式　风扫梅花

动作一：腰胯微向左转，领右掌向内逆缠，掌心向上，置于右胸侧；左掌置于左胯上。随即左脚尖内扣，右脚掌外撇后撤，腰胯转右旋90°。同时，右掌随腰胯右旋翻腕转掌变顺缠，掌心向下；左掌腰侧左按，掌心向侧下。目视前方。（图59、图60）

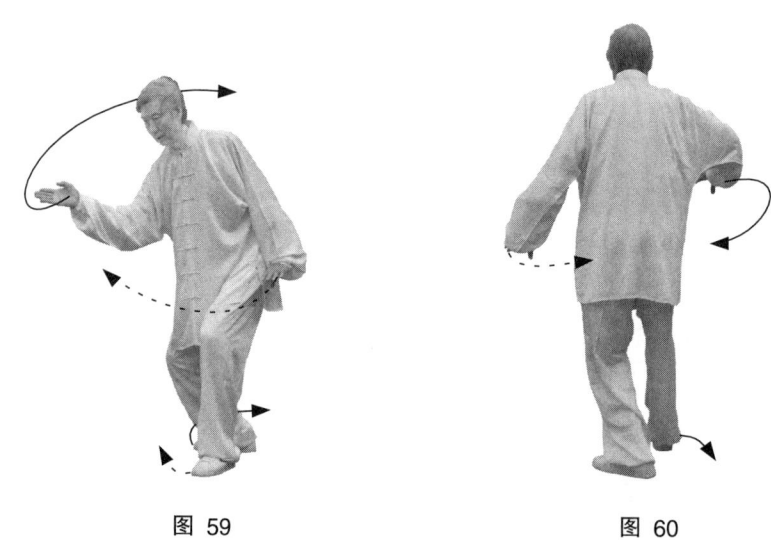

图 59　　　　　　　　图 60

动作二：重心移于左脚，并作为旋转中轴，腰胯向右后继续旋转，右脚轻贴地面，力点在脚跟随即转前脚掌，往右后划圆扫转约180°。同时，右手随着展开向右、向后划弧，掌心向后转向下，高与腹平；左手逆缠向下方分开，

随即转顺缠向上，掌心向前下，高与肩平。眼平移视右前方。（图61、图62）

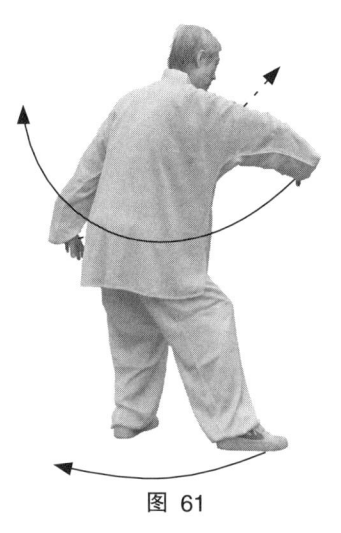

图 61

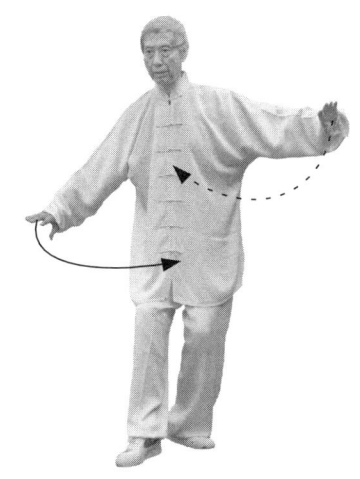

图 62

动作三：腰胯左转，重心左移，左脚踏实，脚尖稍外撇，右脚跟提起，前脚掌轻点地，置于左脚右前半步。同时，右手下落至右胯侧，掌心向下，指尖向右；左手举至左胸侧，掌心向前，指尖斜向上。目视前方。（图63）

要点解析：

风扫梅花一式，关键动作是横扫270°大转身的缠丝，最易产生"断续"和"缺陷"。要运用好以腰脊为中轴，扫转不可停断，内外、上下协调一致，一气呵成。

此式在劲别的运用上，上半圈是以左手为主而旋转的合劲；下半圈是以右手为主而旋转的开劲，使旋转的圈形成从上而下，再从下而上，这种大转身的缠丝会产生活如风车的旋转惯力，起到在旋转中达到连续的解脱作用。

图 63

第十二式　金刚捣碓

动作一：身体继续右旋，心气松沉，重心落于左脚，右膝稍提起，带动脚掌向后、向前划弧以脚尖踢出，前脚掌虚着地。同时，右手随着右脚向后、向前弧线上步前撩，掌心向前，指尖向下；左手顺缠向里合于右臂肘窝上，掌心向里，指尖向右，两臂掤圆，气贴脊背，形成合劲。平视前方。（图64）

动作二：松腰落胯重心下沉，左脚踩实蹬地起身，右腿随势屈膝向上提起，重心完全落于左腿，成左独立势。同时，右掌变拳顺缠随右臂屈肘上提至胸前，拳心向里；左手逆缠向下落于腹前，掌心向上，指尖向右，右拳、左掌上下相对。目视前方。（图65、图66）

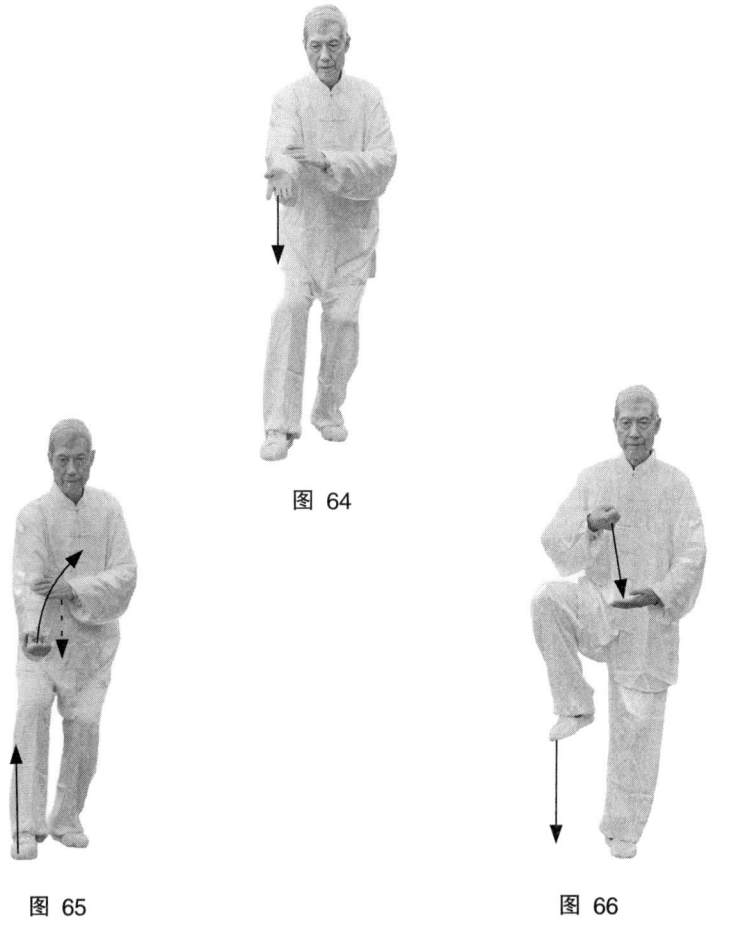

图 64

图 65　　　　　　　　　　　　　　图 66

动作三：随即，周身放松，重心下沉，拳随身，身随势，右脚松落，整脚向下，平面震脚，两脚与肩同宽。同时，右拳随右脚下落沉落于左掌心内，右拳左掌叠合于腹前，形成上下合击，与小腹之间约一拳之隔。目视前方。（图67）

要点解析：

此式"金刚捣碓"与第二式"金刚捣碓"动作、要领相同，此式技击含义十分丰富，拳谚曰："太极拳会不会，就看金刚大捣碓。"

此式技击用法："敌来，则顺势将；敌去，则顺势发"，每招都暗含"拿、踢、撩、打"等杀机，处处体现太极拳"化打结合"之妙。歌诀曰："捣碓着法变无穷，掤採挤按学用精。马弓盘虚步十变，顺逆缠丝如游龙。"

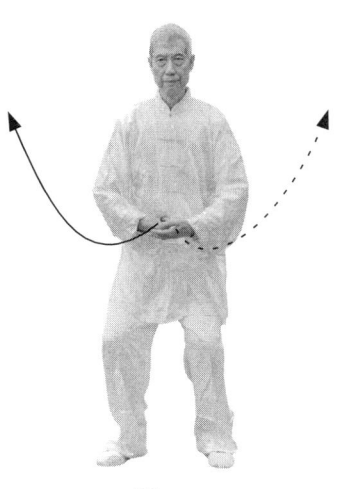

图 67

第十三式　庇身捶

动作一：两手向左右展开，高与肩平，掌心向下。同时松腰屈膝，双臂徐徐向上掤起，重心全部移于左脚，右脚提起向右横开一大步，重心右移成马步，开胯圆裆。同时，两臂继续上掤，随右脚向右开步向胸前顺势交叉合拢成十字手，左掌在外、右掌在内，成上合下开之势。目视左手前方。（图68、图69）

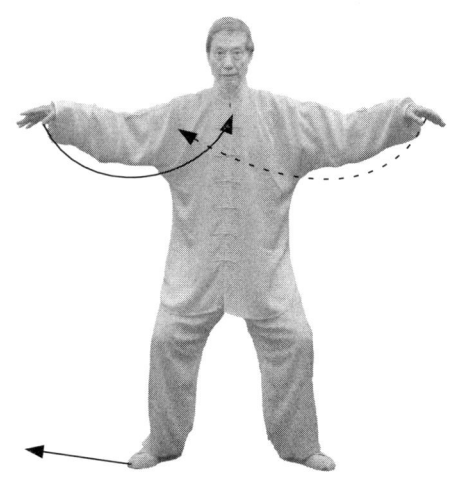

图 68

图 69

动作二：两掌变拳，松腰坐胯，身体右旋，右腿外旋前弓，左腿内旋蹬展。同时，右拳顺缠至右肩前，拳心向左外；左拳逆缠至右腋下，拳心向右内，两臂相合于右肩前。目视右拳前方。（图70）

动作三：腰向左转，重心左移，左腿前弓踏实，右腿伸展虚蹬。同时，以身领右拳徐徐顺缠至左肩前，高与鼻尖平，拳心斜向里；左拳逆缠至左胯外侧，拳心向左下。目视右拳方向（此为右披身捶）。（图71）

动作四：腰向右转，重心右移，右腿变前弓踏实，左腿变伸展虚蹬。同时，左拳旋腕转臂变顺缠至右肩前，高与鼻尖平，拳心斜向里；右拳旋腕转臂变逆缠，向右下缠绕至右胯外侧，拳心向右下。目视左拳方向（此为左披身捶）。（图72）

图 70

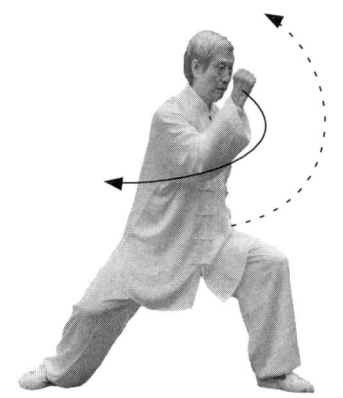

图 71

图 72

动作五：身体微向右沉，随即向左旋转，左腿外旋前弓踏实，右腿内旋微微伸展。同时，右拳从右外下逆缠转臂变顺缠缓缓向左上方划弧，引领至右肩上方，拳心向左前方，高与眼平，手腕领住劲；左拳旋腕转臂变逆缠，左弧形下落于左胯外侧，拳心向左后方。目视左前方。（图73）

动作六：腰微向左转，随即右转，重心右移，弓右腿，蹬左腿，成右弓步。同时，肘微下沉，右拳向左下顺缠一小圈后转臂变逆缠，拧裹着向右折靠，右臂屈肘向右上方掤起，高与头平，拳心向右上外；左拳在左胯侧顺缠一小圈后，以拳面紧贴于左腰部，拳心向外。随即身体右转，以右背部向右后靠，重心移向右腿。目视左下方。（图74、图75）

图 73

图 74　　　　　　　　图 75

要点解析：

"庇身捶"在陈式老谱中也称"庇身捶"，亦名"披身捶"。此式关键在一个"庇"字上，其意是"以捶护身"，因而左右披身捶要求拳与拳合，肘与肘合，臂与臂合，膝与膝合，足与足合。胸要合住，腿根不可夹，裆要开圆，周身一齐合住，神气不散，方能一气贯通，卫护周身。

技击含义，即以两拳上下左右缠绕转折击人，拿法、打法、跌法兼施并用，"对手依我何处，即从何处转折击之"。拳歌曰："两手分开皆倒转，两腿合劲尽斜缠，裆间撑开半月圆，右手撤回又一拳。"

第十四式　撇身捶

动作一：身微右旋，重心移于右腿，成右弓蹬步。同时，两肩关节右旋，两手握拳双顺缠向右下松沉至右胯前，两手相合，左拳在下，右拳在上，拳心皆向内，松腰落胯，两拳微合蓄劲。目视右前方。（图76）

动作二：腰向左旋，裆劲下沉，左腿弓，右腿蹬，成左弓蹬步。同时，两手左顺右逆缠翻转拳背，左手以捌劲向左侧上方撇拳，右手以小逆缠向右后放劲，形成对开劲。目视左拳方向。（图77）

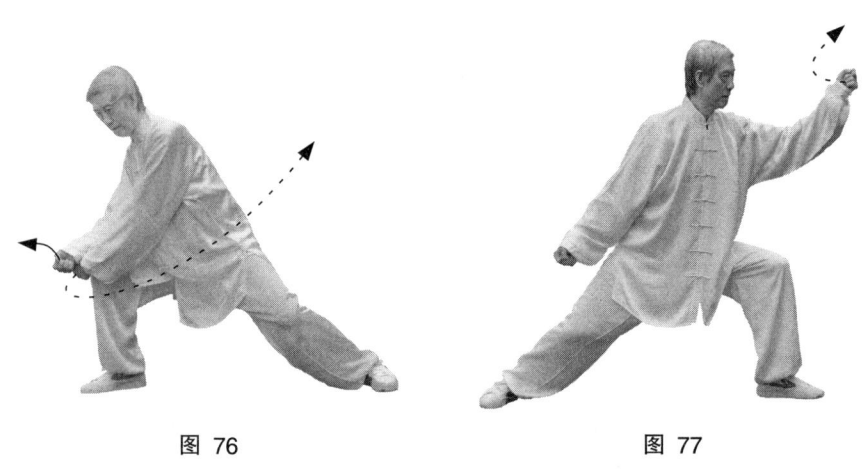

图76　　　　　　　　　　图77

要点解析：

"撇身捶"与上式"庇身捶"作用不同之处在于，庇身捶是以缠绕转折化解来力，双拳护卫周身，乘隙反击；而"撇身捶"则是重在转折反射发力，"解中寓击"。上式左拳置于胯间，设左拳被采，此时即顺着采的劲，先以右顺左逆的小圈，身略向右转，脚为实，接着即以左顺右逆合住右拳，突然翻转拳背，以捌劲向左侧反击出去，同时右拳以小逆缠向右后放劲。

此式要求周身之劲要集中到左拳主攻方向上，但要注意到击出的根源却在顺缠转的右拳上。通过右拳将内劲缠丝式地贯注到左臂、拳中。

第十五式　斩手

动作一：腰胯微松，身体略向右旋。同时，左拳左顺右逆转一小圈变掌，以解左手被采。目视左前方。（图78）

动作二：身微左转，左脚外撇，左掌变拳（意在抓敌之手）逆缠松落左胯前，重心完全移于左腿，以脚掌为轴，身体左转90°，右腿屈膝随势提起，成左独立势。同时，右拳顺缠自右向上翻转高举过顶。目视前方。（图79、图80）

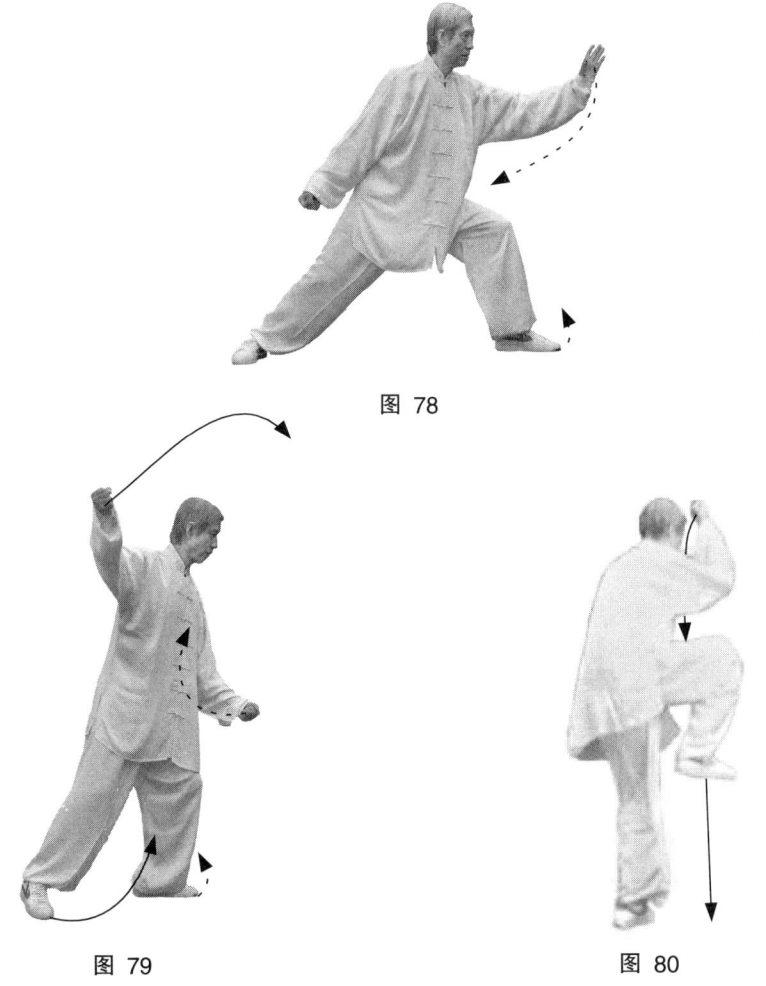

图78

图79　　　　　　　　　　　图80

动作三：身体继续左转 90°，随即右拳犹如利刀下斩；左拳顺缠向下至右膝前，突然屈左臂上提于右肩前，两拳形成左上右下的"削竹势"，并辅以右腿下沉震脚，两腿屈膝半蹲。目视前下方。（图 81）

要点解析：

斩手一式在老谱中称"斩手炮"，是两次被采的解脱法，其法两手一脚同时并用的着击挣脱方法。当左手被采时，采用"旋腕""右斩""右提""震脚"四者齐施，可以解脱。

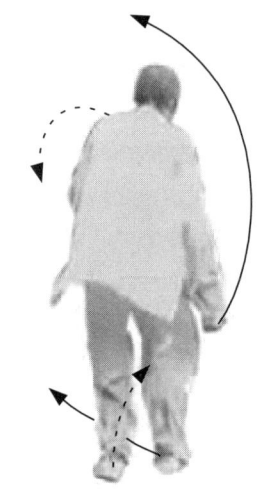

图 81

其技击含义，如敌拿我左手，我即用左手反拿其左手，随即腰向左转用膝撞击，并落足踩其足背，同时右拳下击敌腕骨或肘节。因伤其骨节故名"斩手"。但应注意下斩时，尾闾须中正，切不可因下斩而使尾闾前倾。陈鑫说："不偏不倚，无过不及是中气之用。""此气善用，则为中气，不善用则为横气。"

第十六式　翻花舞袖

动作一：身体微向右转，右脚蹬地，左脚提起，身体突然跃起向左后翻转180°。同时，右手逆缠上提绕过头顶以手领身，自下而上的大转身；左手逆缠也由下至上加以辅助。目视左前方。（图 82）

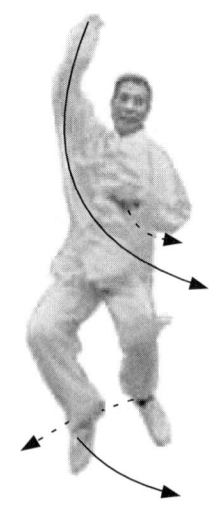

图 82

动作二：身体继续左转至180°时，左脚向左后方落地震脚，随后右脚向前上步落地震脚，重心微后移，两腿屈膝下蹲，裆劲下沉，成马步。同时，右手从上而下以掌缘下砍，高与肩平；左手成拳向左后下方击出，置于左膝前。目视前方。（图83）

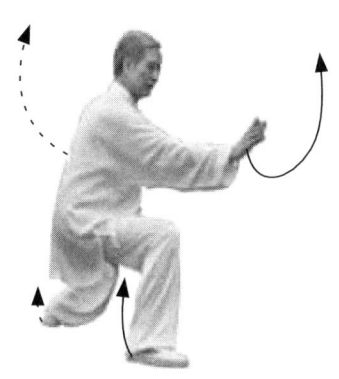

图 83

要点解析：

翻花舞袖一式是太极拳"解中寓击"和"击中寓解"的双用法。转身跃起是运用腰脊旋转身法加大解脱的力度，同时右手借腰轴旋转的惯性力，加强了右手的下砍劲。此"解中寓击"又"击中寓解"，是"以轻制重"之法。

此式上跃转身后，注意左脚先落地震脚，右脚稍后落地震脚，要有瞬间的时间差。一方面可加大旋转的惯性力，另一方面可减震。忌两脚同时落地震脚，防止震伤脚掌、脚踝、膝关节及大脑。

第十七式　掩手肱捶

动作一：接上势震脚瞬间，左脚蹬地，右腿屈膝提起，身体右转。同时，两臂挂肘逆缠向上，借上势下砍的弹簧劲引领身体向上跃起，两手成拳高举过顶。目视前方。（图84）

动作二：右脚落地震脚，右腿屈膝下蹲，左脚向左前方铲出，成右偏马步。同时，左手成八字掌逆缠置于左胸前，掌心向上；右拳逆缠下落置于右胸侧。目视左前方。（图85）

动作三：腰微右旋，胸腹折叠，腰再左旋。左腿前弓，重心左移，右腿后

蹬，成左偏马步。同时，右拳快速向右前方击出，左手快速收于左胁旁。目视前方。（图 86）

图 84　　　　　　　　　　图 85

图 86

要点解析：

　　掩手肱捶一式在拳套中是体现"蓄劲与发劲"的拳势。在陈式老谱中称"掩手红捶"，意即"出手见红"，如炮轰，着人身要害，顿时见红。技击动作要求，捶去何能见红，只因中气贯足。"先要神气收敛入骨，劲由内换。劲起于脚跟，变换在腿，含蓄在胸，运动在两肩，主宰在腰，发于梢节"，形成"身如弓弦手如箭"，汇聚周身之力突出在右拳上。

第十八式 飞步拗鸾肘

动作一：腰向左转，重心微移至左脚，随即腰向右旋，重心完全移于右腿，右脚蹬地，身体起立，左膝随之提起，成右腿独立势。同时，右拳随腰左旋逆缠向前伸展，当左拳顺缠与右拳相交时，旋腰发力，右拳迅速收回，拳心向上，置于腋下；左拳迅猛击出，拳心向下，高与肩平。目视前方。（图87—图89）

图 87

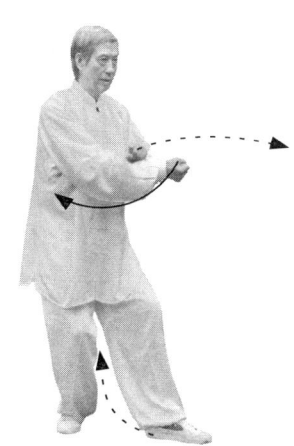

图 88

图 89

动作二：左脚向前落步蹬地跃起，右脚跟着向前凌空跨出，身体在空中向左后旋转270°，右脚落地，左脚也随转体向左横行落步。同时，右手顺缠经左手下方向前击出，随转体收于右胯前，拳心向后；左手回收经胸前随转体向右上撑展，然后置于左胯前，拳心向后。身体微下蹲。目视前方。（图90—图92）

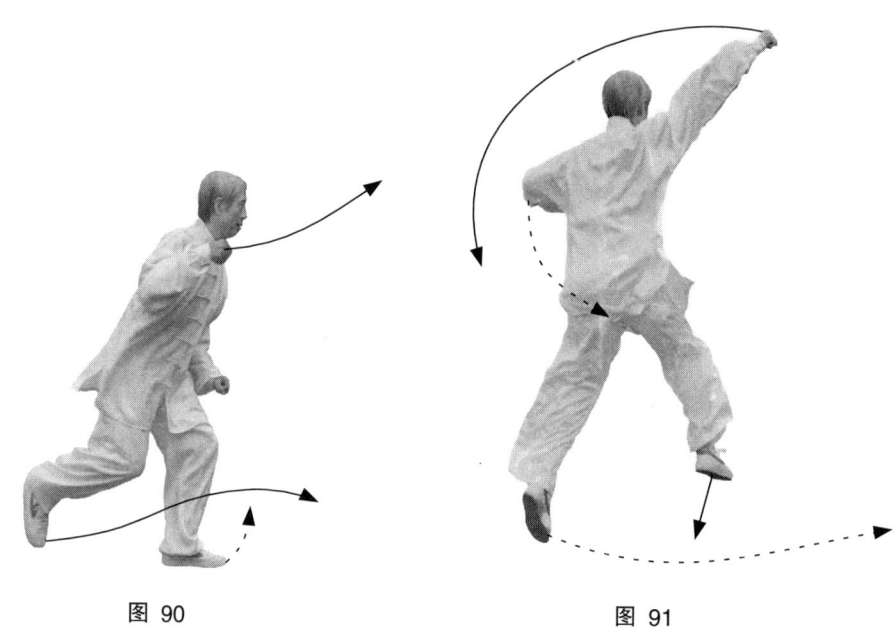

图 90　　　　　　　　　　　图 91

图 92

动作三：腰微右转，重心移于右腿，随即左脚上半步，脚跟虚着地，脚尖向前，右脚坐实。同时，左拳变拳顺缠向左掤展，横掌置于左胸前，高与胸平，掌心向右；右拳收于右肋侧。目视前方。（图93）

动作四：身体左转90°，腰胯松沉，向左旋转，右脚随着向前跟半步，落点时足跟拖地有声。同时，左手向内合，右前臂往前平击，臂掌合住做声，并与右脚落地做声一致，两脚沉住，腰腿之劲，贯于手臂，发劲刚脆有力。目视前方。（图94）

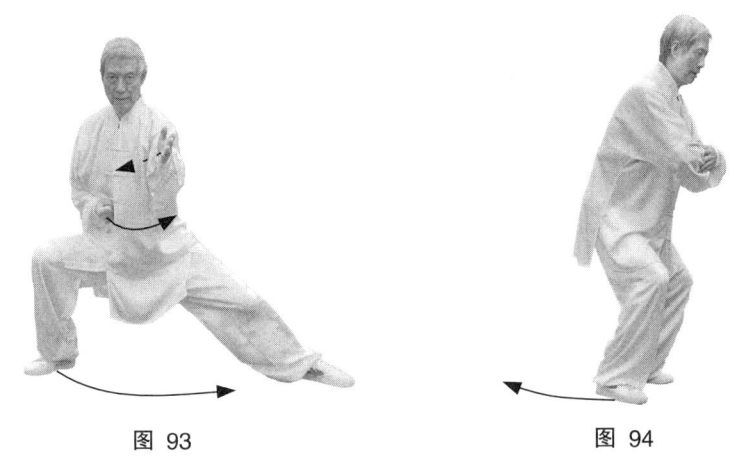

图93　　　　　　　　　　图94

动作五：腰微左转，重心左移，向后撤右脚，前脚掌虚着地，身体右转90°，随即左脚向右跟半步，落地有声。同时，相合两肩向左缠绕，右拳贴于腹前，拳心向里，左掌五指贴于右拳背，随开步重心右移，向右放肘。目视右肘方向。（图95—图97）

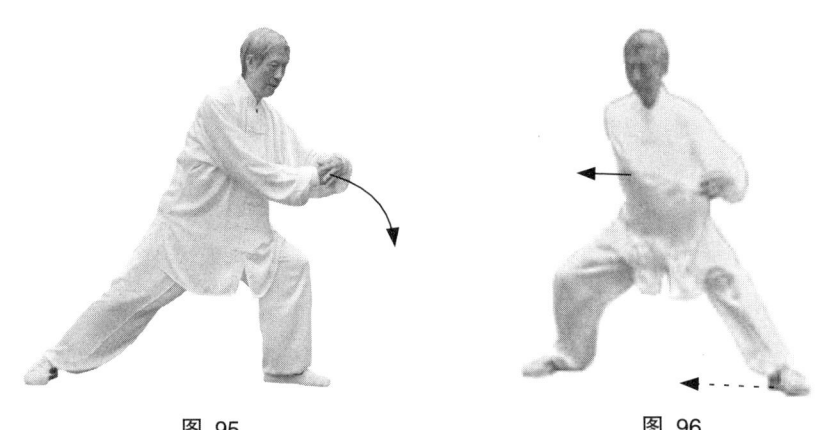

图95　　　　　　　　　　图96

要点解析：

拗鸾肘一式在陈式老谱中称"拗拦肘"。诀曰："拗鸾肘出步颠刹，搬下掌摘打其心，拿鹰捉兔硬开弓，手脚必须互相应。"此式中有跳跃、腾挪，有前进、后退、左顾、右盼、中定，是实战经验中提练的拳法。左采右截、插裆脚是"肘击跌人"之法；飞步腾跃是顺应要劲，翻转身来，用背折靠劲可进击。

此式要点，飞步转身后，右脚实；发肘劲时，左脚实。歌诀曰："拗鸾一势最为佳，左右虚身有妙法，右拗左合彼难架，翻身肘上拗步斜。"

图 97

第十九式 运手（前三）

动作一： 腰先左旋后右旋，重心右移，成右弓蹬步。同时，右手逆缠，掌心向右斜角，指尖高不过眼；左手顺缠向左、向上、向右划弧上捌，置于右肋，掌心向右斜角。目视右前方。（图98）

动作二： 身微下蹲，腰先向右转再左转，右脚踏实，左脚向左横开一步踏实，右脚随之向右移半步，脚掌点地。同时，两手随转体自上而下向左划弧推挤，左手置于左肩前，高与肩平，右手置于右腹前，掌心皆斜向左，指尖斜向外方。目视左前方。（图99）

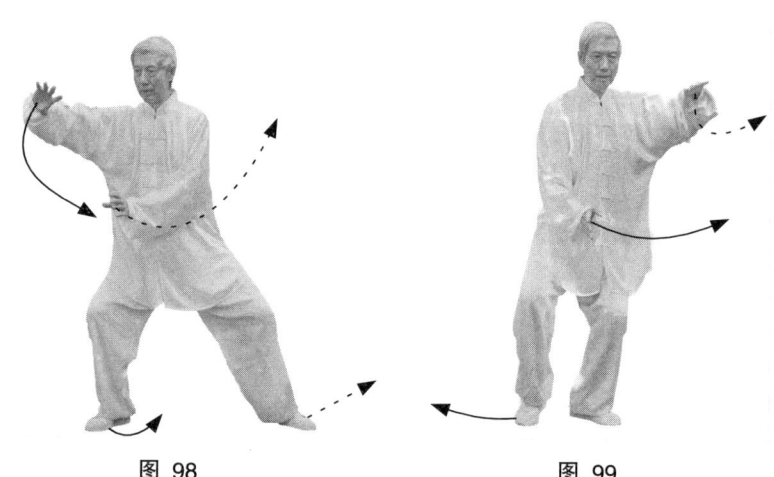

图 98　　　　图 99

第四章　陈式太极拳二路炮捶——传统套路·北京架

动作三：身体微下蹲，腰向左转，重心移至左脚，下沉踏实；右脚随即向右横开一步。同时，两手随之略向左掤以对应，左手顺缠向左上方弧形伸展，高与肩平，手心向左外；右手随之向左下弧形上提至左前臂内下侧，手心向左内。目视前方。（图100）

动作四：腰向右转，重心右移，左脚提起经右腿后侧向右插步。同时，右手顺缠转臂沿顺时针的右弧线上提并向右侧捋展开，至右肩前方，略高于肩，手心向右外，指尖斜向右上方；左手逆缠转臂沿逆时针的右弧线下落至腹前右侧。目视右手方向。（图101）

动作五：腰向左转，重心移于左脚，右脚向右横开一步。同时，左手顺缠自右下向左上划弧，置于左肩侧，略高于肩，掌心斜向左外；右手顺缠变逆缠自右上向左下划弧，置于左腹前，掌心向左内。目视前方顾及左手方向。（图102）

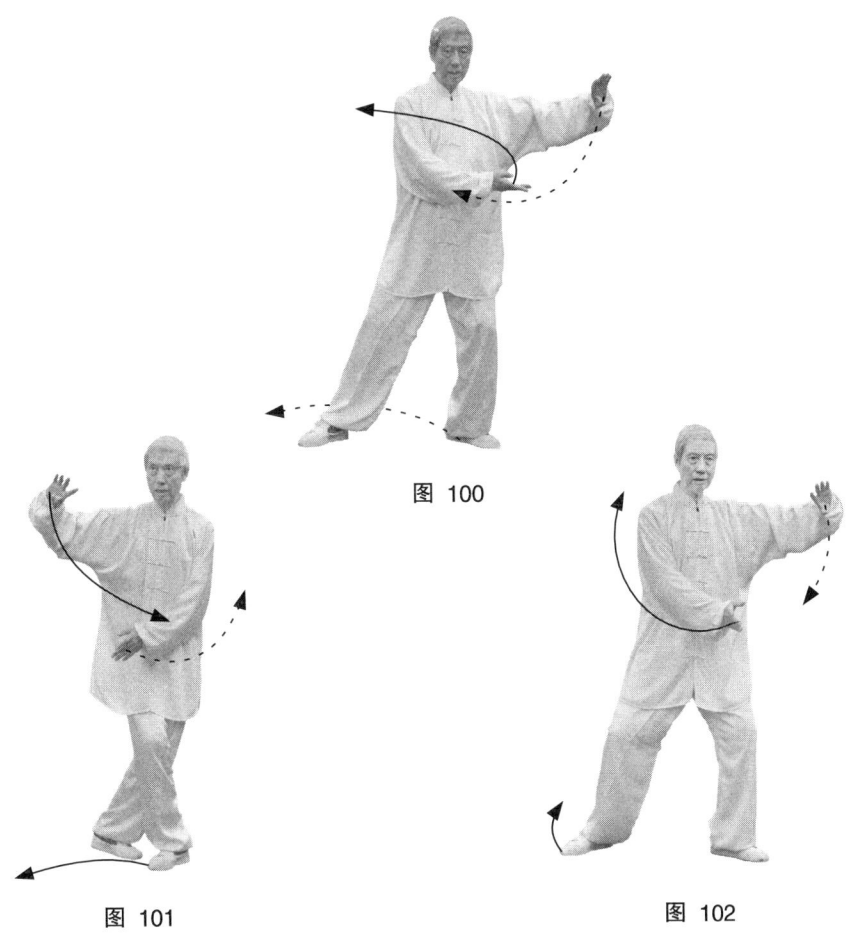

图 100

图 101　　　　　　　　　　　　图 102

要点解析：

此式是横向移步，两脚更迭，转机不能停留。姿势不能站高，亦不可低站，要求圆裆，圆裆是产生腿部缠丝暗劲必具的形式。要注意此势与一路运手方向相反，一路运手横步向左，此势横步向右。

全身心气放松，"中气贯脊中，不可歪一处"。内气从丹田沿督脉上行分行两肩，当右手顺缠一圈时，前半圈内气由腋内向外斜缠到指，后半圈则由外斜缠到腋下；左手亦然。至于双足，当右足前半圈由腿根内向外缠到趾，后半圈则由趾自外向里缠至腿根。

其技击原则是"化而后打"和"依着我何处，便从何处击"，同时也是一种"跌、打兼用"之法。应敌进击，以双手边采边捋，劲带螺旋，同时我右足套其前足，横打其身，使敌跌倒。诀曰："双手领双足，左右东西舞。先由左手领，右手随后行。横行步法奇，缠丝皆向外。中气贯脊中，不可歪一处。"

第二十式 高探马

动作一： 右脚向右横开一大步，轻轻着地，腰向右转，重心右移，两胯根右转前送，成右弓蹬步。同时，右手逆缠，指尖高不过眼；左手顺缠向左、向下、向右划弧上捌，掌心向右斜角，置于左胯前。目视右前方。（图103）

动作二： 左脚尖内扣，腰胯右转，重心移至左腿，右脚点地后移，成丁字步。同时，左手逆缠转顺缠收于胸前，右手顺缠转逆缠与左手交叉于右胸前，右手在上，掌心向上，左手在下，掌心向下。目视前方。（图104）

图 103

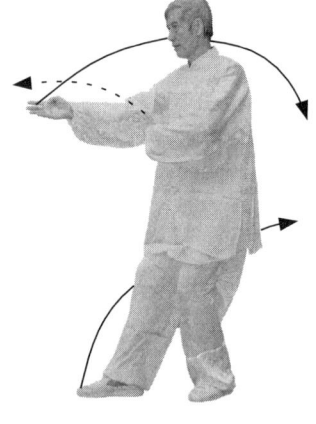

图 104

动作三： 腰胯继续右转，左腿站稳；右脚跟离地，右腿跟随贯劲提膝上挑，膝高于脐，脚尖自然下垂。同时，右掌外旋里收，掌心向上，置于右胁旁；左手内旋经右掌上方横掌前推，掌心向外，指尖向右。目视左前方。（图105）

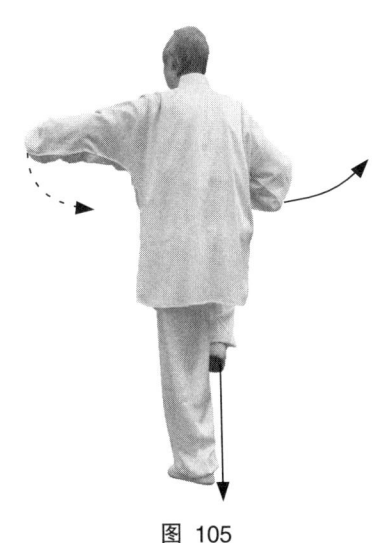

图 105

要点解析：

此式成势如整鞍探马势，右手是逆缠劲，左手是顺缠劲。谱曰："耍拳不能不击人，不击人不能卫身，何用之？颐中有物。"就是说，练拳时要有假想敌。

此式手在外而实，心在内而虚，胸要含住，气贴脊背。左掌推出体现"虚笼诈诱，只为一转"。其技击含义是一种"跌、打兼施"的方法，即用前足向右挑勾敌之前足跟，使其失去平衡倒地。我右手采、捋敌之手，左手按推其胸部。

第二十一式　运手（后三）

动作一： 全身以左脚掌为中轴右转90°，两手以右逆左顺，右手转向右前，左手转向胸前，随即右脚落地震脚变为实，左前脚掌虚着地变为虚。在震脚同时，两手向右划弧推挤，掌心皆斜向右，指尖皆斜向上，右手高与肩平，左手在腹前。目视右前方。（图106）

动作二：左脚向左横开一步，先以脚跟着地，腰向右转，右膝弓出，成右弓蹬步。同时，右手内旋向右斜角挤出，掌心向右前；左手外旋，向右斜角按出，掌心斜向内。目视左前方。（图107）

动作三：腰向左转，重心左移，左脚踏实，右脚提起经左腿后侧向左插步。同时，左手逆缠转顺缠经面前向左划弧线下落于左胯侧，掌心斜向前，指尖斜向左；右手顺缠转逆缠向下、向左划弧至腹部，手心向上，指尖向左。目视左前方。（图108）

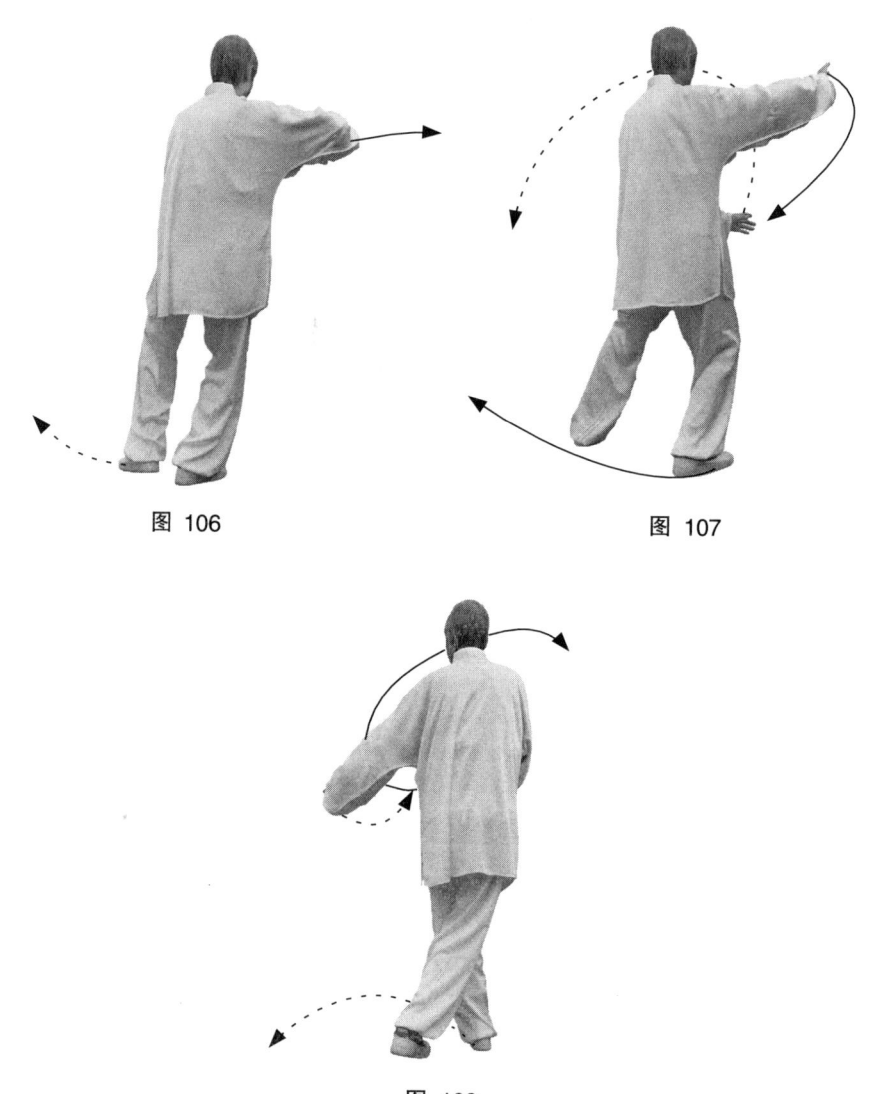

图106　　　　　　　　　图107

图108

动作四：腰向右转，重心右移，右腿屈膝前弓踏实，左脚提起向左横开一步。同时，右手逆缠转顺缠经面部向右划弧下落于右肩侧，掌心斜向前，指尖斜向右；左手顺缠转逆缠向下、向右划弧至腹部，手心向上，指尖向右。目视右前方。（图109）

动作五：腰向左转，重心左移，左脚踏实，右脚提起经左腿后侧向左插步。同时，左手逆缠转顺缠经面前向左划弧线下落于左胯侧，掌心斜向前，指尖斜向左；右手顺缠转逆缠向下、向右划弧至腹部，手心向上，指尖向左。目视左前方。（图110）

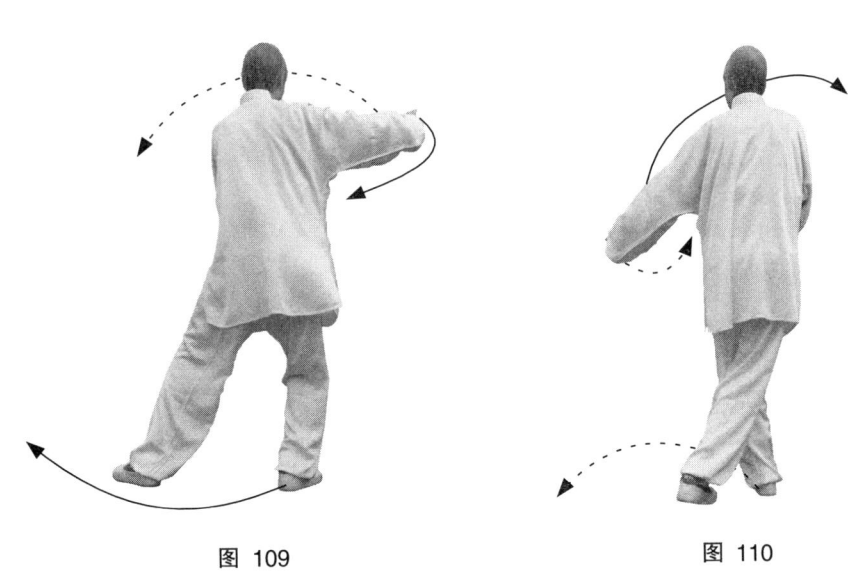

图 109　　　　　　　　图 110

要点解析：

"运手"，象形也。两手旋转运行如双环缠绕形状，又名叫"云手"，象形两手来往旋转，似云之旋转，变化无常。

此式"运手"与第十九式"运手"，在重点、动作上基本相同，所不同处，上式"运手"向右横行，面向南，亦称"右运手"；此式"运手"向左横行，面向北，亦称"左运手"。

第二十二式　高探马

动作一：腰微右转，重心右移，左脚向左前斜开一步。左手逆缠收于胸前，右手顺缠下落与左手交叉于右胸前，右手在上，左手在下，手背相合相对。随即腰向左转，两手逆缠经面前分向两侧向上划弧伸展至两肩侧，手心向外，指尖斜向上，掌根高与肩平。同时，两腿屈膝前弓，圆裆落胯，下蹲成马步。目视右前方。（图111、图112）

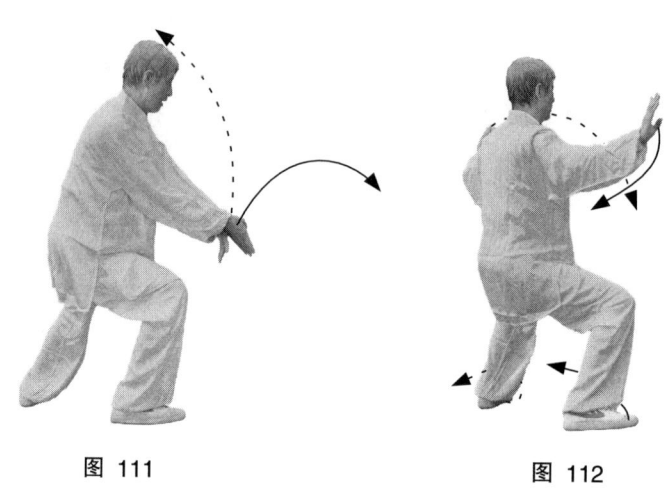

图 111　　　　　　　　　　图 112

动作二：腰向左转，左脚外撇随之转体45°，右脚提起向左前上半步落于左脚前侧，脚尖点地，屈膝下蹲。同时，两手左逆右顺缠交叉于左腹前，左手在上，右手在下，手背相合相对。目视左前方。（图113）

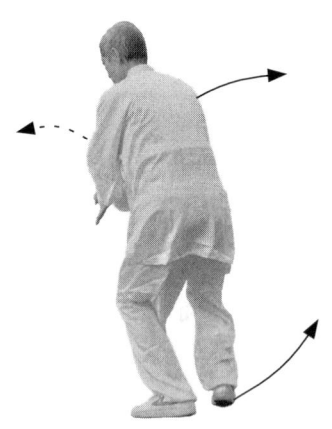

图 113

第四章 陈式太极拳二路炮捶——传统套路·北京架

动作三：腰向左转，重心移至左腿，右脚向右后斜开一步，随即腰微左旋转右旋。两手逆缠经面前分向两侧向上划弧伸展至两肩侧，手心皆向外，指尖斜向上，掌根高与肩平。同时，两腿屈膝前弓，圆裆落胯，下蹲成马步。目视左前方。（图114）

动作四：腰向左转，重心移于右腿，随即以右脚跟为轴，脚尖内扣，腰胯后坐，重心全部移于右腿；左脚随体左转180°，向后拉撤步至右脚旁，脚前掌虚点地，成左丁虚步。同时，左手随屈臂收回至腰左侧，手心向上；右手逆缠至右耳侧，转臂顺缠向前推出，掌心向外，高与肩平。目视右前方。（图115）

图114　　　　　　　　　图115

要点解析：

何为高探马？如马高大，骑之，而以手先探其鞍鞯。此式右手与肱向前推，左手里收与左脚后撤步，如整鞍探马势。其成势过程，右手是顺转劲，左手是倒转劲，因而要求右手推出、左手里收与左脚撤步，三者须协调一致，体现出前后开中寓有合劲，不可有中断凹凸处。

此式手在外而实，心在内而虚，胸要含蓄，气贴脊背。当两足左虚右实、膝开而合时，内气随缠丝劲沿督脉上行至脊背；内气运于右手成为顺缠劲，运于左肘尖而成为倒缠劲。

高探马式在老拳谱中其用法是"旋头扭颈跌法"。在身体转向时，用前足跟勾挑敌之足跟，使其失去平衡，然后用左手采、捋敌之手，右手捋按其胸部。跌、打兼用。

第二十三式　连珠炮（一）

动作一：腰胯微左转，两手松落于腹前，掌心斜向上，指尖斜向前，两臂一合劲，此时左脚实，右脚虚，随即重心前移，两手顺缠前掤，手心斜向前，高与肩平。同时，变右脚为实，左脚虚，接着左脚后撤一步；右脚随着后撤半步，前脚掌点地变虚步，腰胯后坐。两手外旋微收置于腹前，右掌在前，左掌在后，掌心皆斜向上。目视前方。（图116—图118）

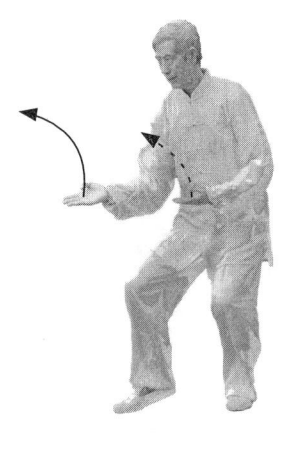

图 116

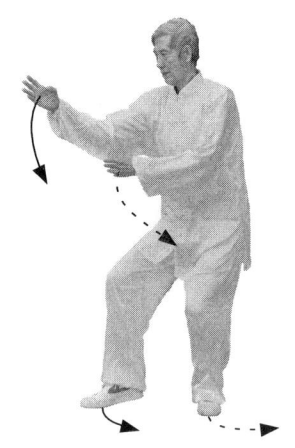

图 117

图 118

动作二：腰胯左转，重心左移，左脚踏实，右脚随即上半步，两胯节右旋前送，重心右移，腰右旋约 30°，右脚踏稳，左脚立即跟上半步，落地时脚跟用前拖劲顿地有声，成右弓蹬步。同时，两手逆缠，翻掌合于胸前，随右脚上步双手右前左后向前按出，右掌心向前，指尖斜向左；左掌心向前，指尖斜向右，劲点在掌根。目视右前方。（图119、图120）

图 119　　　　　　　　　　图 120

要点解析：

连珠炮一式，是太极拳近战的一种拳势，以左手旋转于内来防御胸口，以右手旋转于外向前攻击；两手内外结合，两脚并以跟步的步法跟进，连随地粘着而变化万千；此式还采用了以身进退和灵活变换的中正身法，足以支撑八面。符合太极拳"以柔克刚""以实破虚"的原则。

此式要求发劲时，虽然右脚为实，但为了"中土不离位"的中正关系，前脚的实与后脚的虚要求相差不大，可保证身体迅速旋转着向前进击。

第二十四式　连珠炮（二）

动作一：接上势，左脚后撤一步，右脚随着后撤半步，前脚掌点地变虚步，腰胯后坐。同时，两手置腹前，右掌在前，左掌在后，掌心皆斜向上，随即腰微左转，重心移于左腿。双手右顺左逆缠向左缠绕转，左顺右逆缠翻掌置于左胸前，掌心相对，右手在前，左手在后。目视右前方。（图121、图122）

动作二：接着腰胯左转，重心左移，左脚踏实，右脚随即上半步，两胯节右旋前送，重心右移，腰右旋约30°，右脚踏稳，左脚立即跟上半步，落地时脚跟用前拖劲顿地有声，成右弓蹬步；同时，两手右前左后向前方按出，右掌心向前，指尖斜向左；左掌心向前，指尖斜向右，劲点在掌根。目视前方。（图123、图124）

要点解析：

连珠炮（二）的要点、动作与连珠炮（一）相同，两式连接不要中断。

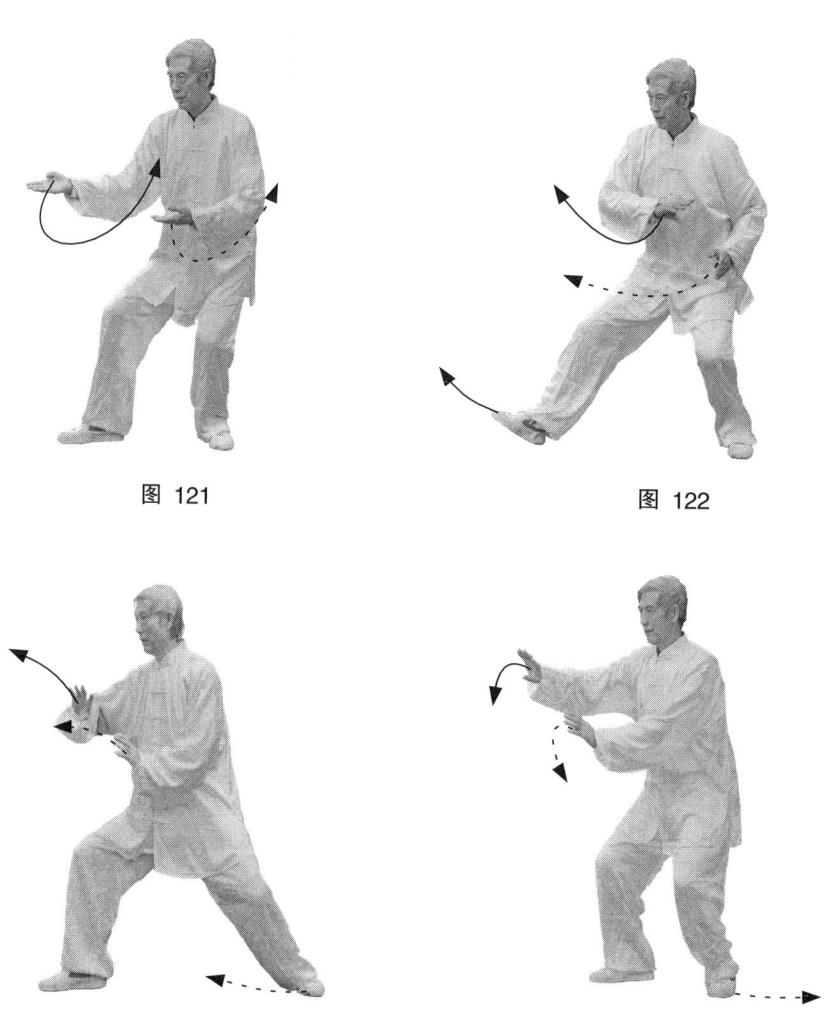

图 121　　　　　　　　　　图 122

图 123　　　　　　　　　　图 124

第二十五式　连珠炮（三）

动作、要点与连珠炮（二）相同。（图125—图128）

要点解析：

连珠炮（三）与连珠炮（一）（二）动作、要点相同，要求三式动作不可断，以身进退，旋转圆活，一气呵成。连珠炮也是练习发劲的拳势之一，反复练习可增加内劲和腰脊之力。

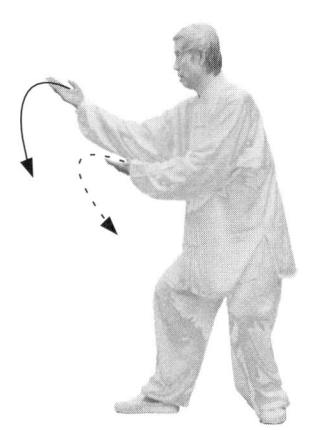

图 125

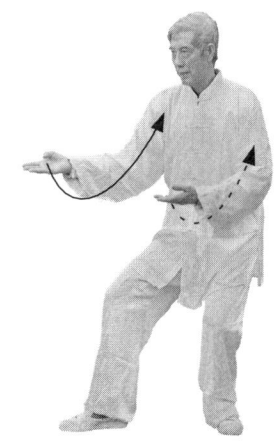

图 126

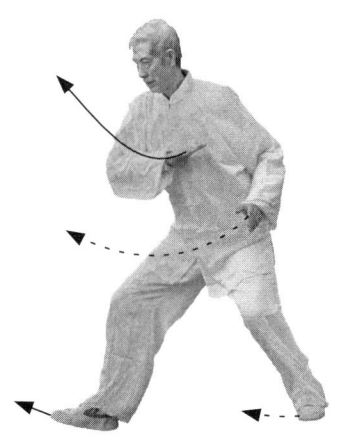

图 127

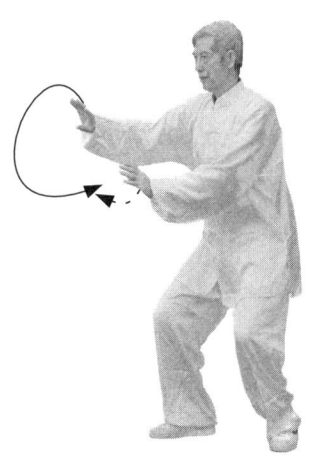

图 128

第二十六式　倒骑麟

动作一：腰微右旋，左胯前送，重心移于右足。随即两掌逆缠相合，右掌在上，左掌在下，在胸前交叉划弧一圈后在胸前相开，左掌置于左胯侧，掌心斜向下；右掌置于右肩前，掌心斜向右上。同时，重心完全移于右腿，左腿屈膝提起。目视右前方。（图129、图130）

动作二：以右腿为转动中心，向右后旋转180°；同时，左手逆缠，右手顺缠引领身体右转。在身体右转的同时，左脚踢出。转体后，右掌置于右胯侧，掌心向下；左掌置于左胸前，掌心向下。左前脚尖轻点地，成虚步。目视前方。（图131、图132）

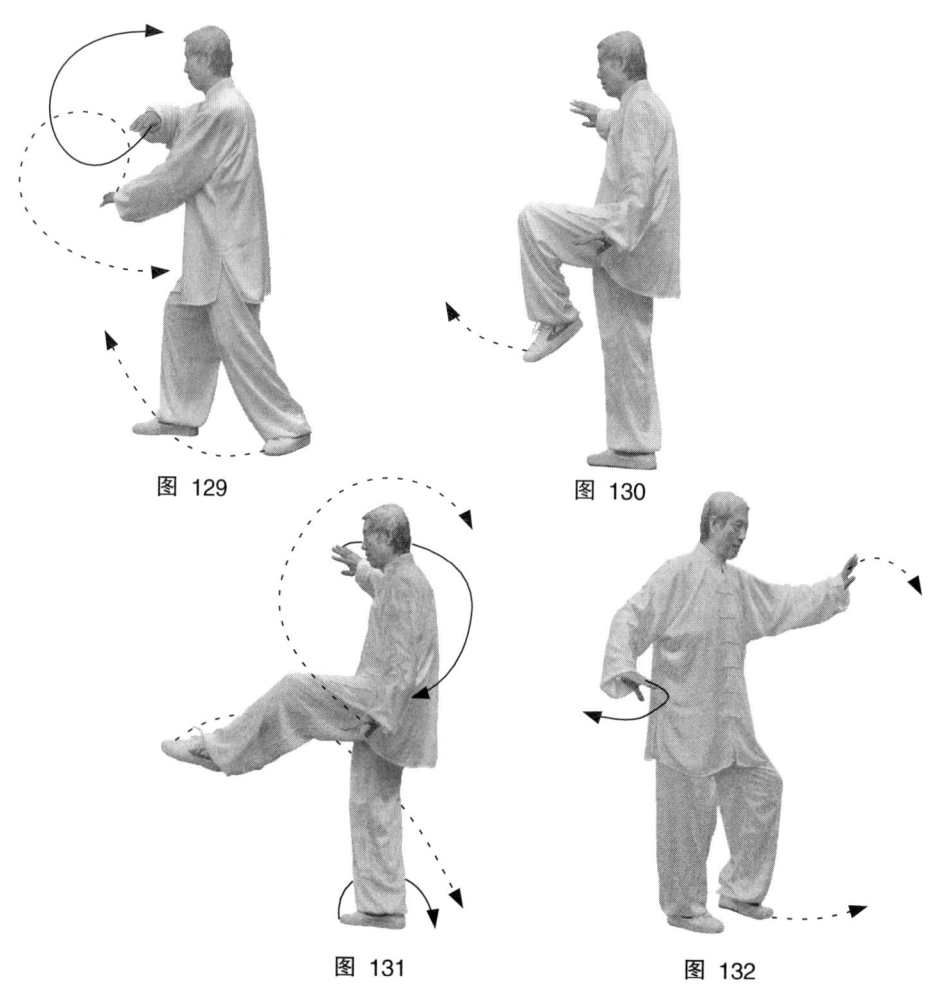

图 129　　　　　　　　　图 130

图 131　　　　　　　　　图 132

要点解析：

此式取其倒跨之意，故名为"倒骑麟"。在老谱中称"倒骑龙"，诀曰："倒骑龙、连珠炮，打的是猛将雄兵。"倒骑麟其意是"诈输佯走，诱追人遂我回冲"。因而要求，左脚随体跨过来，上体不可前俯后仰，保持中正。

此式技击含义，是一种缠拿法，用一手反拿，一手前切，轻轻制人，而不犯硬，在拿中用肘打击，并起脚踢敌膝部、腹部。

第二十七式　白蛇吐信（一）

动作一： 腰向右转约30°，左脚向前大步迈出落下。同时，左手内旋往上划弧至面前方，掌心斜向右，指尖斜向上，高与肩平；右手随转臂屈肘外旋，掌心向内上，掌指向前，收于右胯侧。目视前方。（图133）

动作二： 腰胯向左旋转30°，重心移至左脚，右脚上跟半步，稍离地面前迈，落地时右脚跟用拖劲蹬地做声。同时，左手下沉划弧用按、采劲落于左胯侧，掌心向下，指尖向前，力在掌根；右手旋腕转臂划弧向前上掤出，掌心向上，指尖斜向上，力达指尖，高与颔平（完成第一个白蛇吐信）。目视前方。（图134、图135）

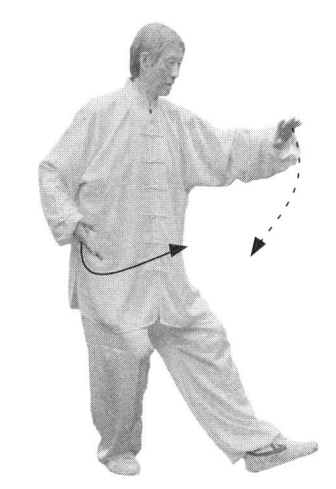

图 133

图 134

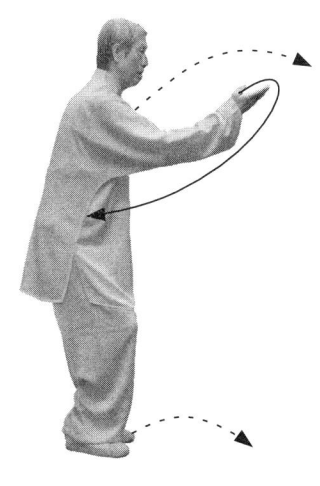

图 135

要点解析：

"白蛇吐信"象形也，要像蛇一样缠绕、柔活而气势逼人。此式仍是以身进退，不许有俯仰倾斜的身法，左手按、右手掤，稍有先后之分，都须管住中线。左脚上步要与左手按动作一致，右手前掤要与右脚跟步一致，上下相随，节节贯穿，使劲起于脚，形于指尖。

第二十八式　白蛇吐信（二）

动作一： 接上势，腰向右转约 30°，左脚向前大步迈出落下。同时，左手内旋往上划弧至面前方，掌心斜向右，指尖斜向上，高与肩平；右手转臂屈肘内旋，掌心向内上，掌指向前，收于右胯侧。目视前方。（图 136）

动作二： 腰胯向左旋转 30°，重心移至左脚，右脚上跟半步，稍离地面前迈，落地时右脚跟用拖劲蹬地做声。同时，左手下沉划弧用按、采劲落于左胯前侧，掌心向下，指尖向前，力在掌根；右手旋腕转臂划弧向前上掤出，掌心向上，指尖斜向上，力达指尖，高与颌平（完成第二个白蛇吐信）。目视前方。（图 137）

要点解析：

要点与白蛇吐信（一）相同，两式连接不要中断。

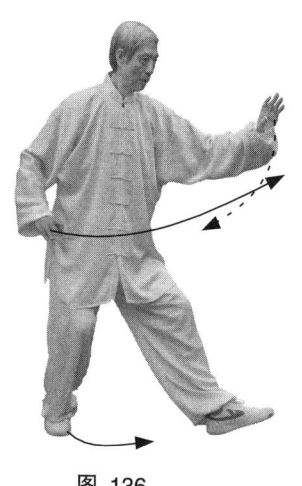

图 136

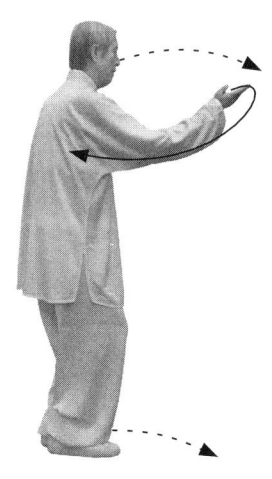

图 137

第二十九式　白蛇吐信（三）

动作、要点与白蛇吐信（二）相同（图138、图139）

要点解析：

要点与白蛇吐信（一）相同，三式连接不要中断。

白蛇吐信与连珠炮一样，都是连续进功的拳势，其技击含义，动作快而猛，极柔顺又极刚猛，足踩中门而进，勇猛直前，敏捷如蛇吐信，发劲如炮之轰炸。要求缠绕如蛇，柔活而气势逼人，身法有起有伏，前脚进步时身法要低，后脚跟步、右手前掤时身法要高，两肩要平，不可一高一低。

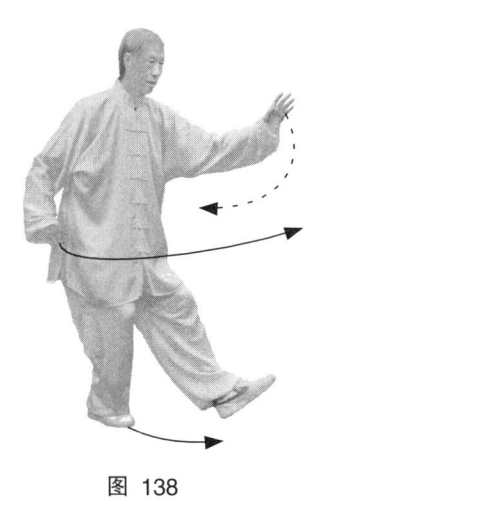

图138

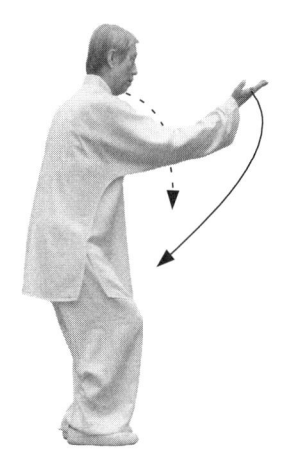

图139

第三十式　海底翻花

动作一： 腰向左转，落胯下蹲，重心移于左脚，右脚虚着地。同时，两手变拳，双顺缠交叉而合，左手在内，右手在外。目视右前方。（图140）

动作二： 两手相合后，右顺左逆的双开劲带动身体向右旋转180°，重心完全移于左脚，右膝提起，成左独立势。同时，右拳以拳背向后下击发，拳心向左；左拳向后上击发，拳心向右。目视前方。（图141、图142）

要点解析：

海底翻花一式，其含意是"内劲缠绕涌出之气势犹如海底翻腾的浪花，怒涛汹涌"。在右拳随旋臂化解擒腕时，以拳背下击对方脉道；左拳随旋臂化解擒腕时，乘势上冲对方下颌。注意下击发劲与上冲发劲要一发即至、干脆利落。

此式转体变向成独立势，要求扣（左脚内扣）、拧（拧腰旋身）、提（右膝提顶）、合（左右拳相合）一气呵成，转进如风，独立如盘。

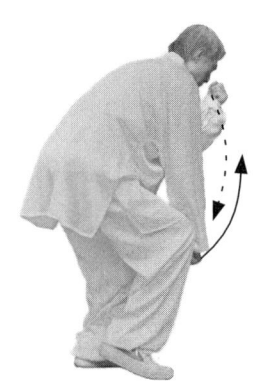

图 140

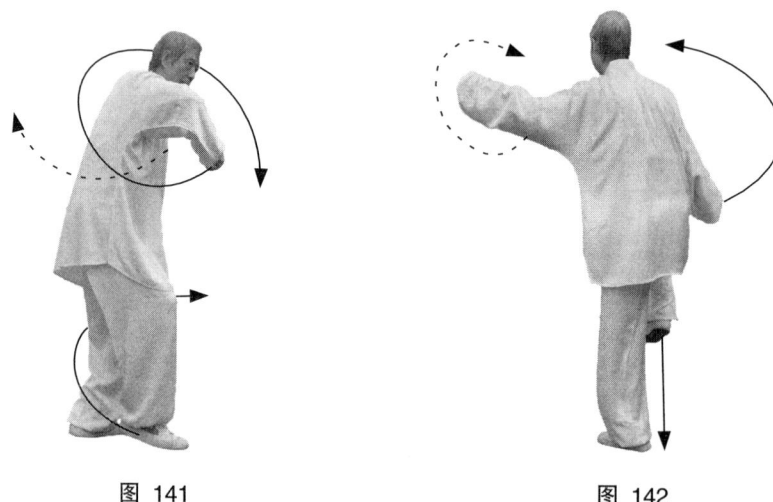

图 141　　　　　　　　　　　图 142

第三十一式　掩手肱捶

动作一：腰胯向下松沉，左手随之外旋，经左胯前向右上方顺缠至胸前，肘往下沉，手变竖掌，指尖向上，掌心向右前方；右拳以顺缠微向上提，旋臂转腕，肘向上扬，拳往下沉，拳面向下。同时，右脚随沉气重心下降踏地震脚；随即重心移至右腿，左脚变虚，前脚掌虚着地，形成左掌、右拳合于胸前的下蹲势。目视右前方。（图143）

动作二：腰微右转，重心完全移于右脚，左脚随即向左前方迈出一步，两腿成偏马步。目视前方。（图144）

图 143　　　　　　　　　　图 144

动作三：重心渐向左移，两臂向背后挂肘，偏马步渐变成马步。同时，两拳置于腹部两侧，拳心向上；随即两肘逆缠，身随之上升，两拳沿内弧线旋转至胸前，高与肩平，拳背相对，成双风贯耳势。（图145）

动作四：身微右转。同时，两手翻转变顺缠合于胸前，左拳变八字掌，掌心向上，肘尖下垂；右拳置于胸前，拳心向内。（图146）

动作五：身体继续螺旋下降以蓄劲，重心迅速左移，腰左旋转右旋，身体由右偏马步螺旋转变为左偏马步。同时，右拳急向右前方发出，拳心旋转向下，手臂曲蓄而不直伸；左手八字掌也急收于左胁侧。腰脊垂直，中正不偏。目视右前方。（图147）

图 145

图 146

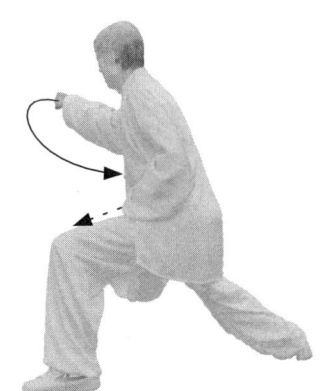

图 147

要点解析：

此式震脚与发拳要体现刚劲。震脚时，要求腰、胯、膝、脚节节松开，整体下沉，意到、气到、劲到，震地有声；发拳时，要表现出卷放劲，卷为蓄，放为发，消息全在腰隙；拧腰转胯起于足，着身成捶由腰发，其缠丝劲寓于两肱运行之中。

此式内气随心意上下、左右运行不惰，心机一动，内气即由丹田发出至手，周身之力全聚于拳。其劲由脚跟起，越腿肚，顺脊上行至右肩膀，由胳膊运至手背。"掩手肱捶"一式，典型地体现了《拳经》所言："劲起于脚跟，主于腰间，形于手指，发于脊骨。"

第三十二式　转身六合

动作一：腰向左转，右手随腰转顺缠收于左肩前，同时左手逆缠向斜下方伸于裆前，两手拳心皆斜向内。此时两脚踏实，身体下蹲。目视前方。（图148）

动作二：腰向右转，重心右移，左脚内扣。同时，两手逆缠左右分开，拳心斜向内，置于两胯侧。接着重心全部移于左腿，以左前脚掌为轴，右膝上提，身体随贯劲向右后旋转180°，成左脚独立势。两手随转体，双顺缠交叉合于腹前，左拳在里，右拳在外，拳心皆向里。目视前方。（图149、图150）

图 148

图 149

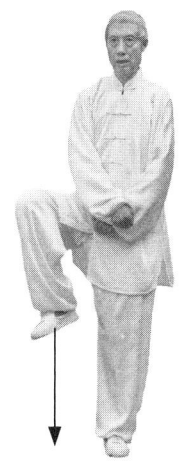

图 150

要点解析：

转身六合是指内三合、外三合。内三合是"心与意合、意与气合、气与力合"；外三合是"肩与胯合、肘与膝合、手与足合"。其意是内外并重、并练。此拳势着重在行气运劲，桩步稳固。当弓蹬步转马步时，注意腰裆的变换；两拳分开时，裆劲下沉，桩步独立有不可摇撼之气势；同时与呼吸行气要协调。

第三十三式 左裹鞭炮（一）

动作一： 身心放松，右脚落地震脚，屈膝下蹲，左脚向左横迈一步，重心左移成马步，裆劲下沉，两胯根右旋转左旋并向左前送。同时，两手转双顺缠向左右两外侧并向后发出挒劲，以拳背横击，拳眼向上，肘微屈沉，含胸拔背，落胯塌腰。目视前方，兼顾左右，耳听身后。（图151—图153）

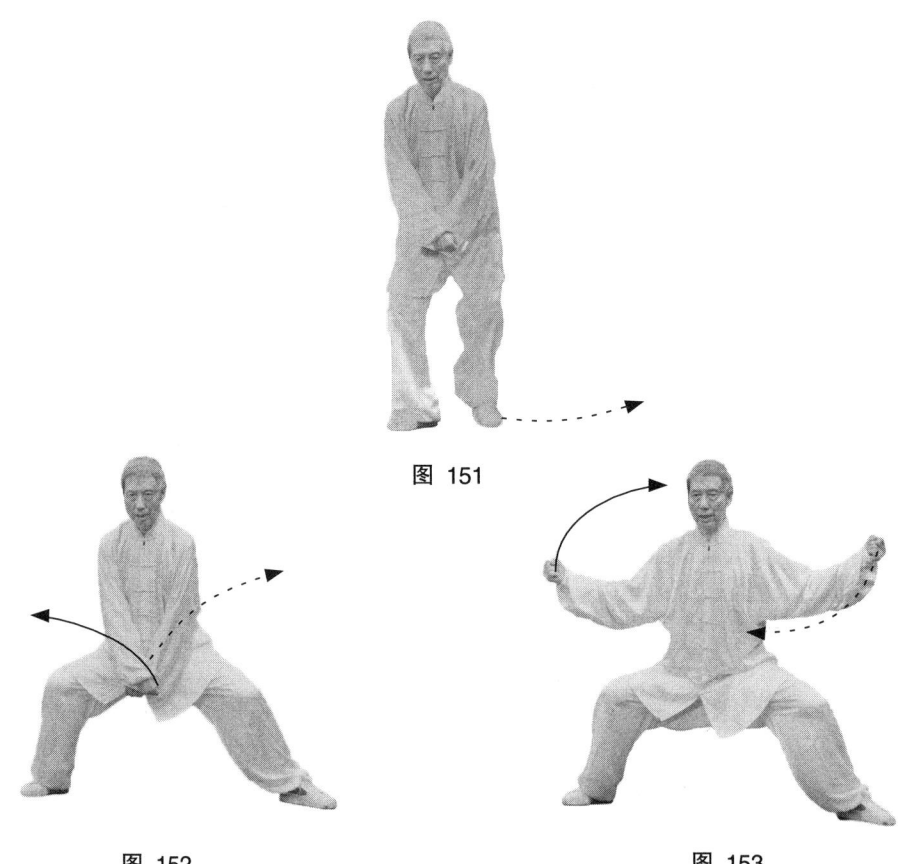

图 151

图 152　　　　　　　　　　图 153

动作二：接上势，重心微右移转左移全落于左脚，左脚踏实蹬地向上、向左跃起，右脚提起下落在左脚的左边，左脚随着向左横跨一步落地，屈膝下蹲成马步。同时，两手逆缠交叉合于腹前，左手在内，右手在外。目视前方。（图154—图156）

动作三：裆劲下沉，两胯根右旋转左旋并向左前送。同时，两手转双顺缠向左右两外侧并向后发出挒劲，以拳背横击，拳眼向上，肘微屈沉，含胸拔背，落胯塌腰。目视前方，兼顾左右，耳听身后。（图157）

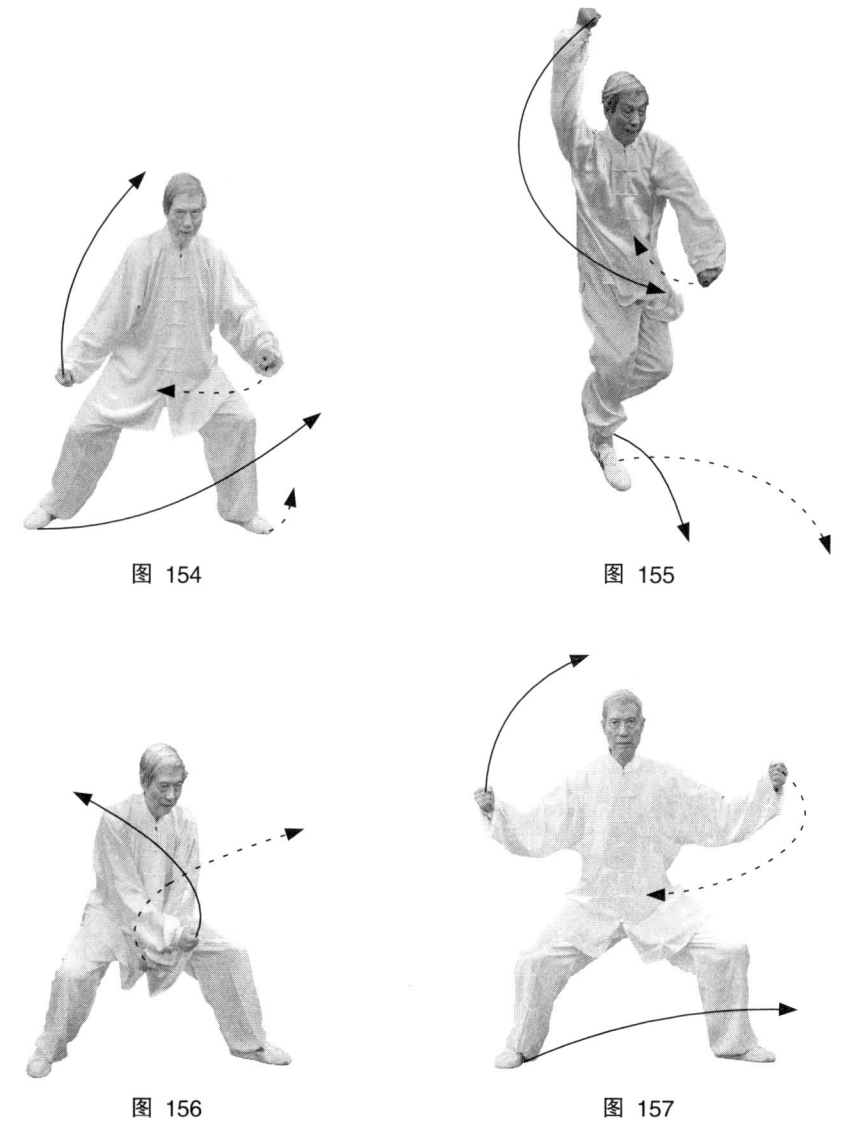

图 154　　　　　　　　　图 155

图 156　　　　　　　　　图 157

要点解析：

裹鞭炮是一种群战式的步法，也是二路拳练横行步法的拳势。裹鞭炮其含义是：发劲前先要蓄势裹紧，发劲如鞭子甩出柔顺快速。当腿与臂交叉时为裹，是腿的蓄劲；当将两腿分开为"鞭"时，是腿的放劲，能使人练成轻身横跃的功夫。同时，当双手逆缠相合时为"裹"，此时正是全身紧裹，气贴脊背，形成十足的裹劲；两手顺缠相开，便是"鞭梢"的作用。

此式技击含义，以手尺骨处粘着来手即一卷一放，如刀刮斧削，手痛步摇。横身进左足套住敌足，左拳横击其身，使之受创倒地。

第三十四式　左裹鞭炮（二）

动作一： 接上势，重心微右移转左移全落于左脚，左脚踏实蹬地向上、向左跃起，右脚提起下落在左脚的左边，左脚随着向左横跨一步落地，屈膝下蹲成马步。同时，两手逆缠交叉合于腹前，左手在内，右手在外。目视前方。（图 158、图 159）

图 158　　　　　　　　　　　　图 159

动作二：裆劲下沉，两胯根右旋转左旋并向左前送。同时，两手转双顺缠向左右两外侧并向后发出捌劲，以拳背横击，拳眼向上，肘微屈沉，含胸拔背，落胯塌腰。目视前方，兼顾左右，耳听身后。（图160）

要点解析：

裹鞭炮一式动作要求，屈膝下蹲要做到胯与膝平，身体中正，蓄势吸气裹紧，要"百骸筋骨一齐收"。左脚盖步向左跳能远尽管远，要如猫窜之轻灵迅速，如虎扑之威武勇猛。两拳横击落点一抖鞭开，如炮弹爆炸。

图 160

此式是陈式太极拳"行气蓄势"之法，蓄势吸气，全身大小骨节随吸气一起紧裹，即"百骸筋骨一起收"。发劲时，劲起于脚跟，主于腰间，形于两拳。体现"刚柔相继，虚实互变"之妙用。

第三十五式 右裹鞭炮（一）

动作一：接上势，两拳向右前下落。右脚内扣，重心移于右腿，以右脚跟为轴，腰胯下沉，向左后旋转180°；随即左脚贯劲，以脚掌贴地向左后划弧扫转半圈（180°），屈膝下蹲。同时，两手随转体双逆缠逐渐合拢交叉合于小腹前，右拳在下在外，左拳在内在上。目视前方。（图161、图162）

图 161

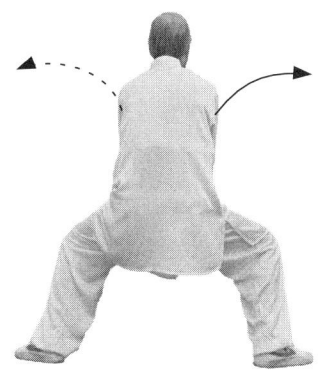

图 162

动作二：裆劲下沉，腰微右旋转左旋，两腿蹬地。同时，两手顺缠分向两侧上举至胸前，随即沉肘坐腕分向左右两侧以拳背横击。目视前方，兼顾左右，耳听身后。（图163）

动作三：接上势，重心微右移转左移全落于左脚，左脚踏实蹬地向上、向左跃起，右脚提起下落在左脚的左边，左脚随着向左横跨一步落地，屈膝下蹲成马步。同时，两手逆缠向上、向外、向下划弧交叉合于腹前，左手在内，右手在外，拳心向内。目视前方。（图164、图165）

动作四：裆劲下沉，两胯根右旋转左旋并向左前送。同时，两手转双顺缠向左右两外侧并向后发出挒劲，以拳背横击，拳眼向上，肘微屈沉，含胸拔背，落胯塌腰。目视前方，兼顾左右，耳听身后。（图166）

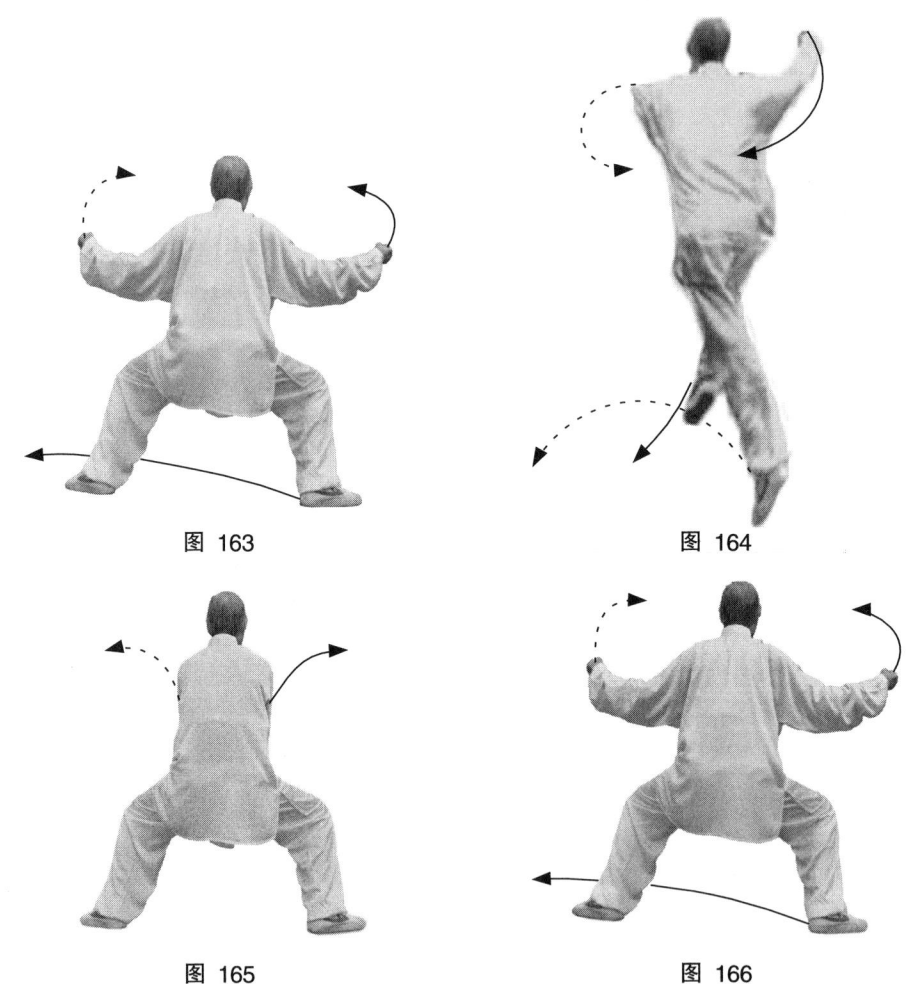

图 163

图 164

图 165

图 166

要点解析：

右裹鞭炮与左裹鞭炮动作、要点相同，唯方向相反，此式由面朝南转向面朝北。

第三十六式　右裹鞭炮（二）

动作、要点与右裹鞭炮（一）中的动作三、动作四相同。（图167—图169）

要点解析：

裹鞭炮一式，是群战的一种拳势，横跃一跳，既是"走"，又是"攻"。在一裹一发的过程中，让敌无空隙可寻，腰腹一折叠，便是一鞭，左手尺骨如刀刮斧削，让敌胆战心惊。

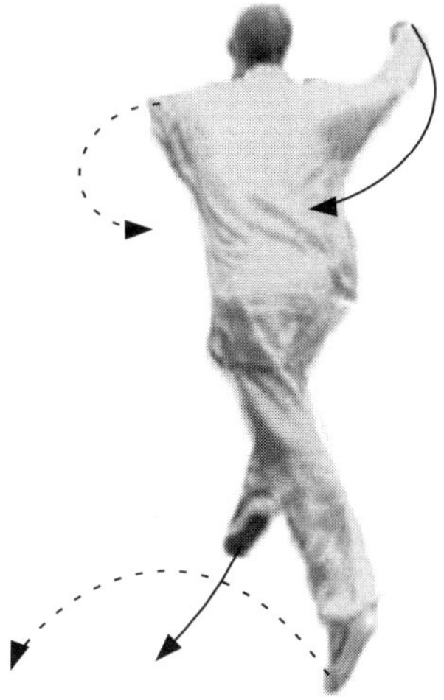

图 167

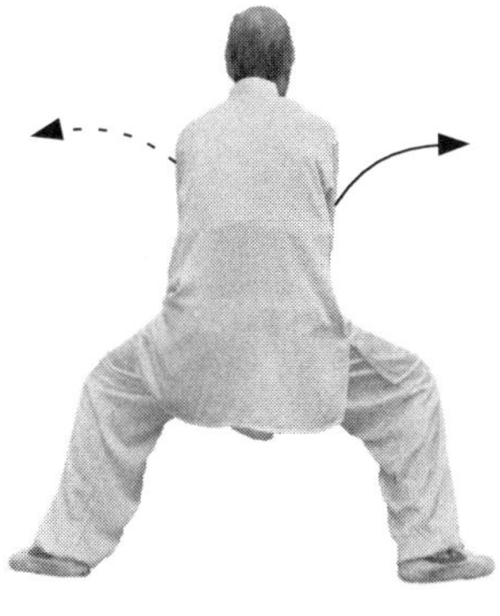

图 168 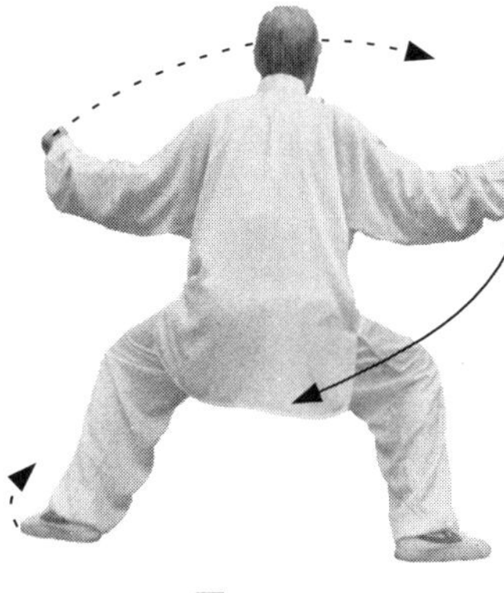　　　　　　　　　　图 169

第三十七式 兽头势

动作一：在双开劲之后，左脚内扣，腰胯右转。同时，左拳向上划弧至头前，右拳向下划弧至右胯外侧。随即腰胯又向左转，重心移于左腿，右脚跟稍提起，脚尖轻贴地，向内、向左脚后划弧撤步，身体右转45°。双手随腰左转，由双顺缠转双逆缠，左拳向下、向外、向上划弧收于左胸前，高与肩平，拳心斜向右；右拳向上、向里、向下划弧收于腹前，拳心斜向左。目视前方。（图170—图172）

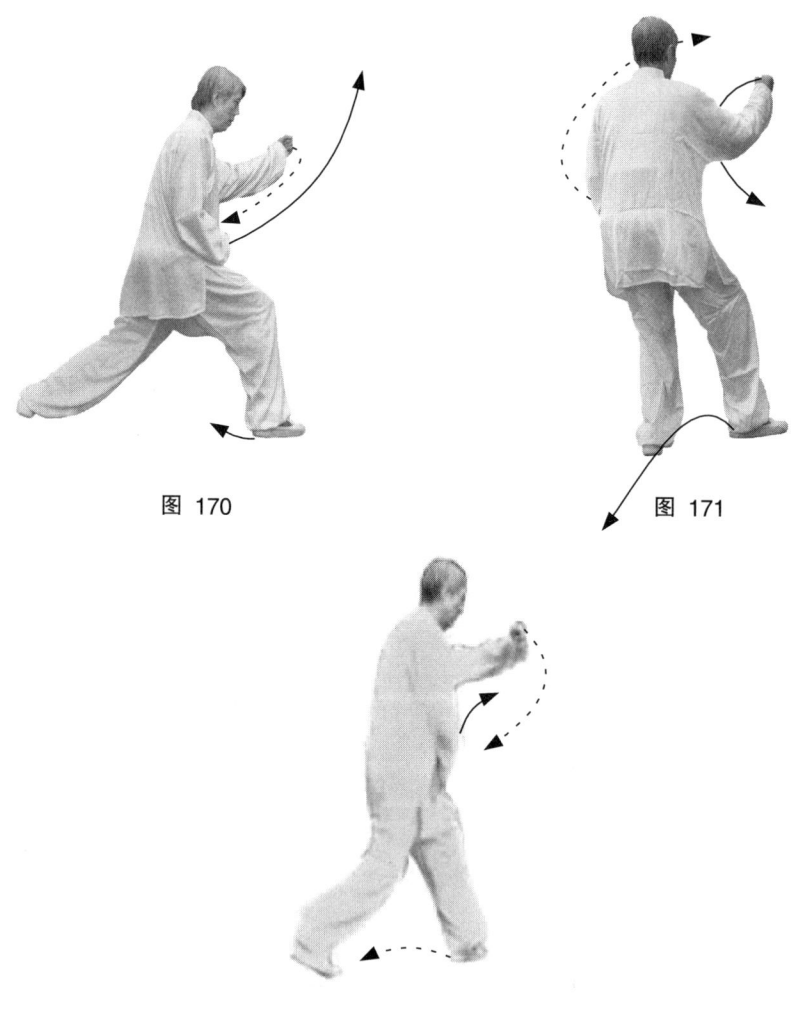

图 170　　　　　　　图 171

图 172

动作二：接着，左脚向右脚前撤半步，前脚掌虚着地。同时，右手顺缠向上至右胸前，拳心向左；左手逆缠松落至右手上，拳心向内。目视前方。（图173）

动作三：右脚站稳，腰向右转，重心移于右腿，左脚继续向后划弧撤步，身向左侧转45°，成前弓步。同时，左拳逆缠收于腹前；右拳顺缠向上掤击，高与肩平，拳内向内。目视前方。（图174）

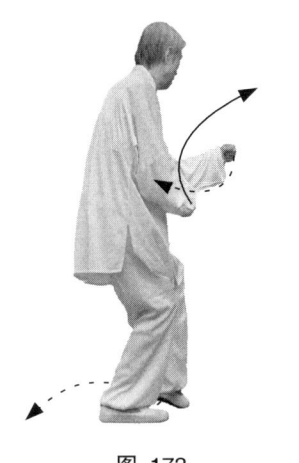
图 173

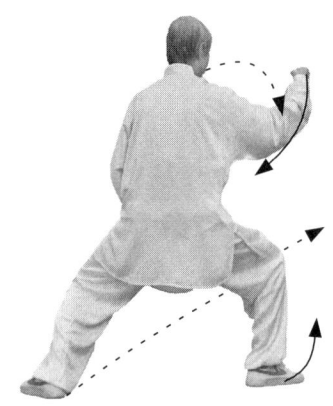
图 174

要点解析：

兽头势含意面容狰狞，而使人生畏。此式是近战短打的一种拳势，拳诀曰："兽头势如牌挨进，凭快脚遇我慌忙，低惊高取他难防，接短披红冲上。"技击时，两拳回护胸部，不离中线，边化边打，边退边攻，动作圆柔，上下协调，内外相合，体现了"退即是进，守即是攻"的一种战术原则。这种以横着的前臂发出的肘劲，可令敌"出其不意，攻其不备"，难以防御。

第三十八式　劈架子

动作一：腰胯微向右旋，重心完全移于右腿，右脚蹬地跃起，右脚落地，左膝抬起，小腿自然下垂。同时，两手逆缠合于腹前。目视前方。（图175）

动作二：接上势，腰微右旋，身体右转90°，左脚迈出一步，右脚向右摆，屈膝下蹲，成右弓步，重心移于右腿。同时，两拳顺缠交叉相合，随腰右转合于右膝前，左手在下，右手在上，拳心皆斜向内。目视右前方。（图176）

动作三：腰微右旋转左旋，重心前移，两胯根向左前送，蹬右脚，弓左腿，成左弓蹬步，身体前移时，裆劲下沉，微向右旋。同时，两拳变掌，以惊炸劲对开，左手从裆前向前上掤挑，手心斜向右，指尖斜向前，高与眼平，肘微屈；右手从胸前向右胯侧下放劲，手心斜向左，指尖斜向下。目视左前方。（图177）

图 175

图 176　　　　　　　　　　　图 177

要点解析：

劈架子一式，《拳经》称"抛架子"，诀曰："抛架子抢步披挂，补上腿哪怕他识，右横右采快如飞，架一掌不知天地。"

此式也属近战短打拳势，有"抛架子短打休延"之说，因而此势手、腿、肩、身并用，动作起、转、落、翻分明，移步进身，采劈得势，膝撞、足踢、肩靠，轻捷勇猛如意。

此式要求，移步进身，身法要低而正，体现"步进须手管住而后进，手进须步进而发用"，这样"披、挂、采、劈"得机得势。诀曰："发步进入须进身，身手齐到是为真。"切记"手足俱进而身不进则摧迫不灵，身手足一时俱到始可言发用"。

此式技击之意，对敌进膝可撞腹，发脚可踢臁，并可踩腿靠胸，挑打掷跌兼施。

第三十九式　翻花舞袖

动作一：腰向右转，两胯微后坐，重心移至右腿。同时，左手逆缠向左划弧至左胸前，掌心向右；右掌向右顺缠划弧至右胯外侧，掌心向下。目视右前方。（图178）

动作二：接上势，腰随即左转，重心移至左腿。同时，左手转顺缠，右手转逆缠向左、向上经面部划弧下落，左手置于左膝上，掌心斜向右，右手置于小腹前，掌心斜向左。目视左前方。（图179、图180）

图 178

图 179　　　　　　　　　　　　　　图 180

动作三： 身体微向右转，右脚蹬地，左脚提起，身体腾空。同时，左手逆缠上提绕过头顶以手领身，左掌降于胸前，掌心向下；右手逆缠也由下至上加以辅助高举过头，掌心向前。目视左前方。（图181）

动作四： 接上势，身体腾空后左后翻转90°，左脚向左后方落地震脚，随后右脚向前上步落地震脚，重心微后移，两腿屈膝下蹲，裆劲下沉，成马步。同时，右手从上而下以掌外沿下砍，高与肩平；左手向左后下方击按，掌心向下，置于左膝前。目视右前方。（图182）

图 181　　　　　　　　　　图 182

要点解析：

翻花舞袖一式与十六式略有不同，十六式采用的是太极拳中"解中寓击"和"击中寓解"的双用法，此式则用的是太极拳中"劈、捋兼用"之法。在技击时抓人腕节、抓人衣袖，劈捋兼用，让敌难以应对。古人有辫子，一手抓住辫子，一手捋带，可使敌头部着地。

此式向左翻身跳跃时要轻灵圆活，借转身的惯性力，加强其右手的下砍劲，形似虎相，要练出气势来。左足下落要轻震，右足下落要震地有声，手下劈要练出风声来，此为"舞袖"之含意。

注意上跃两足落地时，要有瞬间的"时间差"。一方面可加大旋转的惯性力，另一方面可减震。忌两足同时落地震脚，防止震伤脚掌、脚踝、膝关节及大脑。

第四十式　掩手肱捶

动作、要点与第十七式掩手肱捶相同。（图183—图185）

要点解析：

掩手肱捶一式有两种含意：一是"出手似红炉出铁，人不敢摸"；二是"出手见红"，因而俗称"红捶"。

此式在拳套中是体现"蓄劲与发劲"的拳势。古拳谱云：欲练蓄发劲，"先要神气收敛入骨，劲由内换。劲起于脚跟，变换在腿，含蓄在胸，运动在两肩，主宰在腰，发于梢节"，形成"身如弓弦手如箭"，汇聚周身之力突出在右拳上。

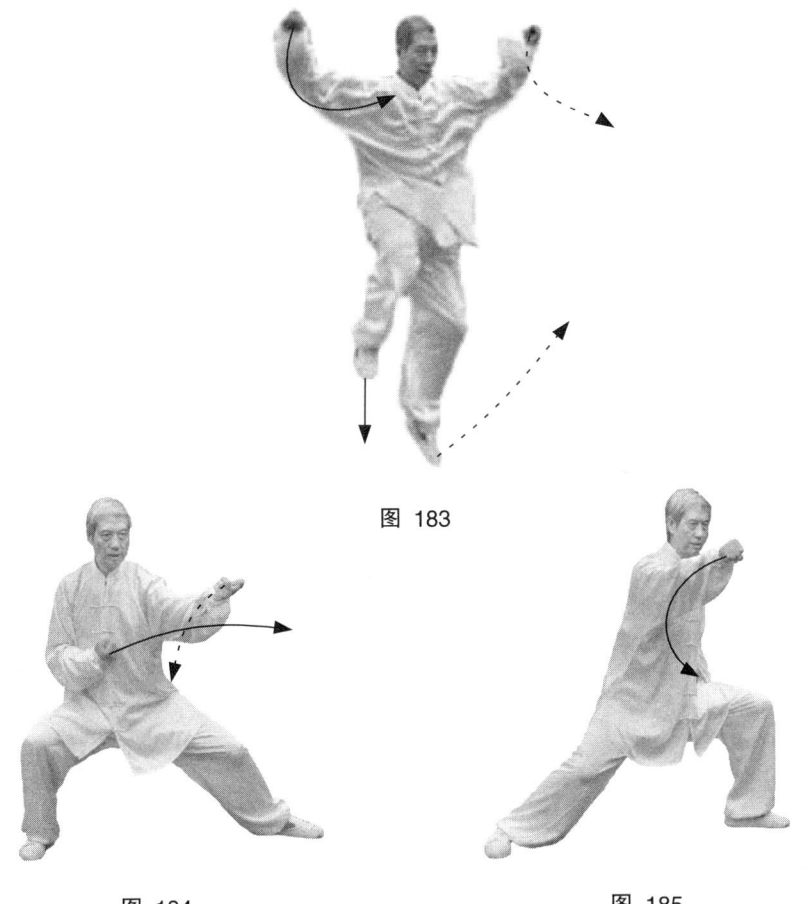

图 183

图 184　　　　　　　　　　　图 185

第四十一式 伏虎

动作一： 腰向右转，松胯后坐，右手逆缠松落腹前与左手相对，随即腰向左转，重心全部移于左腿，右脚提起向左后撤半步，成左弓步。同时，右手逆缠向内、向后划一个大弧圈至右肩侧向上高举，高与头平，拳心向上；左手在左胯侧，向内逆缠半圈，拳心向外，贴于左胯上。目视前方。（图186、图187）

动作二： 腰胯继续右转，重心全部移于右腿，臀部后坐，高与膝平，左脚掌虚点地，成右后蹲步。同时，右拳逆缠一小圈至右额角侧，拳心向外，随即右肘向上抬起；左拳拳面撑在左胯上（腰际），拳心向外，成打虎势。目视前方。（图188、图189）

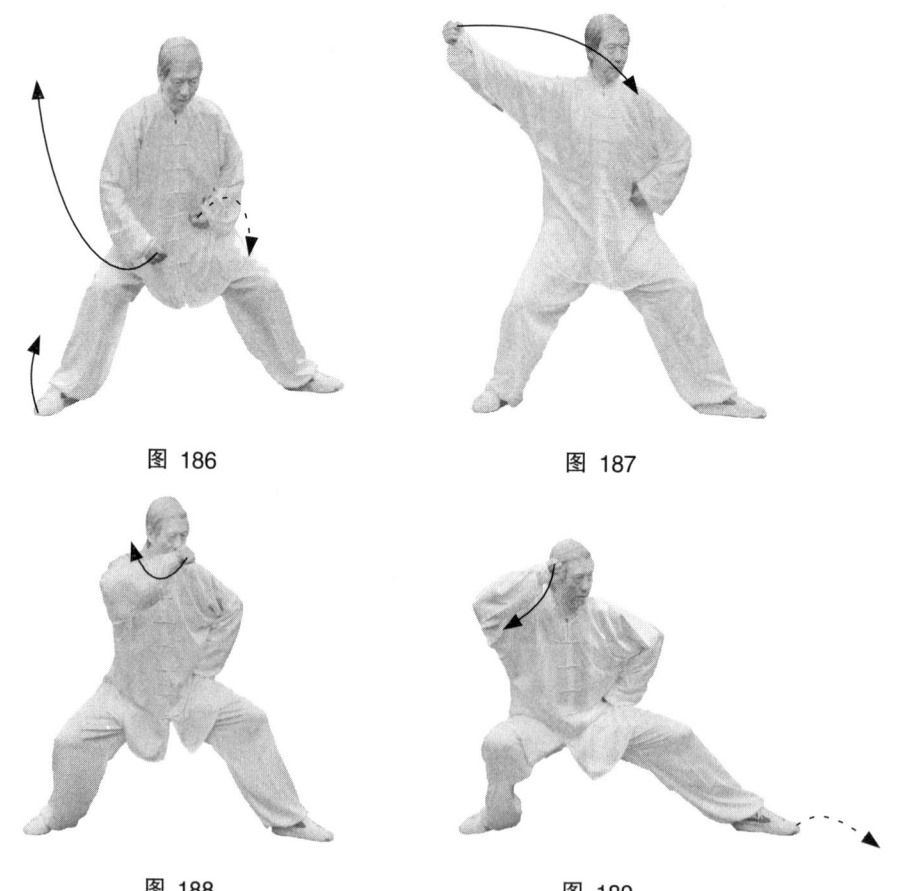

图186　　　　　　图187

图188　　　　　　图189

要点解析：

"伏虎"是一种"截击来手"的防中有攻、化中有打的着法。

此式成势时，两膝要微扣，落胯塌腰，吸气收腹，提肛吊裆，身躯在运动中越运越低，大圈也越转越小，使全身在螺旋下降过程中形成"大蓄劲"，此为下式轻灵跃起的弹力做好准备。

第四十二式　抹眉红

动作一： 腰微左旋转右旋，腰胯后落右移，重心移于右腿，左脚变虚，前脚掌抬起，脚跟虚着地。同时，右拳随腰右转沉肘后抽带至右胸侧。目视前方。（图190）

动作二： 右腿站稳，左脚前进一脚，腰胯前送，重心前移。同时，左拳变掌，借腰胯前送的贯劲向前一甩的离心力将身躯领起。右脚随之向前跃出一大步，身体腾空向左旋转180°。随即右拳变掌，掌心向下，指尖向前，闪电般向对方眼睛插去。目视前方。（图191）

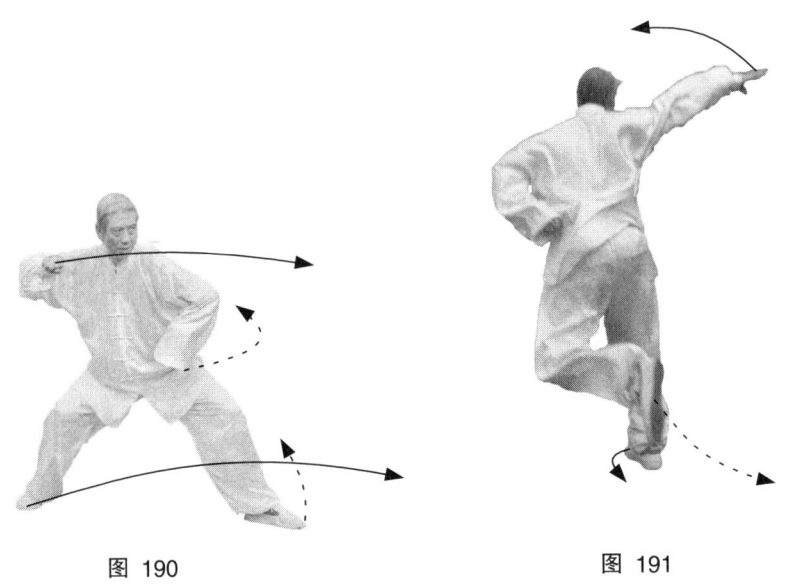

图 190　　　　　　　　　　　图 191

动作三： 接上势，右脚先落地，脚尖内扣，身体继续向左旋转90°，左脚随着跟进，落于右脚左后方，脚跟踏实，成右弓蹬步。同时，右手顺缠划一大圈略高于鼻，收于右肩前方，掌心向左，指尖斜向上；左拳随即撑在左腰际上。目视右前方。（图192、图193）

图 192　　　　　　　　　图 193

要点解析：

抹眉红一式在有的拳谱中称"卧虎跳涧"，亦名"饿虎跳涧"。是古代决生死的打法。上式"伏虎"是"大蓄身法"；此式是在上式身法蓄得十足的情况下进行的一种"大放身法"。

其技击含意是在一人对付多数敌人的情况下，突围采用的一种"纵势"。在冲击腾跃时，要注意"向右腾空一跳"的动作，在跃进之前，须腰胯后坐一下，以增强身体的弹性，这是向前跃进的关键。同时，要以肩、背、胯的靠击劲，肘、膝的撞击劲，以及右掌的插、推击劲在旋体中一齐发出，以凶猛之势冲击敌方。

第四十三式　右黄龙三搅水

动作一： 腰微左旋，重心移于左腿，右脚变虚向后撤半步，脚尖虚点地，脚跟提起，成右丁字步；腰继续左转，胸腹中线对向左前45°。同时，右掌随体左转逆缠置于右肩前方，掌心向左，指尖斜向上，高与鼻平，形成右脚尖、右指尖与鼻尖三尖上下相对；左拳撑腰，拳心向外。目视右前方（图194）

动作二： 腰向左转，重心左移，右脚随即提起向右前方迈出一步，两胯下沉，身体向左下蹲。同时，右手内缠，弧线松落于左腹侧，

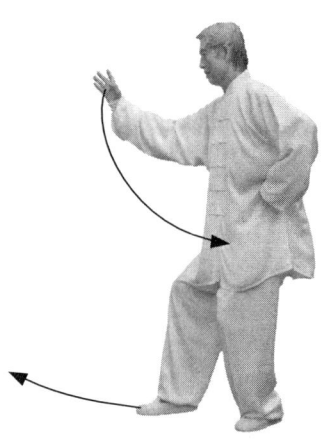

图 194

掌心向左；左拳仍撑腰。目视前方。（图195）

动作三：腰微左旋，左脚踏实，随即转右旋，两胯根前送，重心前移至右腿，身形高起，左脚跟上，脚尖虚点地，置于右脚左侧小半步，身转右前约60°。同时，右手逆缠一小圈转顺缠往右上划弧捋按，高与头平，劲点在掌外沿，掌心向前，指尖向上；左拳仍撑腰，身半蹲（完成第一次"搅水"）。目视前方。（图196）

动作四：腰向右转，重心移于右腿，左脚向左后退一步至原地，两胯左旋内收，重心移至左腿，右脚随腰左转向内划弧回至左脚前，脚尖虚点地，向右成丁字步。同时，右手继续外旋转内旋劲点在掌外沿，划弧向下、向内捋采至右胸前，掌心向左，指尖向右前，与脚尖同向；左拳撑腰。目视右前方。（图197、图198）

图 195 图 196

图 197 图 198

动作五： 腰向左转，右脚随即提起向右前方迈出一步，两胯下沉，身体向左下蹲。同时，右手内缠，弧线松落于左腹侧，掌心向左；左拳仍撑腰。目视前方。（图199）

动作六： 腰微左旋，左脚踏实，随即转右旋，两胯根前送，重心前移至右腿，身形高起，左脚跟上，脚尖虚点地，置于右脚左侧小半步，身转右前约60°。同时，右手逆缠一小圈转顺缠往右卜划弧捋按，高与头平，劲点在掌外沿，掌心向前，指尖向上；左拳仍撑腰，身半蹲（完成第二次"搅水"）。目视前方。（图200）

以下动作七至动作九的动作、要点与动作四至动作六相同（完成第三次"搅水"）。（图201—图204）

图199　　　　　　　　　　图200

图201　　　　　　　　　　图202

第四章 陈式太极拳二路炮捶——传统套路·北京架

图203

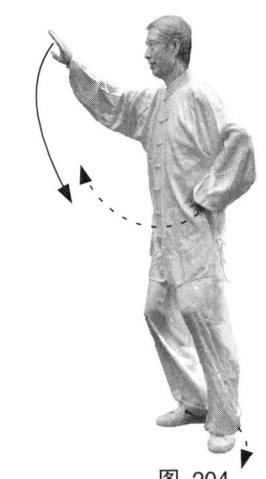

图204

要点解析：

黄龙三搅水一式在陈式老谱中称"黄龙绞水"。此式身法的起伏、手法的上下缠绕，如龙在水绞转之形状，故名。

动作要求，身法虽起伏，但须立身中正，手之往上、往下捋采，须上下相随、内外相合，其要点在腰脊带动，上步足跟用拖劲，退步足跟往后用锉劲，身法起伏似波浪。同时使手臂如鞭子一样划圈。

此式技击含义，右脚迈出有踢、踩、套、勾之意，并与右手向前上横按发劲相配合，对敌使用的是"勾脚跌法"，即是"上惊下取一跌"之意。正如拳谚所云："拳去不空回，空回不为奇。"

第四十四式　左黄龙三搅水

动作一：腰胯微左转，重心左移，左脚变实，右脚变虚。同时，右手内旋松落于胸前，撑在左腰的左拳放开向右上迎，形成右上、左下的相合。目视前方。（图205）

动作二：腰向右转，左脚内扣蹬地起身，右膝提起；两手左顺右逆缠交叉而过，在腰脊引带和右手的牵动下，身体向右带转90°，右脚随即落地震脚，重心移至右脚变实，左脚变

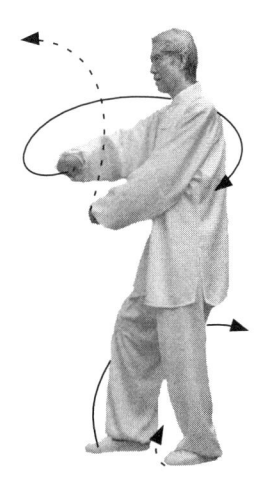

图205

虚，并立即向前迈出半步，前脚掌虚着地，身体向下微蹲。同时，右手变拳，撑于右腰；左手变掌顺缠向外、向上划弧至左肩前，掌心向右，指尖斜向上。目视左前方。（图206—图208）

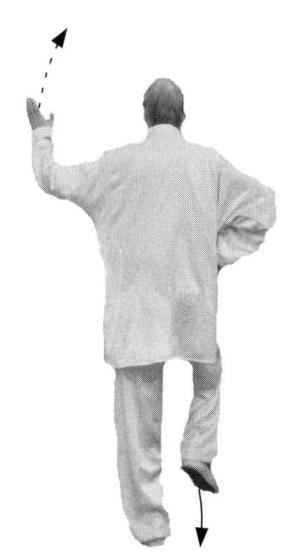

图 206

图 207

图 208

动作三：腰向左转，重心左移，右脚随即提起向右后方撤一步，随即左脚内收，前脚掌虚着地，成左丁字步，两胯下沉，身体向左下蹲。同时，左手内缠，弧线松落于右腹侧，掌心向右；右拳仍撑腰。目视前方。（图209、图210）

动作四：腰微右旋，右脚踏实，随即转左旋，左脚抬起向左前迈出一步，两胯根前送，重心前移至左腿，身形高起，右脚跟上，脚尖虚点地，置于左脚右侧小半步，身转向左前约60°。同时，左手逆缠一小圈转顺缠往左上划弧掤按，高与头平，劲点在掌外沿，掌心向前，指尖向上；右拳仍撑腰，身体半蹲（完成第一次"搅水"）。目视前方。（图211、图212）

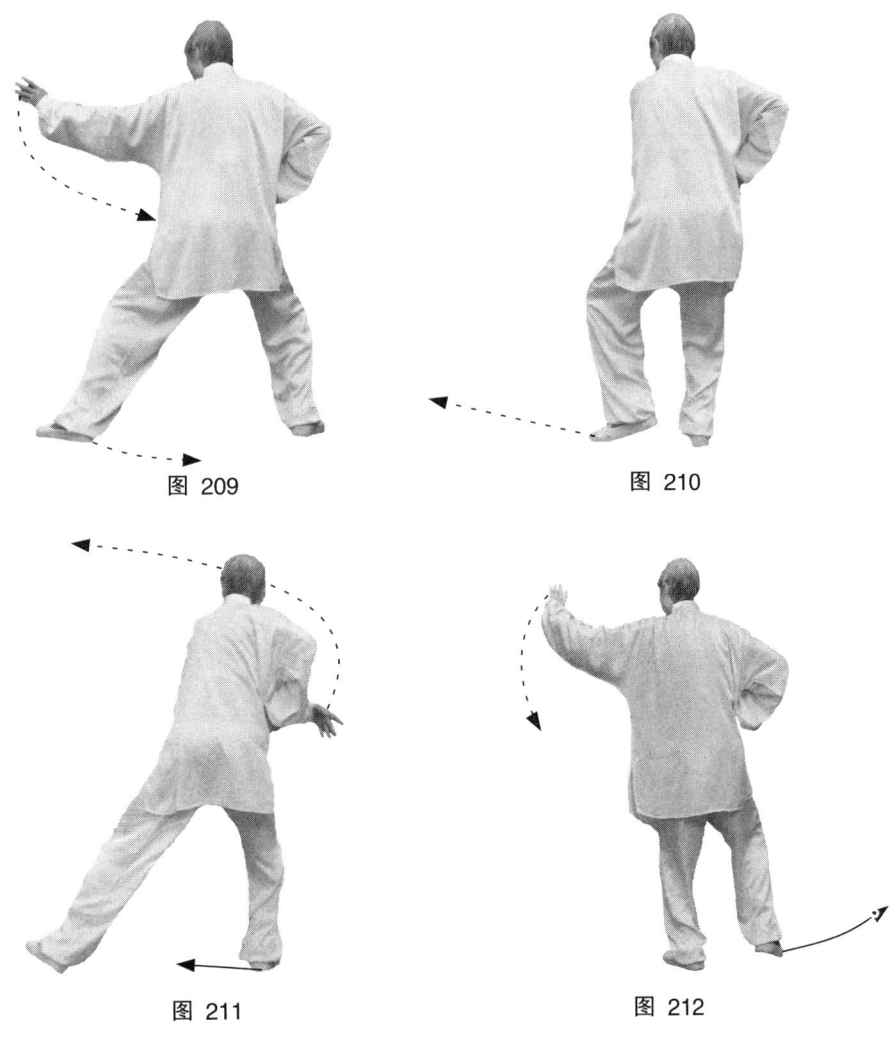

图209　　　　　　　　图210

图211　　　　　　　　图212

动作五：腰向左转，重心移于左腿，右脚向右后退一步至原地，两胯右旋内收，重心移至右腿，左脚随腰右转向内划弧回至右脚前，脚尖虚点地，向左成丁字步。同时，左手继续外旋转内旋劲点在掌外沿，划弧向下、向内捋采至左肩前，掌心向右，指尖向左前，与脚尖同向；右拳撑腰。目视左前方。（图213、图214）

动作六：腰向右转，重心右移，左脚随即提起向左前方迈出一步，两胯下沉，身体向右下蹲。同时，左手内缠，弧线松落于右腹侧，掌心向右；右拳仍撑腰。目视前方。（图215）

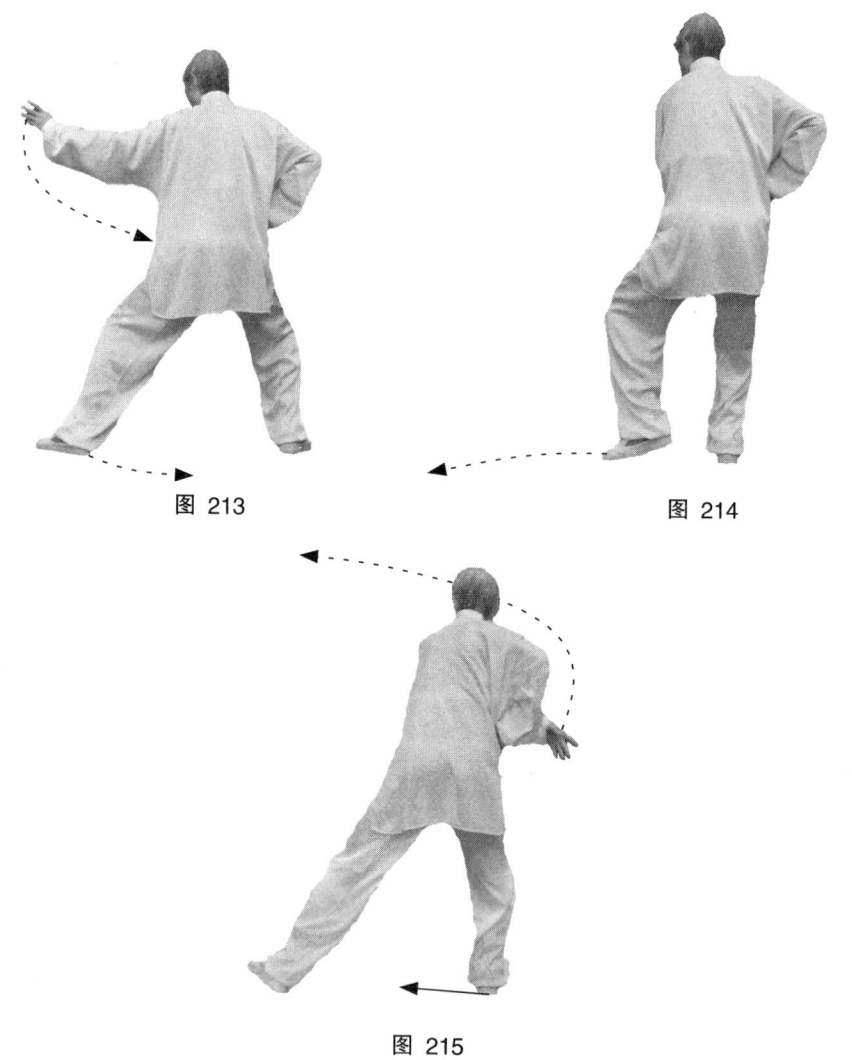

图 213   图 214

图 215

动作七：腰微右旋，右脚踏实，随即转左旋，两胯根前送，重心前移至左腿，身形高起，右脚跟上，脚尖虚点地，置于左脚右侧小半步，身转向左前约60°。同时，左手逆缠一小圈转顺缠往左上划弧捋按，高与头平，劲点在掌外沿，掌心向前，指尖向上；右拳仍撑腰，身体半蹲（完成第二次"搅水"）。目视前方。（图216）

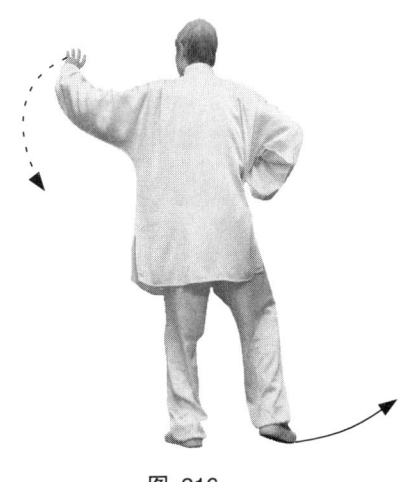

图 216

以下动作八、动作九的动作、要点与动作五至动作七相同（完成第三次"搅水"）。（图217—图220）

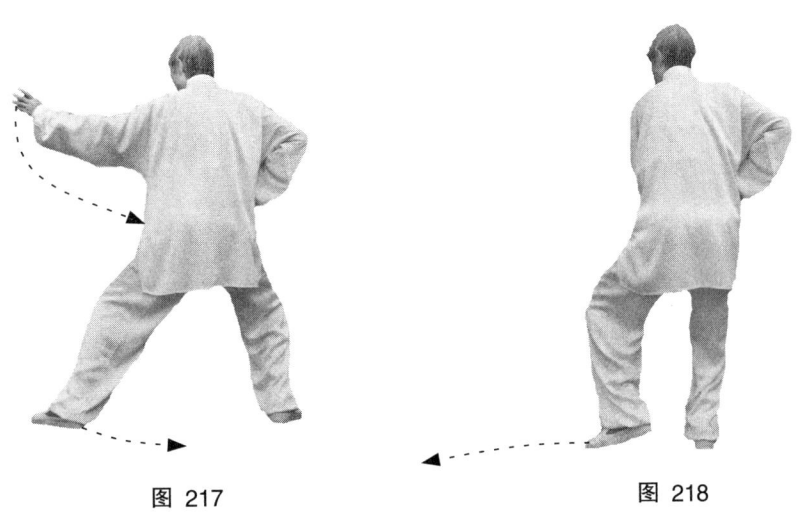

图 217　　　　　　　　　图 218

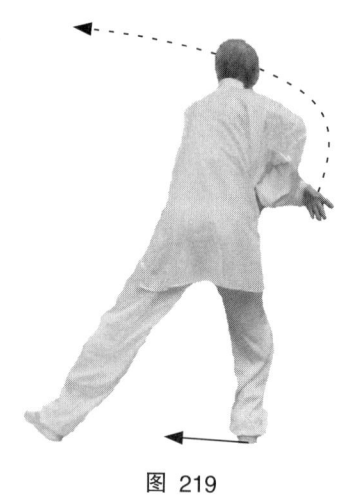
图 219

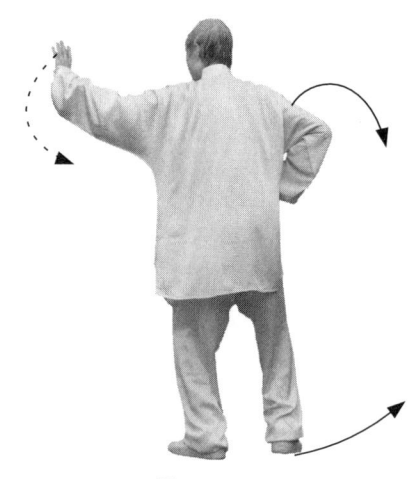
图 220

要点解析：

此式动作、要点与"右黄龙三搅水"相同，唯方向相反。在此式以前，连续进行了一系列较激烈的动作，到此式可把动作放慢，或者多做几个，这样可以让身体得到一定的休整。

第四十五式　左蹬一根

动作一： 腰微下沉，重心左移，左脚由虚变实，右脚由实变虚，脚掌轻贴地向右横开一步，左脚向右跟半步，落于右脚旁，脚掌虚贴地。同时，两手变拳，随横开步逆缠一个圈转顺缠向两侧划弧线松落交叉合劲于腹前，左臂在外，右臂在内，拳心皆向内。目视左前方。（图221、图222）

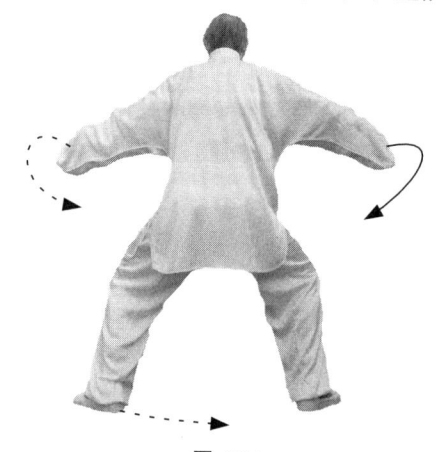
图 221

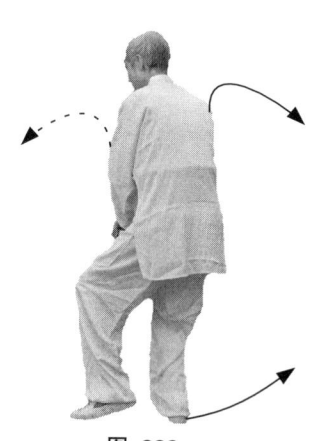
图 222

动作二：腰向左旋，重心移于左腿，左脚由虚变实，右脚随即向右再横迈一步，重心移于右腿，右脚站稳踏实，身体上升，左膝上提，高与脐平，成右独立势。同时，两手双顺缠向上、向外、向下划弧交叉合于胸前，左臂在外，右臂在内，拳心皆向内。目视左前方。（图223、图224）

动作三：随即左脚脚尖翘起，陡然全身发力以脚跟向左侧快速蹬出。同时，两拳也猛然向左右两侧分别发劲弹出，拳心向下。目视前方。（图225）

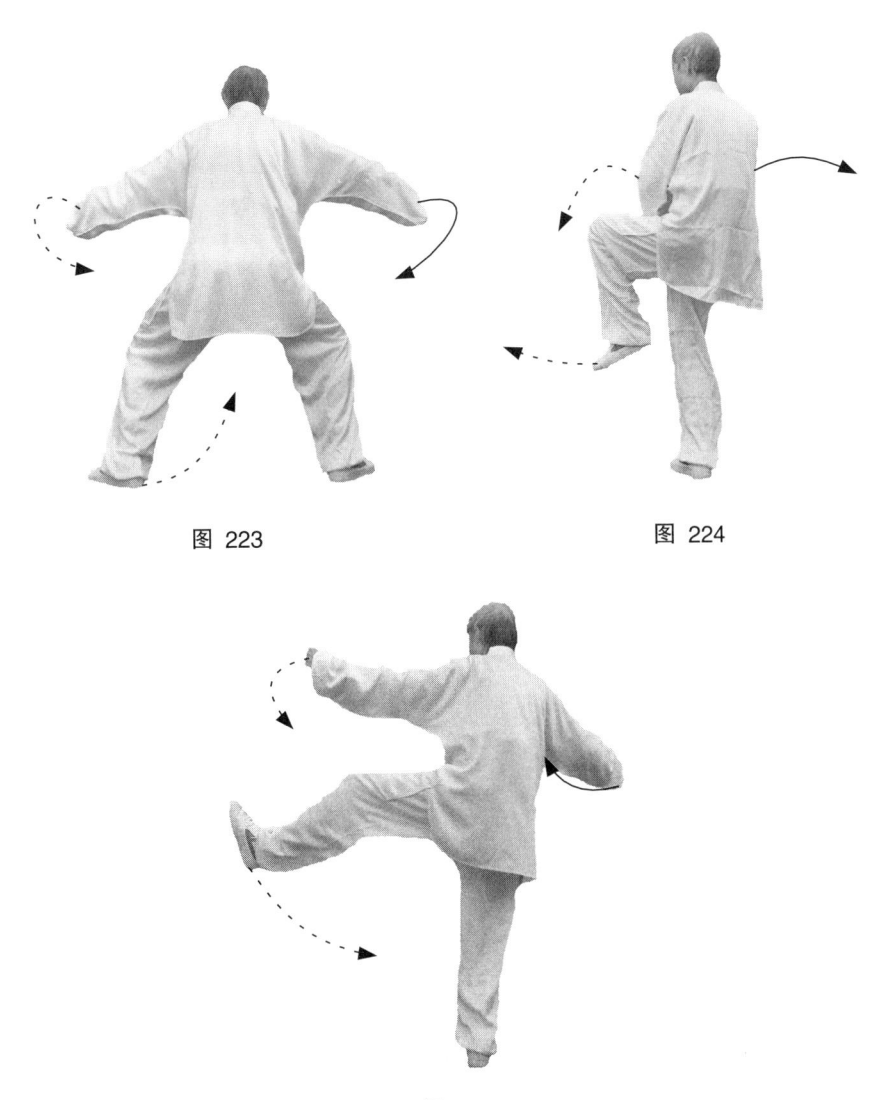

图223　　　　　　　　　　图224

图225

要点解析：

"左蹬一根"是短打拳法中逼近身的打法，要求"动而健，刚而应，如雷之疾，而立足要稳"。脚跟蹬出，高不过腰。拳家说："抬脚半边空"，二路炮捶受此影响，因而没有过腰的腿法。

此式动作要求，顶劲领好，右腿微屈，臀往后坐，即为"霸住"。虽脚向西蹬，身往东斜，然其劲东西用力，停而才能得其中正。正如陈鑫所说："身法偏斜，亦是中正之偏，偏中有正，具有真意。"

此式应用时，心气要放松，中气贴于脊背，劲由心发，气到劲到，即是"一触即发的抖劲"。

第四十六式 右蹬一根

动作一：腰胯左转，左脚尖外撇，向左前半步落下横踏震脚，重心移于左腿，身体随震脚左转180°，右脚落于左脚右侧，脚尖虚点地。同时，两手双顺缠向两侧划弧交叉合于腹前，左臂在外，右臂在内。目视右前方。（图226—图228）

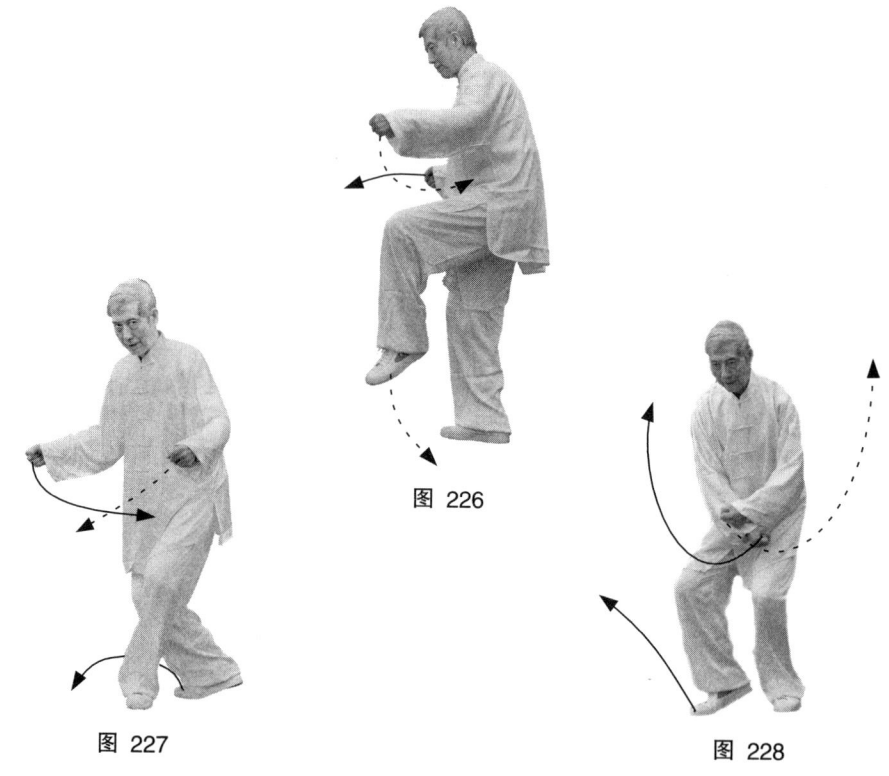

图 226

图 227　　　　　　　　　　　图 228

动作二：重心完全移于左腿，左脚踏实，右腿屈膝提起。两臂内收，胸腹蓄住劲，陡然两臂向左右两侧大开弹抖发劲，拳心皆向下。同时，右脚以脚跟向右侧突然蹬出发劲。目视右前方。（图229）

图 229

要点解析：

"右蹬一根"与"左蹬一根"动作相同，唯方向和蹬脚不同，左蹬脚面西北，蹬的是左脚；右蹬脚面西南，蹬的是右脚。其要点可参阅"左蹬一根"文字阐述。

第四十七式 海底翻花

动作一：腰向左转，落胯下蹲，重心仍在左脚，右脚虚着地。同时，两拳双顺缠而合，左手随左臂沉肘内合，拳心向内，高与腹平。右手降落腹前，拳心向内，与左手相交，左手在上，右手在下。身体下蹲。目视前方。（图230）

动作二：腰胯下沉，微向左旋，左脚踏实，陡然蹬地起身，并向右旋转，以两臂相合，右顺左逆的双开劲带动身体向右旋转45°，重心完全移于左脚，右膝提起，成左独立势。同时，右拳以拳背由下向上再向后下击发，拳心向左；左拳

图 230

向左上击发,拳心向右。目视前方。(图 231、图 232)

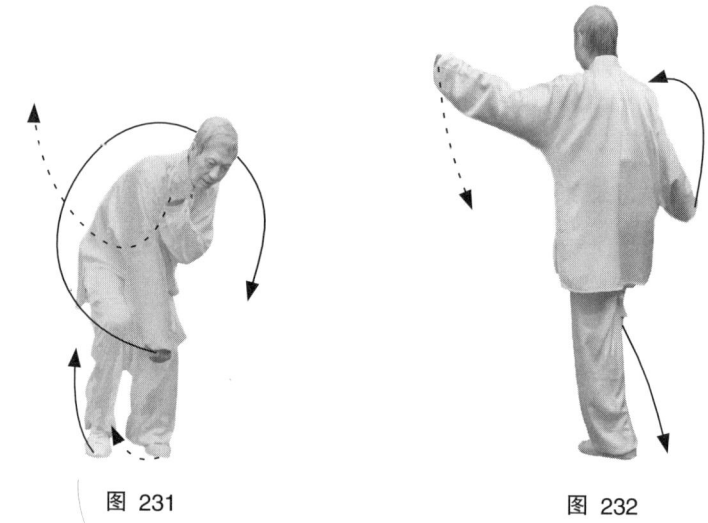

图 231　　　　　　　　　图 232

要点解析:

此式海底翻花与第三十式海底翻花要点相同,唯转身幅度较小。据顾留馨先生说:"陈发科老师于 19 世纪 20 年代去北京传拳时,所传抄'炮捶'拳谱,第四十五式有'海底翻花'势名。当时还叫作'泰山升气。'"此式技击含义重点突出"内劲缠绕涌出之气势如海底翻腾出的浪花,右拳下击、左拳上冲发劲如怒涛汹涌"。

第四十八式　掩手肱捶

动作一:腰胯向下松沉,右脚随身体下沉松落震脚,随即重心移至右腿,左脚变虚,脚掌虚着地。同时,左手外旋,肘往下沉,手由拳变竖掌,指尖向上,掌心向右前方;右拳以顺缠微上提,旋臂转腕,肘向上扬,拳往下沉,拳面向下,形成左掌、右拳合于胸前的下蹲势。目视右前方。(图 233)

动作二:腰微右转,重心完全移于右脚,左脚随即向左前方迈出一步,重心渐向左移。

图 233

同时，两手向背后挂肘，随即两肘逆缠，身随之上升，两拳沿内弧线旋转至胸前，拳背相对，随后翻转变顺缠合于胸前，左拳前伸变八字掌，掌心向上，肘尖下垂，右拳置于胸前，拳心向内。（图234、图235）

动作三：身体继续螺旋下降以蓄劲，重心迅速左移，腰左旋转右旋，身体由右偏马步螺旋转变为左偏马步，腰脊垂直，中正不偏。同时，右拳急向右前方发出，拳心旋转向下，手臂曲蓄而不直伸；左手八字掌也急收于左胁侧。目视右前方。（图236）

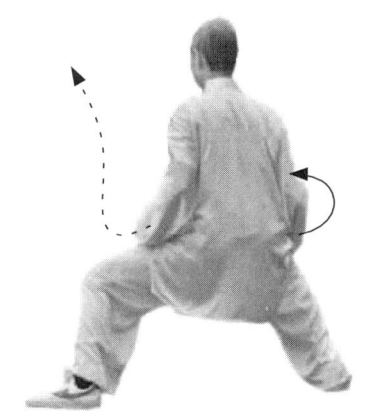
图 234

图 235

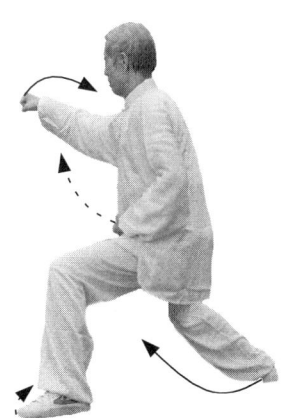
图 236

要点解析：

"掩手肱捶"与前几式"掩手肱捶"要领基本相同。此式震脚与发拳要求体现刚劲。震脚时，腰、胯、膝、脚节节松开，整体下沉，意到、气到、劲到，震地有声；发拳时，要表现出卷放劲，卷为蓄，放为发，消息全在腰隙；拧腰转胯起于足，着身成捶由腰发，其缠丝劲寓于两肱运行之中。

第四十九式 扫蹚腿

动作一：腰微左转，重心移至左腿，左脚蹬地起身，右膝提起，高与脐平。两手左逆右顺缠交叉划弧，当右手至右肩前，左手至左肩前时，腰胯下沉，右脚随之落地震脚。同时，右拳随脚下落以尺骨和拳背下击；左拳置于左肩前，拳心向右。目视右前方。（图237、图238）

动作二：腰胯下沉，右脚脚尖外撇，向右后迈出小半步，形成旋转贯力，身微前倾，重心移于右腿。同时，右拳置于膝前，拳心向上；左拳高举左肩上，拳心向右。目视右前方。（图239）

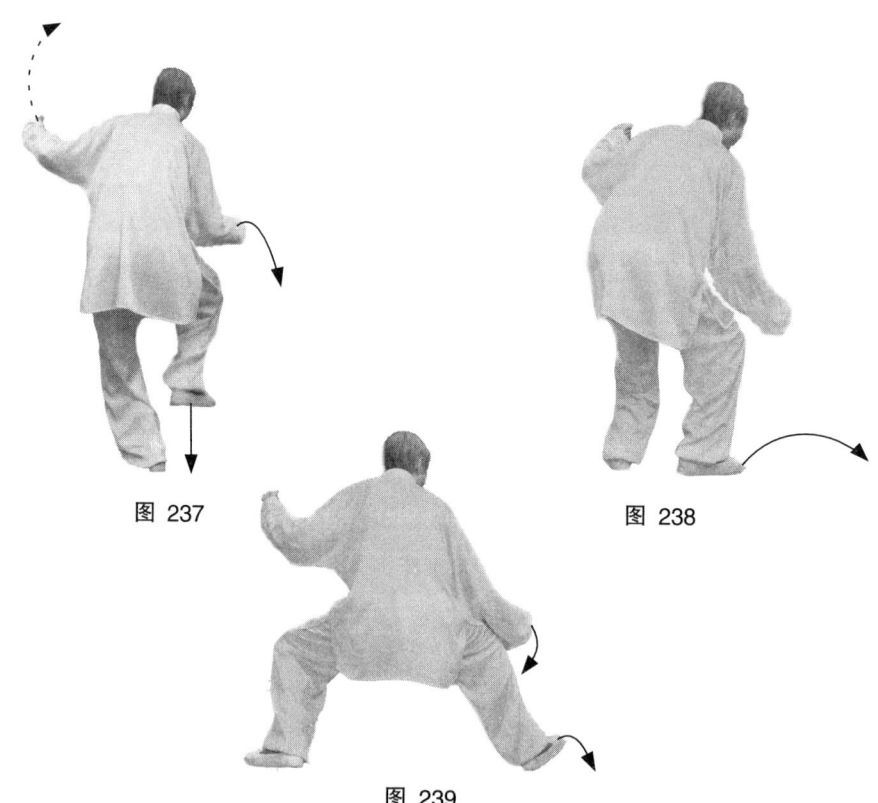

图237　　　　　　　　　图238

图239

动作三： 接上势，右腿下蹲，左腿随之铺腿借惯力向右划弧转扫280°，扫至东南侧。同时，左拳随腰右旋加大惯性，右手可扶地，以保持旋转中心。（图240—图243）

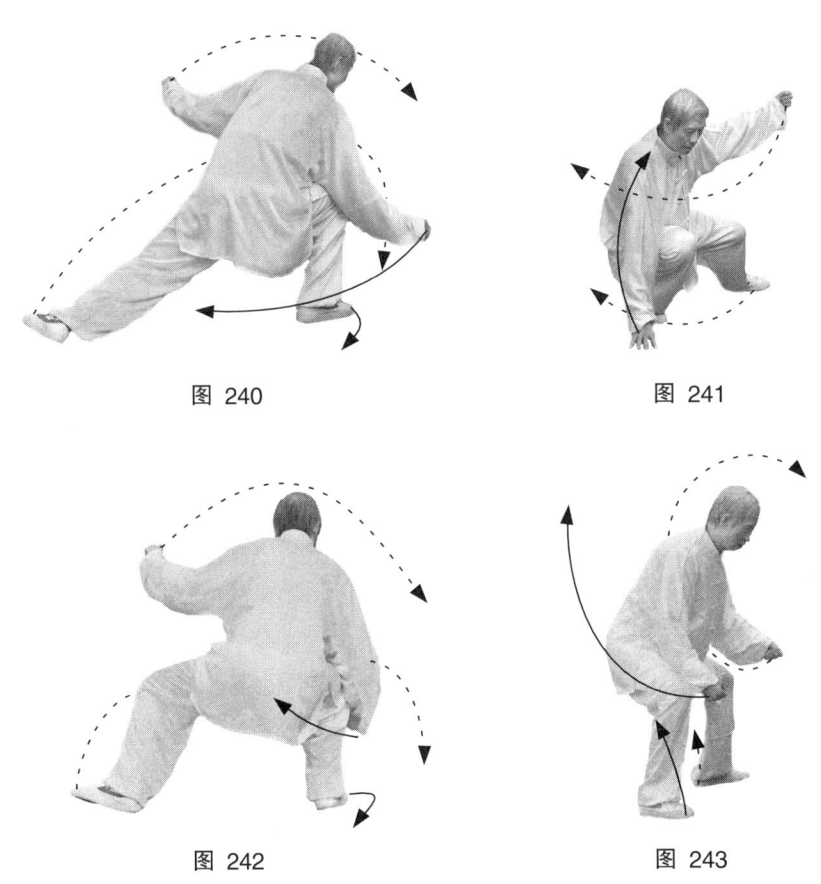

图 240　　　　　　　　　图 241

图 242　　　　　　　　　图 243

要点解析：

扫蹚腿一式陈式老谱称"转胫炮"。此式的难点，在左脚旋扫一圈时，要求形成旋转的惯力，运动的前半圈姿势由高转低，后半圈姿势需由低再转高，脚落地要稳，右脚为轴心，似落地生根。顾留馨先生说："此势当右足蹬地，右拳下沉时，左拳一抖发劲，左足着力下蹬，此称'四心相印'周身发力。"此式技击，以左腿下盘向敌胫骨下方横扫。

第五十式 掩手肱捶

动作一：接上势，左脚蹬地，右腿屈膝提起。同时，两臂挂肘逆缠向上，借上势左腿横扫的惯劲引领身体向上跃起，并向右转体90°，两手成拳高举过顶。目视前方。（图244）

动作二：右脚落地震脚，右腿屈膝下蹲，左脚向左前方铲出，成右偏马步。同时，左手成八字掌逆缠置于左胸前，掌心向上；右拳逆缠下落置于右胸侧。目视左前方。（图245）

动作三：腰微右旋，胸腹折叠，腰再左旋。右拳快速向右前方击出，左手快速收于左胁旁。同时，左腿前弓，重心左移，右腿后蹬，成左偏马步。目视前方。（图246）

图 244

图 245　　　　　　图 246

要点解析：

此式与前掩手肱捶不同处是跃步动作，借上势左腿横扫的惯劲引领身体向上跃起，其他动作相同，在拳套中它是体现"蓄劲与发劲"的拳势。当右脚落地震脚，左脚铲出，左手收回，右拳一抖发劲时，叫作"四心相印"，周身发力，正如古拳谱所云："劲由内换。劲起于脚跟，变换在腿，含蓄在胸，运动在两肩，主宰在腰，发于梢节。"形成"身如弓弦手如箭"，汇聚周身之力突出在右拳上。

第五十一式　左冲

动作一： 腰向右转，重心移于右腿。同时，右拳顺缠收回，左拳逆缠向右松沉，两拳置于裆前，拳心向对，右拳高，左拳低。目视前方。（图247）

动作二： 腰继续右旋。同时，左拳逆缠转顺缠，右拳顺缠转逆缠向右后、向上、向前划弧抡转一圈回到原位。目视前方。（图248、图249）

图 247

图 248 　　　　　　　　　　图 249

动作三：接着两拳向后、向上划弧高举时，右脚蹬地起身，引领腰向左转约45°，左膝提起；随即两拳随腰左转由上转下沉落至腰左侧时，左脚落地震脚，重心转移至左腿，右脚转虚，脚跟立即提起。目视前方。（图250、图251）

动作四：腰胯下沉，微向左转，右脚向前迈出一步，接着两胯根左旋前送。两拳蓄劲双顺缠向前上发出抖劲，拳心相对。同时，重心移至右腿，成右弓蹬步。目视前方。（图252）

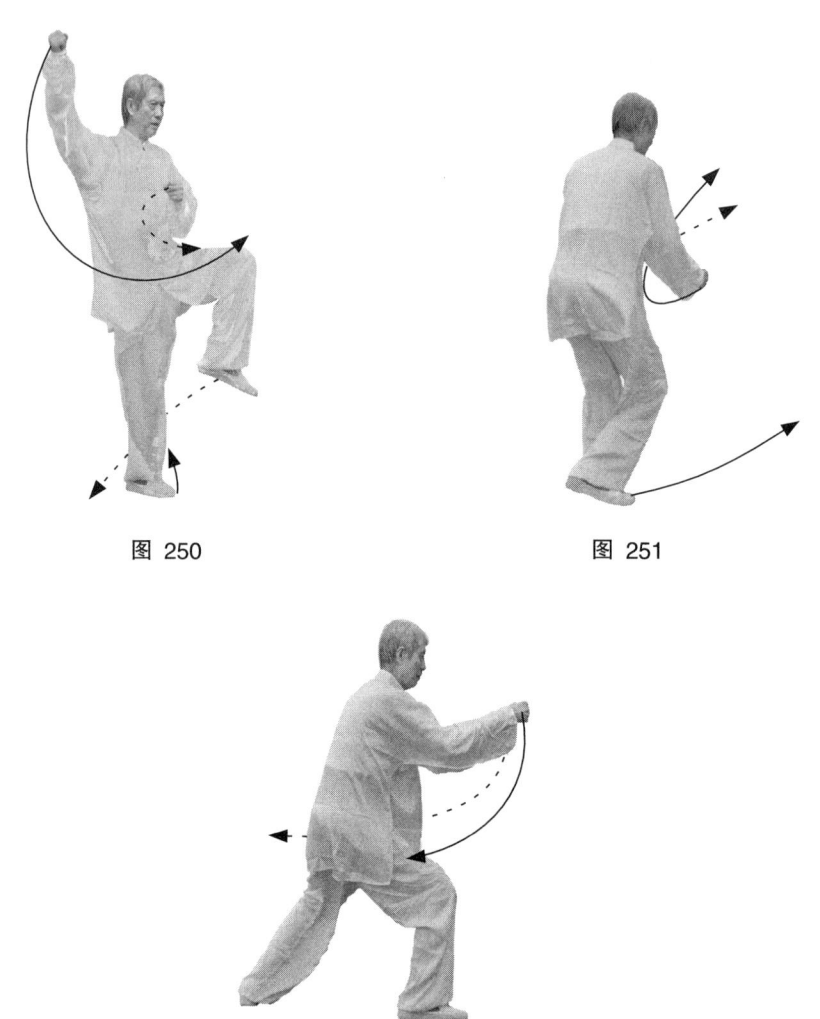

图 250　　　　　　　　图 251

图 252

要点解析：

此式在陈式老拳谱中叫"前冲""后冲"，在某些拳种中叫"双撞拳"，两拳"捋劈滚转，即化又打，膝撞脚踩，两拳齐发"。

此式动作是两拳由右侧转到左侧，整整划两个前后上下的大圈，要求接连不断，一气呵成。

但此式还有两种打法：一是两拳抡转一圈，引领左脚往上跃起，右脚随即跳起，先后落地，震脚有声，动作圆转，龙身虎步，有"闪转腾挪"之意；二是两拳抡转一圈后不跳，转身震脚出拳。

第五十二式　右冲

动作一：腰向左转，重心移于左腿。同时，两拳左顺右逆缠向左侧松沉，置于裆前，拳心向对。目视前方。（图253）

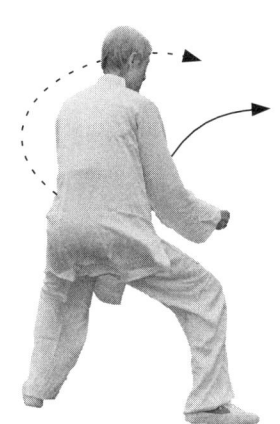

图 253

动作二：腰继续左旋，左拳顺缠转逆缠、右拳逆缠转顺缠向左后、向上、向前划弧抡转一圈后；两拳再向后、向上划弧高举时，左脚蹬地起身，引领腰向左转约45°，右膝提起；随即两拳随腰右转由上转下沉落至腹前时，右脚落地震脚，重心移至右腿，左脚转虚，脚跟立即提起。目视前方。（图254—图256））

动作三：腰胯下沉，微向右转，左脚向前迈出一步。接着两拳蓄劲至腰右侧时，双顺缠向前上发出抖劲，拳心相对。同时，重心移至左腿，成左弓蹬

步。目视前方。（图257、图258）

要点解析：

左冲、右冲动作区别在于左冲是由左腿在前开始的，故名"左冲"；右冲是由右脚在前开始的，故名"右冲"。两式在动作路线上是对称的，因而要点相同。

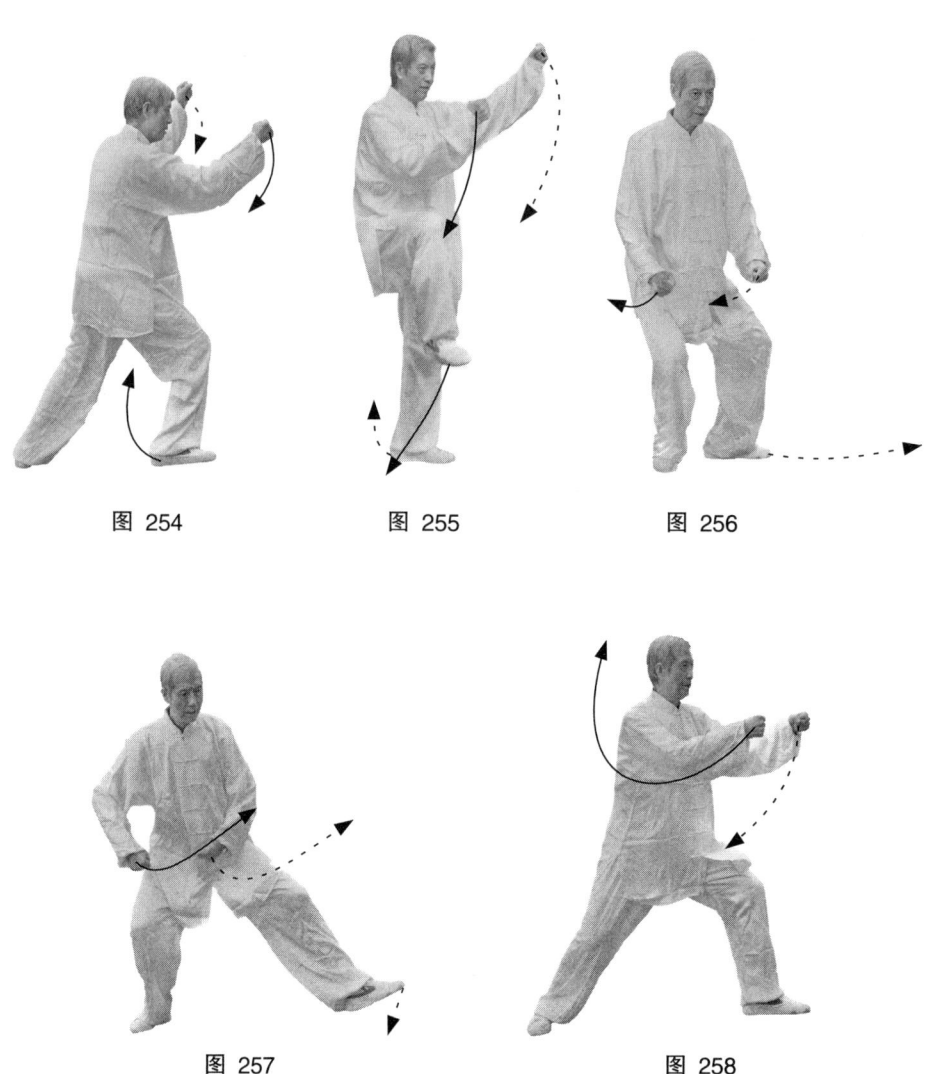

图254　　　图255　　　图256

图257　　　图258

第五十三式 倒插

动作一：腰胯右旋，重心前移，成左弓蹬步。同时，两肩节右旋内收，左臂沉肘，左拳松落腹前，拳心向内；右拳内旋向后划弧高举过头，拳心向左。目视左前方。（图259）

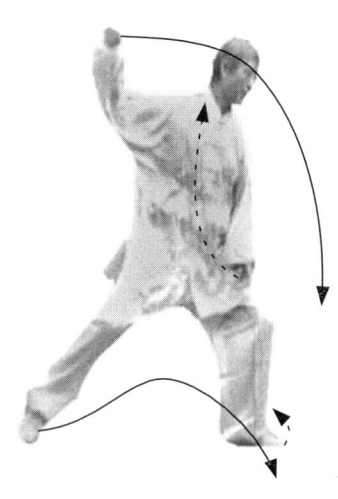

图 259

动作二：腰胯左旋，左脚尖外撇45°，腰继续左转，重心移至左腿，身体左转45°，随即左脚蹬地起身，右脚跟步，落于左脚右侧，脚尖点地，身体下蹲。同时，左拳先向左前略开，微顺缠变逆缠向内、向上提举，置于右耳侧，拳心向内；右拳先向右后略开转顺缠随右臂屈肘由上内旋向下栽拳，两臂交叉，右臂在外，左臂在内。目视前方。（图260）

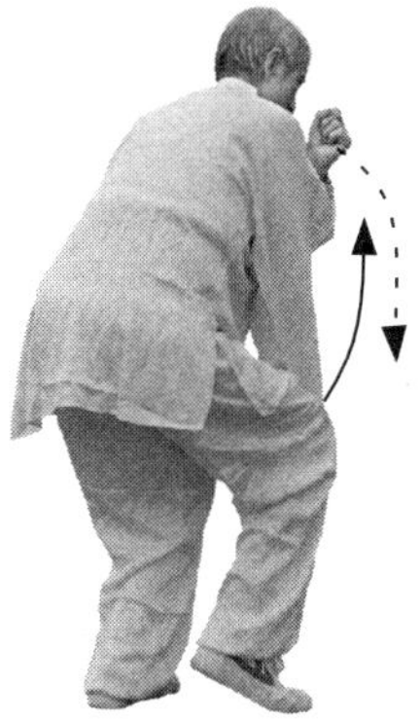

图 260

要点解析：

"倒插"一式在老拳谱中称"下插势"，又名"倒插势"。陈式老拳谱亦称"上步倒插"。拳谚云："下插势闪惊巧取，倒插势谁人敢攻。"

拳势让双手这样靠近自己身躯的上下，其意是为"合中解脱"、是"以轻制重"的着法。设敌以两手抓拿我两臂肘，欲将我推倒。我乘势上步踩脚、套腿，拳从面部插下，直取敌胸、腹、裆部，此招"拿跌兼用"。诀曰："神拳当面插下，进步火焰攒心，遇巧就拿就跌，举手不得留情。"

此式动作要求，手高举时不可耸肩；上步时宜稳、宜活，不可重滞。

第五十四式　海底翻花

动作：腰胯下沉，微向左旋，左脚踏实，陡然蹬地起身，并向右旋转。以两臂相合，右顺左逆的双开劲带动身体向右旋转90°，重心完全移于左脚，右膝提起，成左独立势。同时，右拳以拳背向腰右下侧放劲击发，拳心向前；左拳向左上放劲击发，拳心向右。目视前方。（图261、图262）

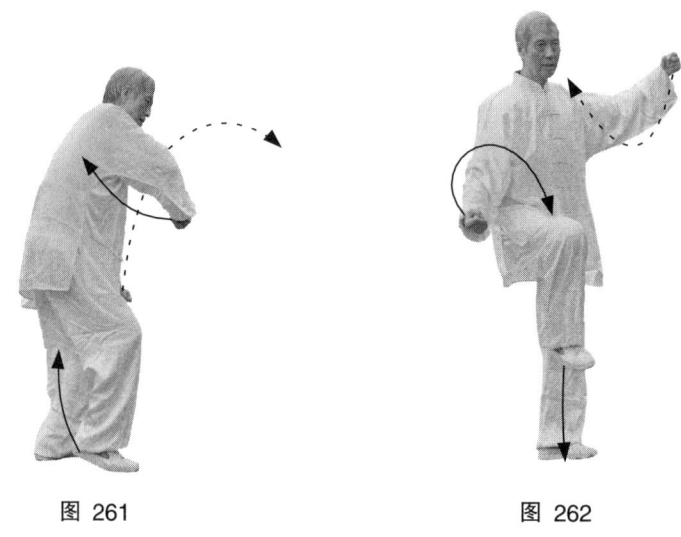

图261　　　　　　　　　　图262

要点解析：

海底翻花一式在陈公发科所传"炮捶"老谱中叫作"泰山升气"。此式上接"倒插"，而"倒插"一式是下击裆部动作，那么"海底翻花"这一式名是比喻从裆部（海底）翻出的浪花，含有"冲击力很大"之意。动作要求，右膝上顶、左拳上冲和右拳背下击，要周身一震同时发劲。

第五十五式　掩手肱捶

动作一：接上势，腰微松沉，两手双逆缠相合于胸前，左臂肘下沉，左拳变竖掌，指尖向上，掌心向右，右拳内旋随抬肘转臂拳往下栽，形成左掌、右

拳合于胸腹前的独立势。随即右脚下落蹬地震脚，重心移至右腿，左脚变虚，脚掌虚着地。目视右前方。（图263）

动作二：左脚向左前斜方迈出，重心仍在右脚，两腿成偏马步，重心渐向左移。两手向背后挂肘，偏马步渐变马步，随即两肘逆缠，身随之上升，当拳背相对时，身微右转，重心渐向右移，成右偏马步。同时，两手翻转变顺缠合于胸前，左拳变八字掌，掌心向上，肘尖下垂；右拳置于胸前，拳心向内。目视前方。（图264、图265）

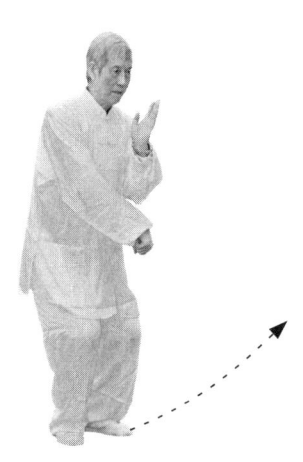

图263

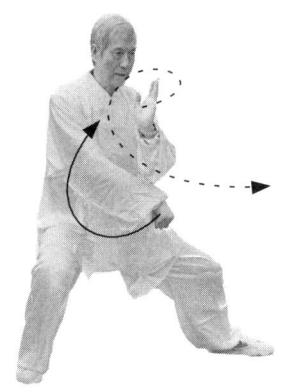

图264

图265

动作三： 身体继续螺旋下降以蓄劲，重心迅速左移，成左偏马步，腰脊垂直，中正不偏。同时，右拳急向右前方发出，拳心旋转向下，手臂曲蓄而不直伸；左手八字掌也急收于左胁侧变半握拳。目视右前方。（图266）

要点解析：

此式"掩手肱捶"与前几式"掩手肱捶"动作要求、技击作用相同。

此式震脚与发拳要体现刚劲。震脚时，要求腰、胯、膝、脚节节松开，整体下沉，意到、气到、劲到，震地有声；发拳时，要表现出卷放劲，其缠丝劲寓于两肱运行之中。

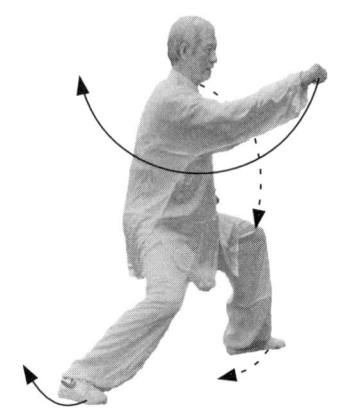

图 266

第五十六式　夺二肱（一）

动作一： 腰胯右转，左脚内扣45°，重心全部移至左腿，腰继续右旋转体90°，左脚踏实蹬地起身，右膝随之提起，成左脚独立势。同时，左拳变掌向左顺缠转逆缠收于小腹前，掌心向上，指尖向右；右拳向右顺缠转逆缠在胸前上举，拳心向内。目视前方。（图267、图268）

图 267

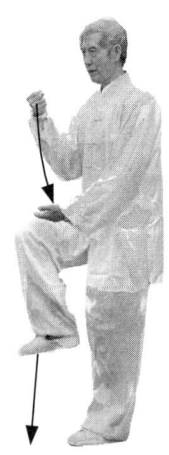

图 268

动作二：腰向下沉，右脚随之落地震脚有声，随即腰微左旋，右脚向前迈出一步，脚跟虚着地，重心仍在左腿。同时，左掌前撩，掌背向前，高与肩平；右拳外旋，收于胸右侧，拳心向上。目视前方。（图269、图270）

动作三：接着右腿前弓，两胯根右旋前送，腰向左转，左脚用力蹬地，成右弓蹬步。同时，右拳内旋，向前尽力击出，高与腹平，拳心向下；左掌变拳，向后收于腰侧，以肘尖向后击，拳心向上（发劲时，两脚用力、腰一拧，两拳形成对开劲，要同时完成；这是右手、右足同时并进的特殊动作，也是在姿势上的上下相随）。目视前方。（图271）

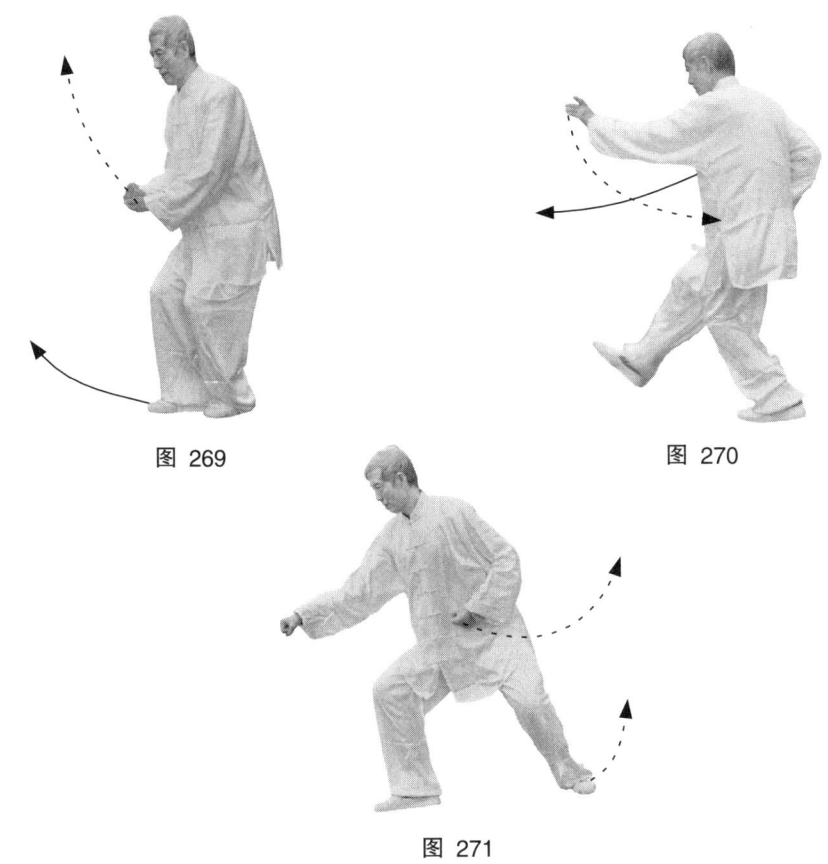

图269　　　　　　　　　图270

图271

动作四：腰微下沉，身体前倾，重心全部移于右腿；接着腰向左旋，左腿以前脚掌贴地向后踢起，左拳变掌与左脚同时向后撩击，掌擦脚侧有声（即以左掌后击敌抄脚之手）；随即左脚又向前踢，以脚掌后跟震地有声向前迈出一步，当左脚前迈时左掌以掌背前撩，重心渐移于左腿，右脚尖虚着地；右拳收

151

于腰右侧，拳心向上（这是左手、左脚同时并进的特殊动作，也是在姿势上的上下相随）。目视前方。（图272、图273）

动作五：重心前移，全部落于左腿，右脚提起向前迈出一步。左手以掌背向前上撩击，高与胸平，掌心向下；右手随右臂沉肘收于腰右侧，拳心向上。随即腰向左旋，两胯根向前送，左脚用劲蹬地，成右弓蹬步。同时，右拳内旋向前尽力击出，拳心向下；左掌内旋变拳，以肘尖向后击，左拳收于腰左侧，拳心向上。目视前方。（图274、图275）

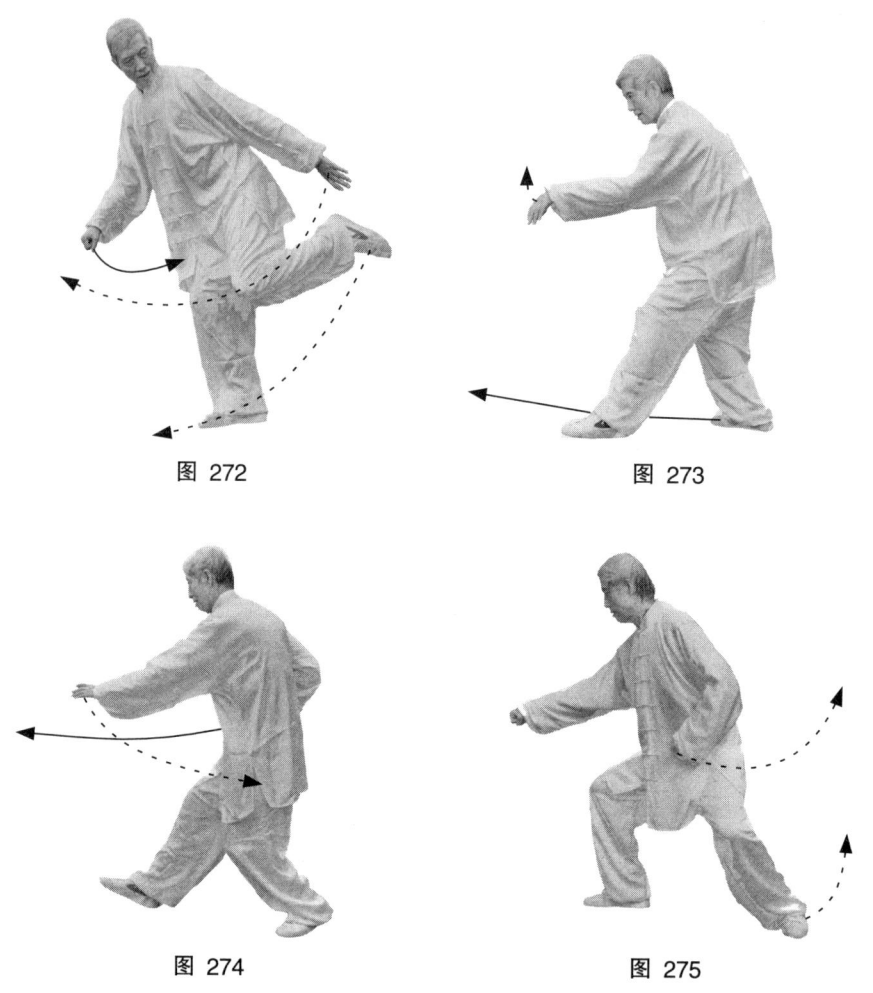

图272　　　　　　　　　　图273

图274　　　　　　　　　　图275

要点解析：

"夺二肱"在老谱中称"跺二红"，表示跺人脚面见红，拳着人胸见红，可见此势非常凶猛。练拳者凡上步勿忘"踹、踢、点、踩、套"之作用和进步"占势"的着法。

此式是"以身进退"的拳法,意为手与脚相互联系着进退,即是右手右脚同时并进,左手左脚同时并进,内外相合,上下相随。

其技击含义,设敌采拿我右腕节,我即同时以右拳、右脚一震,右拳用前臂掤出抖发,右脚同时向前铲地而出,左掌擦脚后撩是击敌抄脚之手,这是"解脱与击发"一招两用。接着左手用掌背撩裆、撩面,同时左脚提起脚尖、以脚跟擦地蹉步跟进,踢臁踢裆,连续进击。

第五十七式　夺二肱（二）

动作、要点与第五十六式夺二肱（一）的动作四、动作五相同。（图276—图279）

要点解析：

此式与上式"夺二肱（一）"动作、要点相同,是一个连续"以身进退"的着法,正如《武学秘籍》所言:"临敌全赖后手来得快,后手者,即接连而进的第二手、第三手,以至于无穷之手也。来得快,则救得急,虽有败手,亦一闪而过,敌无可乘也。"二路炮捶中的"搬拦肘""连珠炮""裹鞭炮""白蛇吐信""连环炮""黄龙三搅水"等式都是二手、三手连续进攻。

此式在实战中是一种非常凶猛的着法,练拳者凡上步勿忘"踹、踢、点、踩、套"之技击要素以及进步"占势"的着法。

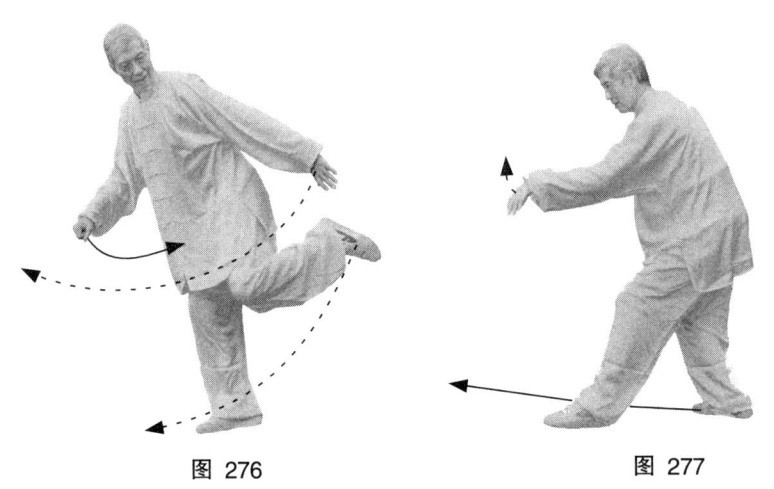

图 276　　　　　　　　　图 277

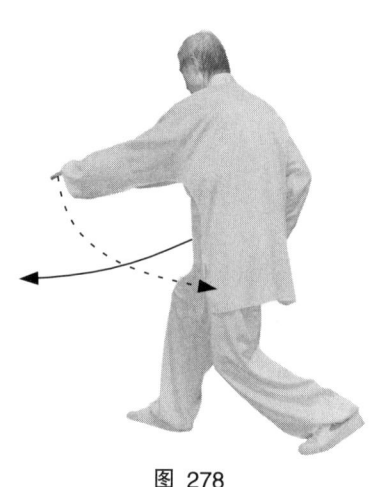
图 278

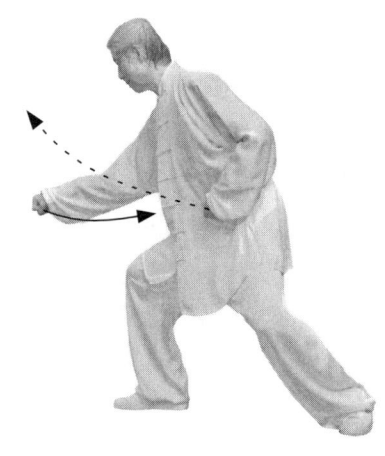
图 279

第五十八式　连环炮

动作一：腰向右旋，右拳随之向右下捋至右腰，屈肘贴于右胁，拳心向上。随即左胯根前送，裆劲下沉。同时，左拳微内旋，从捋回右拳腕上方交叉而过，向前击出，拳心向下，高与胸平。目视前方。（图280）

动作二：腰向左旋，左拳随之向左下捋至左腰，屈肘贴于左胁，拳心向上。随即右胯根前送，裆劲下沉。同时，右拳微内旋，从捋回左拳腕上方交叉而过，向前击出，拳心向下，高与胸平。目视前方。（图281）

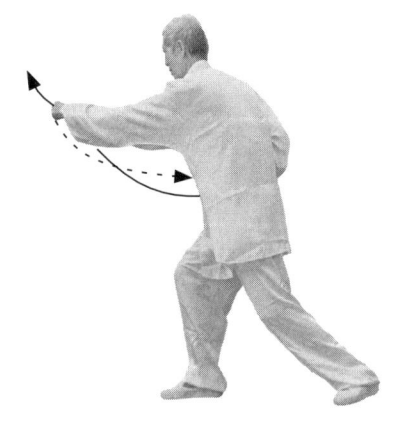
图 280

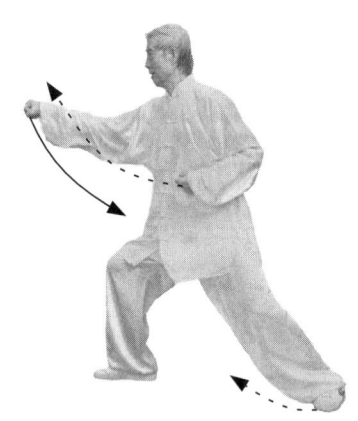
图 281

要点解析：

"连环炮"在陈式老谱中未有此名。陈公发科所传二路炮捶谱中有"左右二肱"，后改为"连环炮"。

连环炮为左右两拳，俗称"冲捶"。拳的击点高不过乳，是两拳发出的抖劲，落点时有上冲前击之意，发力肘宜稍屈，曲蓄其臂，走的是螺旋劲，要用腰腿劲贯之于拳。

第五十九式　玉女穿梭

动作一：腰微左旋转右旋，左胯根前送，重心移至右腿，右脚踏实向上蹬劲，左脚借前冲之劲，向前迈出飞步跃起，身体右后旋转180°。同时，左拳像箭离弦一样飞速随转体向前冲击。目视左前方。（图282、图283）

动作二：上势不停，身体继续右后转90°，当左脚落地时，右脚随即落于左脚右侧。同时，左拳置于腹前，与右拳双逆缠在腹前合住劲，拳心皆向内。目视前方。（图284）

图 282　　　　　　　　　　　图 283

图 284

要点解析：

玉女穿梭是平纵之法，未纵之前，周身一合劲，右足用力下蹬，然后左足一跃而起；身随左拳轻飞如燕，前冲之拳如炮弹出膛。同时，用向右后转身以背折靠劲击发敌方。

此式含有冲出敌方包围圈之意，即"突围之法"。应用时，在右转体时，右足跟扫转，右肘划弧护肋，左拳拦截横击，其势勇猛难挡。因而练此势者须象形苦练，不断增强功力。正如拳谚所云："十法九灵，无功不成。"又云："拳无功，一场空。"

第六十式　回头当门炮

动作：腰向右旋，两胯根内收，重心右移，垂肩沉肘，周身合住劲。同时，两手顺缠，陡然向前上发出抖劲，拳心皆向内，高与胸平，此时左脚为实。目视前方。（图285）

图 285

要点解析：

本式"回头当门炮"是联系上式"玉女穿梭"跃出后立即右转身回头，故叫"回头当门炮"。在陈式老拳谱中称"上步当头炮"。

当头一炮，在"象棋"中亦为攻势凌厉之着法，此式之含意也是"进攻着法"，不仅攻势勇猛，而且智勇兼备。设我上式以背折靠击敌取胜后，但另一敌乘势跟进，欲偷袭我背后，我即乘转身下沉之机引化来力，两拳先逆缠转顺缠抖发出。即拳未落点时，柔顺；落点的一刹那，拳到、步到、身到、劲到，全身劲力集中于拳，一抖即发，有"无坚不摧"之势。使敌有突如其来的痛觉，或失去平衡跌出。

同时还要做到，抖发后立即松开，保持动作的善变性。正如拳谚所云："当头炮势冲人怕，进步虎直撺两拳，他退闪我又颠踹，不跌倒他也茫然。"

第六十一式 玉女穿梭

动作一：腰向右转，重心移于右腿，两拳随体右转松落，左拳至腹前，右拳向右后继续划弧高举，随即腰向左转，两胯前送，重心移于左脚。同时，两拳逆缠在胸前交叉相合，左拳在上，拳心向内，右拳在下，拳心向上。目视前方。（图286、图287）

动作二：腰向右转，重心移于右脚，随即右脚踏实蹬地起身，左膝随起身提起，高与脐平，成右脚独立势。同时，两拳陡然而开，左拳外旋向前击出，高与肩平，拳心向下；右拳内旋随右臂屈肘收于右胁，拳心向上。目视前方。（图288）

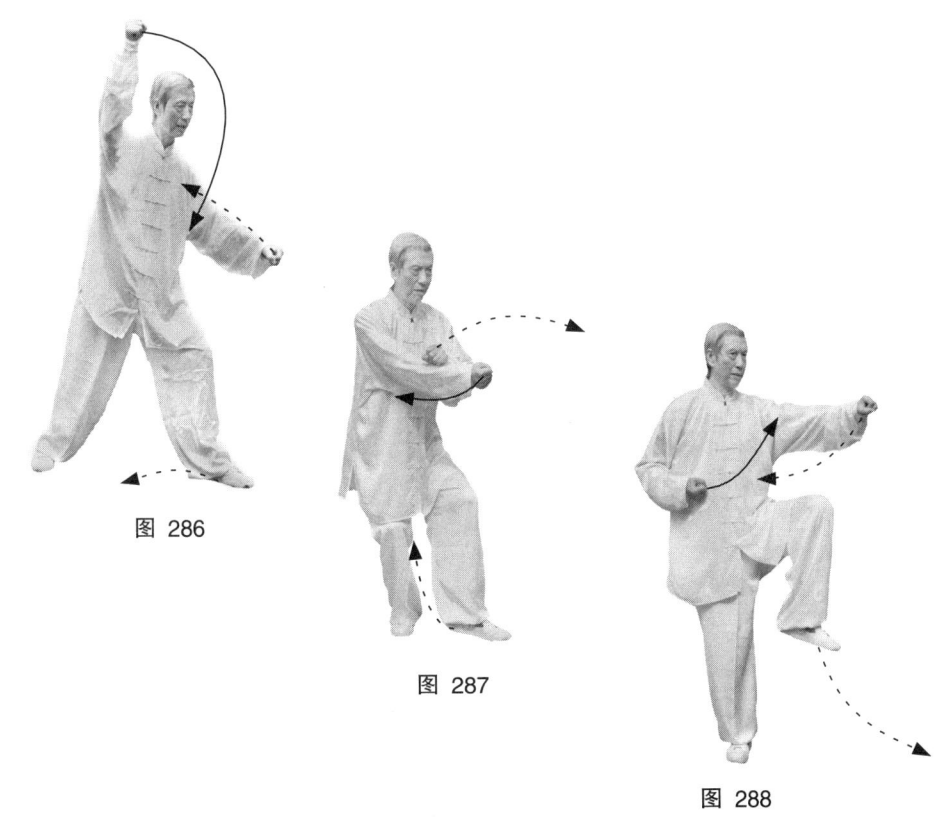

图286

图287

图288

动作三：腰微左旋，腰胯前送，重心前移，左脚向前迈出一大步，落脚蹬地上冲，右脚借惯力向前飞步跃起，向左转体180°，同时，右拳像箭离弦一样飞速随转体向前冲击。目视前方。（图289、图290）

动作四：上势不停，身体继续左后转90°，当右脚落地时，左脚随即落于右脚左侧。同时，右拳置于腹前，与左拳双逆缠在腹前合住劲，拳心皆向内。目视右前方。（图291、图292）

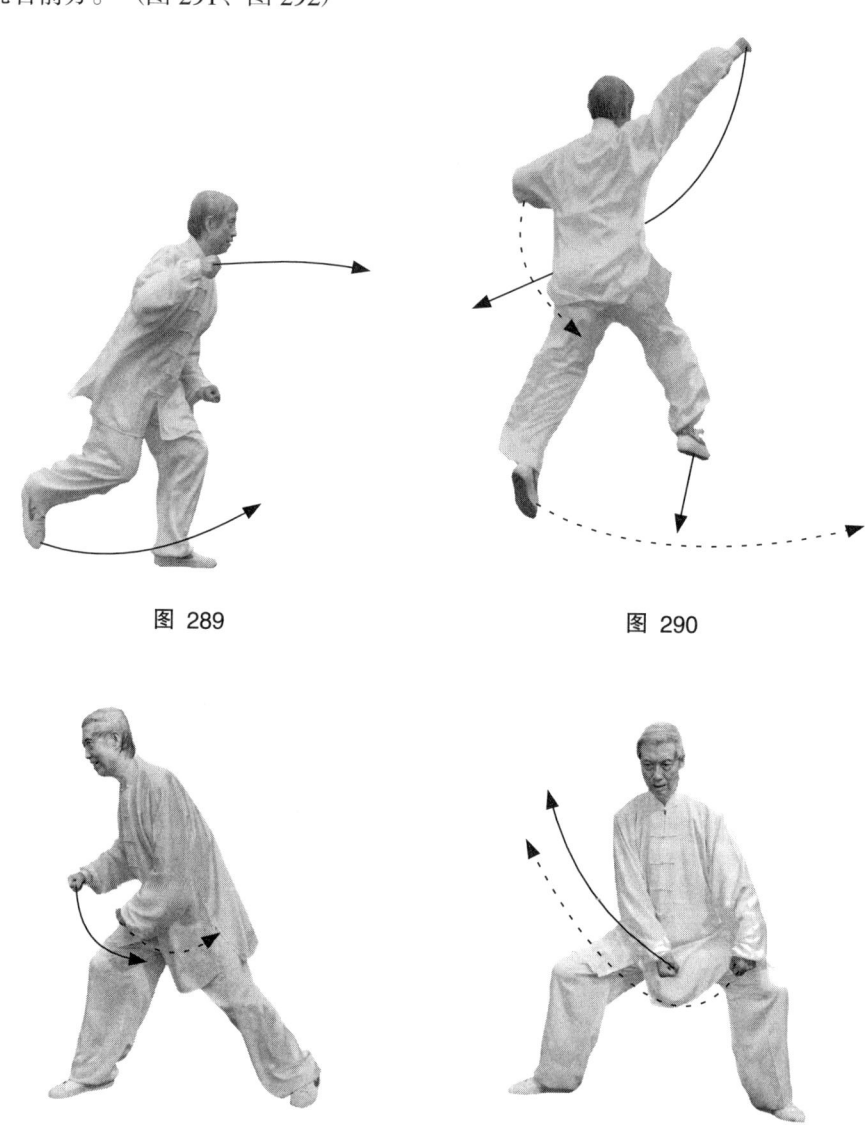

图289　　　　　　　图290

图291　　　　　　　图292

要点解析：

此式与第五十九式"玉女穿梭"要点相同，唯方向相反。前式是向右转270°，此式是向左转270°。此式关键是"平纵法"，不仅要求其势勇猛灵活，而且要一击必应，方能突出重围。因此，练习者须多练、苦练，要把功夫练在身上，须知"拳无功，一场空"。

第六十二式　回头当门炮

动作：腰向左旋，两胯根内收，重心移至左脚，垂肩沉肘，周身合住劲。同时，两手顺缠，陡然向前上发出抖劲，拳心皆向内，高与胸平，此时右脚为实。目视前方。（图293）

图 293

要点解析：

此式与第六十式"回头当门炮"要点相同，唯方向相反。但动作虚实变化不一样，前式"沉肘时，右足为实，左足为虚；发劲时，左足为实，右足为虚"。而此式正相反"沉肘时，左足为实，右足为虚；发劲时，右足为实，左足为虚"。

第六十三式　撇身捶

动作一：两胯根右旋内收，腰微左转，松腰落胯，成右弓蹬步。同时，两拳外旋，松肩沉肘松落于右胯前，两前臂交叉相合，左拳在下，右拳在上，拳心皆向内上，两拳微合蓄劲。目视右前方。（图294）

动作二：腰向左旋，裆劲下沉，左腿弓，右腿蹬，重心左移。同时，两手左顺右逆缠翻转拳背，左手以挒劲向左侧上方撇拳，右手以小逆缠向右后放劲，形成对开劲。随即身微左旋，重心移至左腿，右腿虚蹬，成左弓蹬步。目视左拳方向。（图295）

要点解析：

此式与第十四式"撇身捶"要点相同，但练习者须明白此式用左手背反捶发出劲去，左手为主攻方向，右手为宾。要做好此招法，主要在裆口下沉的基础上，由腰脊带头，运用小缠丝一抖，将力贯注到左臂上，发出横向的抖劲。

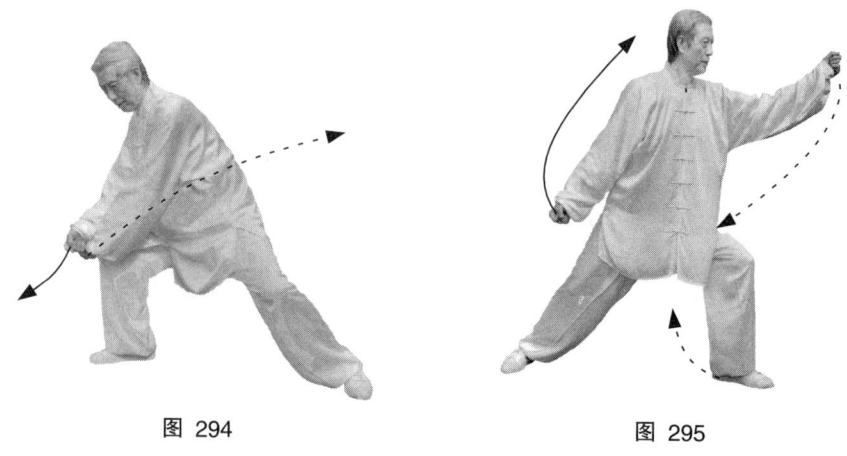

图 294　　　　　　　　图 295

第六十四式　拗鸾肘

动作一：身体右转，重心完全移于右腿，随之左腿上提，右脚陡然蹬地，腾空跃起向左后转体180°，左脚先着地，右脚随之下落震脚，屈膝下蹲。同时，左手由下而上向左上方抡转上引，随转体松落至腹前，由拳变掌，掌心向上；右拳随转体向上抡转下落合于左掌心上方。目视前方。（图296—图298、图298附图）

 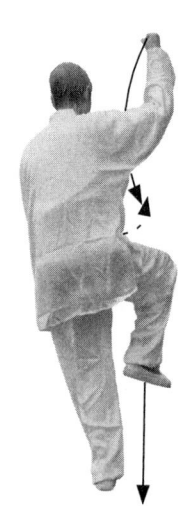

图 296　　　　　　　　图 297

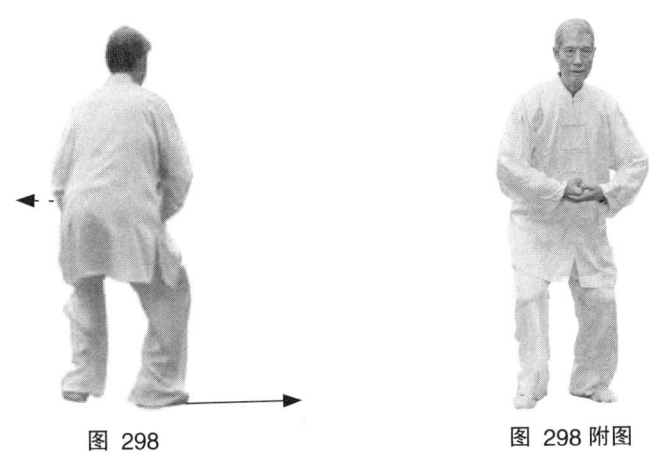

图 298　　　　　　　　图 298 附图

动作二：腰向左转，重心移于左腿，屈膝下蹲，右脚以内侧贴地向右铲出一步，随即左脚跟步，重心随之右移，两腿屈膝下蹲成马步。同时，左掌右拳随两臂如环合成一臂，随左脚跟步以右前臂逆缠一圈向右发出肘劲。目视右前方。（图 299、图 299 附图、图 300、图 300 附图）

图 299　　　　　　　　图 299 附图

图 300

图 300 附图

要点解析：

此式"拗鸾肘"与第十八式"飞步拗鸾肘"的不同处在于，此式是接"撇身捶"原地跳起转身180°，而不是飞步跃腾转体。

此式也是左采右截"肘击跌人"之法，其特点是近距离运用肘击"寸劲"打击敌方，也是一种解脱被采的有效方法。其要求是：右脚向右开步时，左脚跟步拖地，落点有声，两脚要沉住，腰腿之劲贯于手臂，发劲刚脆。

谱云：短距离肘发寸劲"贵在惊弹走螺旋"。通过腰腹折叠螺旋把身体内部气化之劲随肘抛出体外，形成短发螺旋劲。正如拳歌所云："右拗左合彼难架，翻身肘上拗步斜。"

第六十五式　顺鸾肘

动作一：上式"拗鸾肘"横肘击出如不能解脱其采，此式就继续顺着要劲，腰微右沉再向左转，重心完全移于左腿，屈膝下蹲，右脚顺势横向沿地面铲进一步，左脚实，右脚虚，成马步。同时，两肘以肘尖为中心，右肘尖逆缠、左肘尖顺缠一小圈，两手左掌右拳向前划弧合于胸前，右手拳放在左手掌上，拳心、掌心斜向内，两前臂含掤劲。目视前方（图301、图301附图）

图 301

图 301 附图

动作二：腰胯松落，重心右移，随即左脚向右跟拖半步，落地震脚有声，右脚立即由虚变实，屈膝下蹲，成马步。同时，两手分开，左手变拳，裆劲下沉，顶劲领起，两肘尖顺缠分向腰两侧后下发劲，肘不贴肋，腋下各容一拳，拳心皆斜向内。目视右前方。（图302）

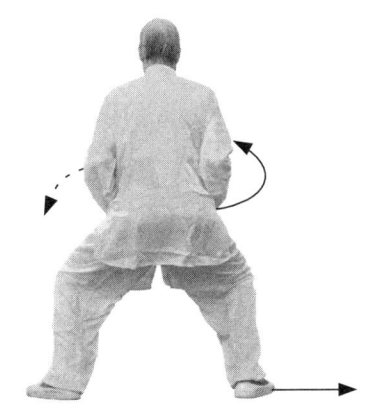

图 302

要点解析：

"顺鸾肘"在陈式老谱中称"顺鸾藏肘"，其肘法为近身时使用。动作要求，右足上步与左足跟步都可震脚出声，也可不出声，同时两足踏实用暗劲沉住，以增强腿力。

此式接上势"拗弯肘",有"弓弦脱扣"连珠击射之势。古称"顺弯藏肘"。其特点是"短兵相接,速战速决,没有回旋余地"。

拳诀曰:"顺弯肘,靠身搬,打滚快,他难遮拦,肚搭一跌,谁敢争先。"

第六十六式　穿心肘

动作一:腰胯松沉向左转,重心移于左腿,右脚掌沿轻贴地面向右铲进一步,虚着地,成偏马步。同时,两手相合,左拳变掌,横向贴于右拳背上,右拳心相对胸窝;随即向左下绕回,划弧成椭圆形,右拳心相对左乳,心神关顾两前臂抱合转圈。目仍平视右前方。(图303、图303附图)

动作二:两胯根向右前送,重心移于右腿,左脚随即跟上小半步,成右弓蹬步,脚跟用拖劲震地有声。同时,两肩节向右送,右肘尖向右前击出,高与(敌)胸窝齐。顶劲要领起,裆劲要下去。目平视右前方。(图304、图304附图)

图 303　　　　　　图 303 附图

图 304　　　　　　图 304 附图

要点解析：

"穿心肘"接上两式"拗鸾肘"和"顺鸾肘"，是连续进击的第三肘，此称"连珠为用"之法。不让敌方有喘息的时间，充分体现出陈式太极拳"连珠肘击"的强大威力。因而古称"穿心肘靠妙难传"。

拳谱云："凡手臂越出方圆外，就叫作出隅；越进方圆内，就叫作进隅。出隅须用采挒，进隅须用肘靠。所以肘靠之用，犹如短兵相接，速战速决。"

太极拳用肘之法，分为宽、窄两面。宽面是指从手腕到肘尖部位，杀伤力相对较小；窄面指肘尖，其杀伤力极强，轻者致伤，重者致残、致命。因而有"宁挨十手，不挨一肘"之说，此三式皆用肘尖进击。

"穿心肘"顾名思义，其技击用法，即以右肘尖击敌胸窝部。拳歌曰："两手垂兮两肘弯，三请诸葛人难防。屈可伸兮伸可屈，看来用短胜用长。"

第六十七式　窝里炮

动作一：两胯根内收，腰向右旋，重心后移至左腿，右脚蹬起向后收半步，前脚掌着地。同时，右拳外旋向外划弧随右脚后撤松落裆前，拳心向左；左手掌变拳，沉肘内旋，与右拳上下相合，拳心向右。目视右前方。（图305）

动作二：腰微下沉左旋，右脚向前迈半步，脚跟着地有声，接着松腰坐胯，蓄住劲，陡然腰向右旋发抖劲，成马步，重心微偏左脚。同时，右拳外旋向右前用拳背击出，高与鼻平；左拳内旋至左腰侧放劲。目视右前方。（图306、图307）

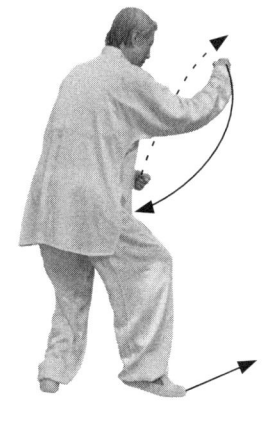

图305

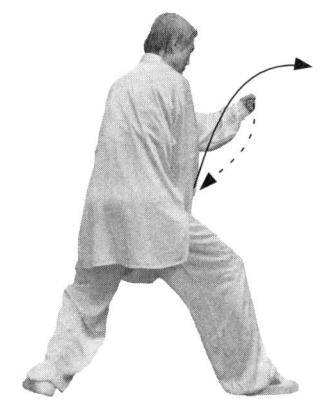

图306

要点解析：

"窝里炮"是"取近舍远"之着法，采用方法与第六十三式"撇身捶"要点基本相同，其不同处，"撇身捶"用的是左手的"背反捶"，而"窝里炮"则用的是右手的"背反捶"。

此式为了劲发得更脆，就要在两拳右顺左逆的合劲下，将缠丝圈缩小，以加强蓄劲，然后由肘领身向右外崩劲反击；此式要求全身一动无有不动，用腰脊联合发力。

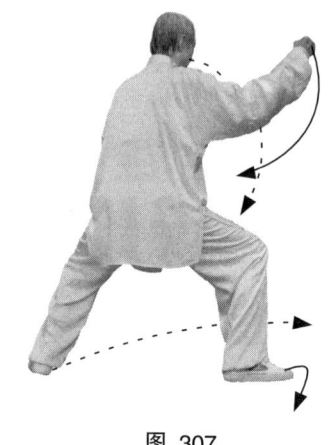

图 307

第六十八式　井揽直入

动作一：腰向右转，右脚向右撇，随即向右转体，重心移于右腿，左脚提起上步，前脚掌虚着地，左脚虚、右脚实，成右丁八步。同时，两拳随腰右旋，双顺缠合于左腹前，左手在上，右手在下，拳眼均向上。目视左前方。（图308）

动作二：以腰脊作中轴向旋转，左脚以前脚掌为轴脚跟向外碾踏，成右弓蹬步。同时，双拳变掌，左掌随左脚向外碾踏由腹前向左外下方捋按置于左膝上，劲在掌根；右拳顺缠变掌，翻腕转掌向右肩上方掤挤，掌心斜向右前方，两掌形成对开劲。目视左手方向。（图309）

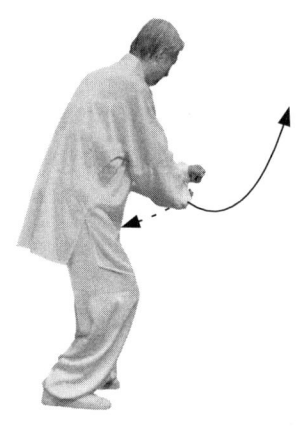

图 308

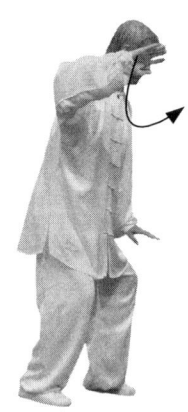

图 309

要点解析：

此式与第十式"井揽直入"动作和要点相同，不同处是方向相背。其攻防作用如谚所云："井揽四平直进，剪臁踢膝当头。"

此式动作要求：两手相合，两膝内扣，腰腹折叠，皆要内含抱裹之意，这样下部左脚可"踢臁、踏膝、踩足"；上部掌、肘可"击胸、挤胃、按腹"。

第六十九式　风扫梅花

动作一： 腰胯微向左转，领右掌向内逆缠，掌心向上，置于右胸侧；左掌置于左胯上。随即左脚尖内扣，右脚掌外撇，腰胯向右后旋转90°。同时，右掌随腰胯右旋翻腕转掌变顺缠，掌心向下；左掌向腰左侧按，掌心向侧下。目视前方。（图310、图311）

动作二： 重心移于左脚，并作为旋转中轴，腰胯向右后继续旋转，力点在左脚跟随即转前脚掌为轴，右脚轻贴地面往右后划圆扫转约90°，使右脚尖向右前方，脚尖点地。同时，右手随着展开向右后划弧，掌心向后转向下，高与腹平；左掌也随之展开，掌心向下，高与腹平。目平移视右前方。（图312）

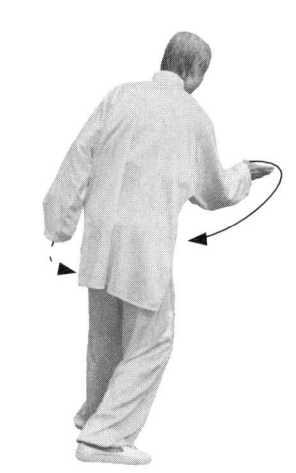

图310

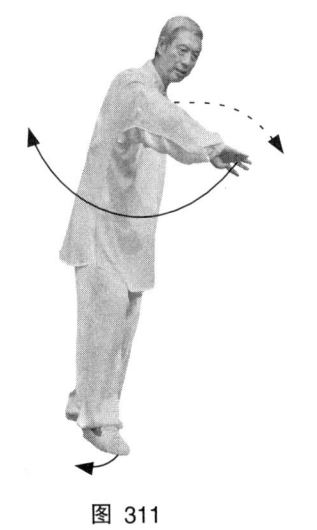

图311

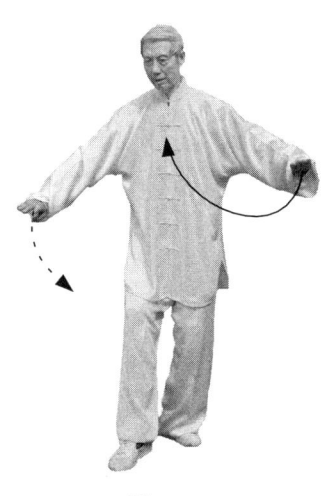

图312

要点解析：

此风扫梅花一式与第十一式"风扫梅花"动作、要领基本相同，不同处第十一式身体旋转 270°，而此式则身体旋转 180°。

此式关键动作是横扫 180°大转身的缠丝，要运用好以腰脊为中轴，扫转不可停断，内外、上下协调一致，一气呵成。

第七十式　金刚捣碓

动作一：身体继续右旋，心气松沉，重心落于左脚，松腰坐胯，身往下蹲，前脚掌虚着地。同时，右手向后、向前弧线前撩，掌心向前，指尖斜向下；左手逆缠向里合于右臂肘窝上，掌心向里，指尖向右，两臂掤圆，气贴脊背，形成合劲。平视前方。（图 313、图 314）

图 313

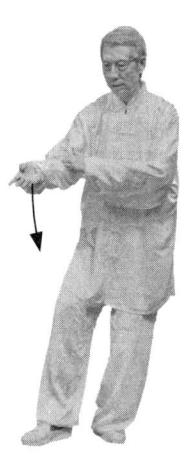

图 314

动作二：松腰落胯，重心下沉，左脚踩实蹬地起身，右腿随势屈膝向上提起，重心完全落于左腿。同时，右掌变拳随右臂屈肘上提至胸前，拳心向里；左手向下落于腹前，掌心向上，指尖向右，右拳、左掌上下相对，成左独立势。目视前方。（图 315、图 316）

动作三：随即，周身放松，重心下沉，拳随身，身随势，右脚松落震脚，两脚与肩同宽。同时，右拳随右脚下落时沉落于左掌心内，右拳左掌叠合于腹前，形成上下合击，与小腹之间约一拳之隔。目视前方。（图 317）

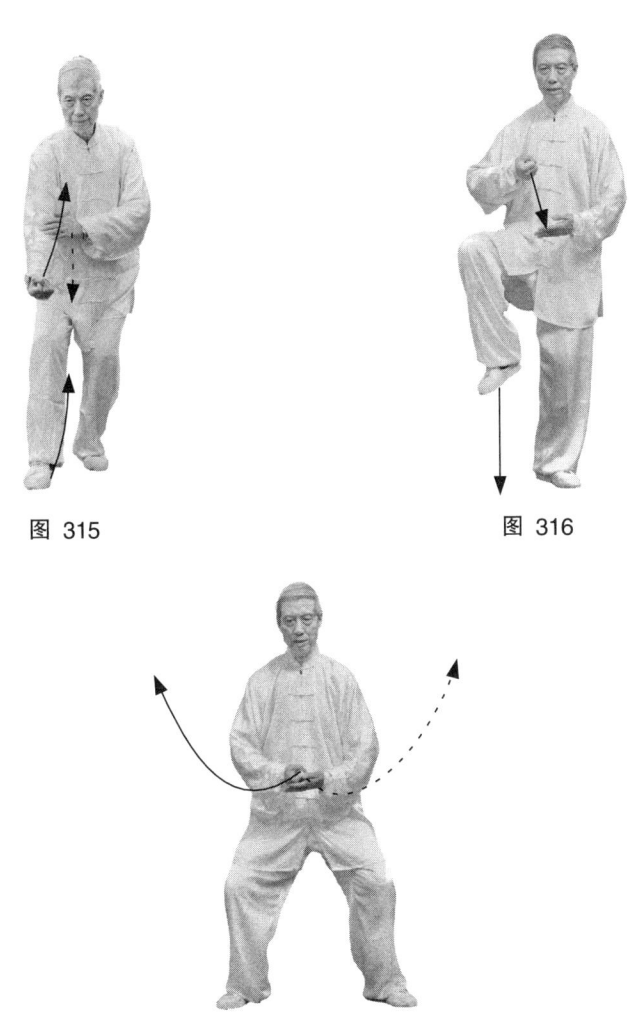

图 315　　　　　　　　　　图 316

图 317

要点解析：

此式"金刚捣碓"与第十二式"金刚捣碓"动作、要领基本相同，都是接"风扫梅花"继续做的一个拳势。因而不再重述。

第七十一式 收势

动作一： 重心缓缓上移，身体缓缓起立，两膝微屈。同时，右拳随体变掌，两手顺缠向两侧分开，屈肘转臂向外、向上、向里划弧，置于头的两侧，掌心向内，指尖相对。目视前方。（图318、图319）

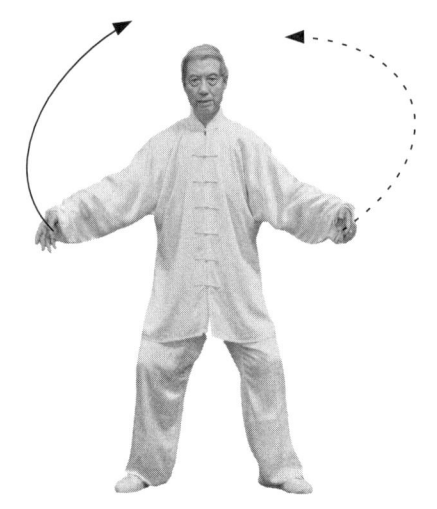

图 318

图 319

动作二： 重心缓缓下沉，两臂屈肘转臂逆缠向里经面部向下划弧，随体下沉松落双手于左右胯两侧。同时，重心移于右腿，左脚提起收于右脚旁，身体缓缓直立，两手自然下垂，掌心皆向里，指尖皆向下。恢复无极势，内气沉入丹田。两目微闭，收视返听，默站1分钟。（图320—图322）

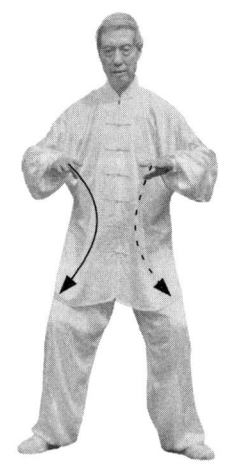

图 320

第四章 陈式太极拳二路炮捶——传统套路·北京架

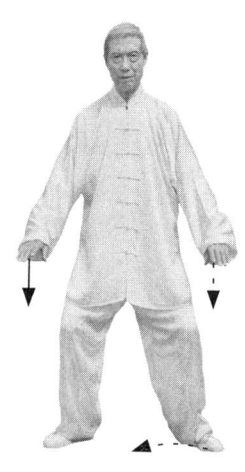

图 321

图 322

要点解析：

收势，在陈式老拳谱中要求"面南起，面北终"，这是因为第一路、第二路两趟架子连续练下去的原因。此套拳单独一趟架子，因而"起势面南，收势也面南"。

"收势"要一丝不可马虎，身桩要端然恭立，合目息气，"心中一物无所著，一念无所思"。此为"归根复命，团阴阳为一，而还于天"。

陈式太极拳·内功点穴

第五章 太极内功点穴释解

点穴之术，其理深奥，得真技难，精其法者更难。今习武术者，如仅能知其名，而不知其法，实令人可惜。点穴，为制人之武技，是擒拿法之冠，其理与医学紧密相关，非精心研练者，难通其术。

欲习点穴之法，必先识人身诸穴所在位置，后辨明其起止循经路线，懂得经脉气血循行之理，还须知晓穴位与脏腑、气血、五行、阴阳之依存、生克、制约之关系，方能沿其道习悉之。经砺苦恒志，无分春夏秋冬，几十年如一日，方能学到真功，练成绝技。

一、太极内功点穴的基础理论

太极内功点穴之基础理论，就是要了解、掌握人体经络、穴位和气血循行之理。共分三个方面阐述如下。

（一）人体穴位概述

穴位是指神经末梢密集或神经干线经过的地方。穴位的学名是"腧穴"，别名包括："气穴""气府""节""会""骨空""脉气所发""砭灸处""穴位"等。

人体十二经脉（又称十二正经）加上奇经八脉中的任脉和督脉，合称为十四经脉。人身腧穴分布在十二经脉和任、督二脉上，人体周身约有 52 个单穴（任、督二脉上）、309 个双穴（十二经脉上）、50 个经外奇穴，共 720 个穴位。其中有 108 个要害穴，即 72 个小穴、36 个大穴。小穴点击不至于致命；大穴是致命穴，俗称"死穴"。死穴又分软麻、昏眩、轻和重四种穴，各种皆有 9 个穴，合起来为 36 个致命穴。

(二) 人体十二经脉、任督二脉

人体十二经脉是指胆经、肝经、肺经、大肠经、胃经、脾经、心经、小肠经、膀胱经、肾经、心包经、三焦经这十二条经脉。任督二脉属于奇经八脉，因具有明确穴位，医家将其与十二经脉合称为十四经脉。

十二经脉连接了人体内心、肺、肝、脾、肾、大肠、小肠、胃、胆、膀胱、三焦等五脏六腑之正气，并按十二时辰，自然而然地周天运转。其实这十二经脉，在每一个正常的人体内都是连通的。

1. 十二经脉的循行走向

十二经脉的走向和交接是有一定规律的。《灵枢·逆顺肥瘦》说："手之三阴，从胸走手；手之三阳，从手走头；足之三阳，从头走足；足之三阴，从足走腹、胸。"即：手三阴经从胸腔走向手指末端，交手三阳经；手三阳经从手指末端走向头面部，交足三阳经；足三阳经从头面部走向足趾末端，交足三阴经；足三阴经从足趾走向腹、胸腔，交手三阴经。这样就构成一个"阴阳相贯，如环无端"的循环径路。

2. 十二经脉表里属络关系

十二经脉在体内与脏腑相连属，其中阴经属脏络腑，阳经属腑络脏，一脏配一腑，一阴配一阳，形成了脏腑阴阳表里属络关系。即：手太阴肺经与手阳明大肠经是一对互为表里的经脉，手厥阴心包经与手少阳三焦经相表里，手少阴心经与手太阳小肠经相表里，足太阴脾经与足阳明胃经相表里，足厥阴肝经与足少阳胆经相表里，足少阴肾经与足太阳膀胱经相表里。互为表里的经脉在生理上密切联系，在病理上相互影响，在治疗时相互为用。

3. 十二经脉的体表分布规律

十二经脉在体表左右对称地分布于头面、躯干和四肢，纵贯全身。六阴经分布于四肢内侧和胸腹，六阳经分布于四肢外侧和头面、躯干。十二经脉在四肢的分布规律见图一。

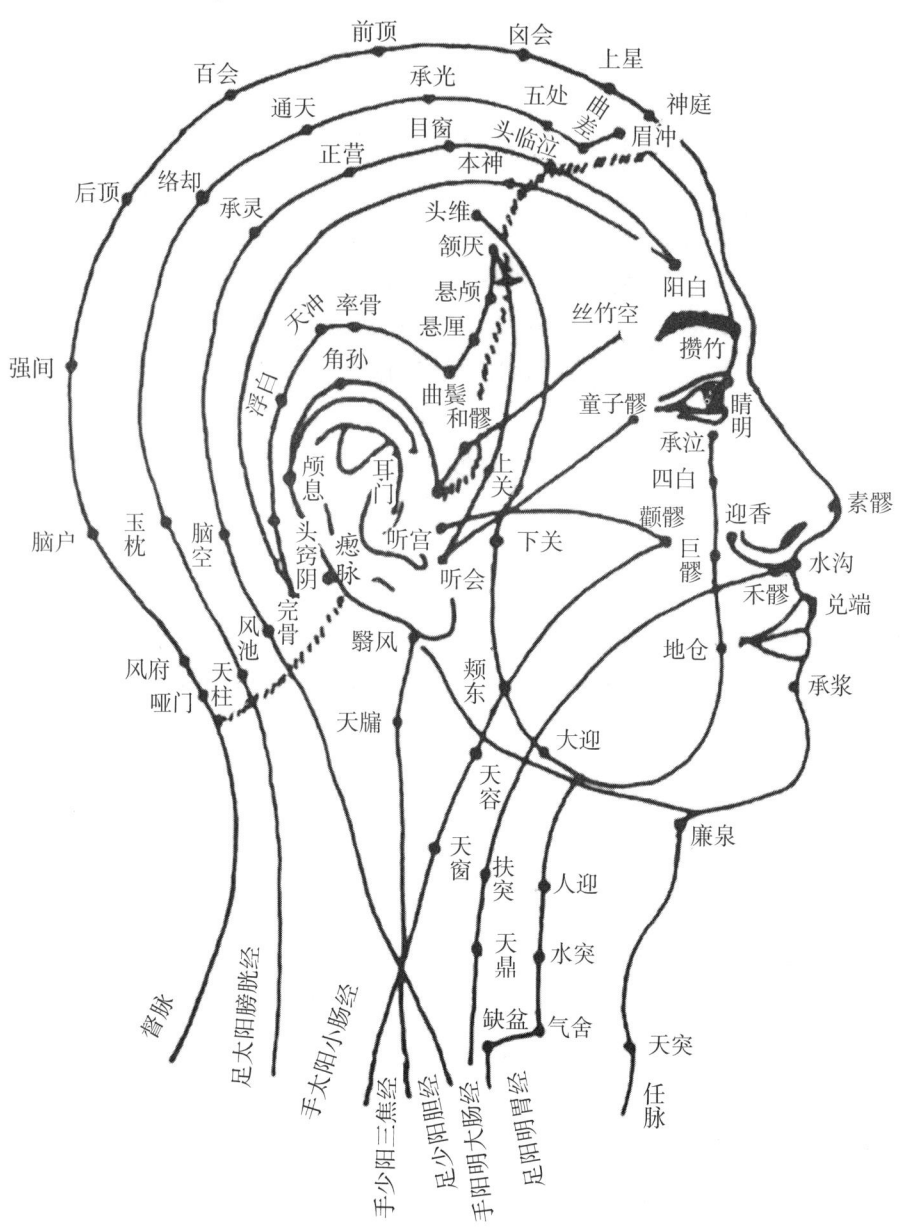

第五章 太极内功点穴释解

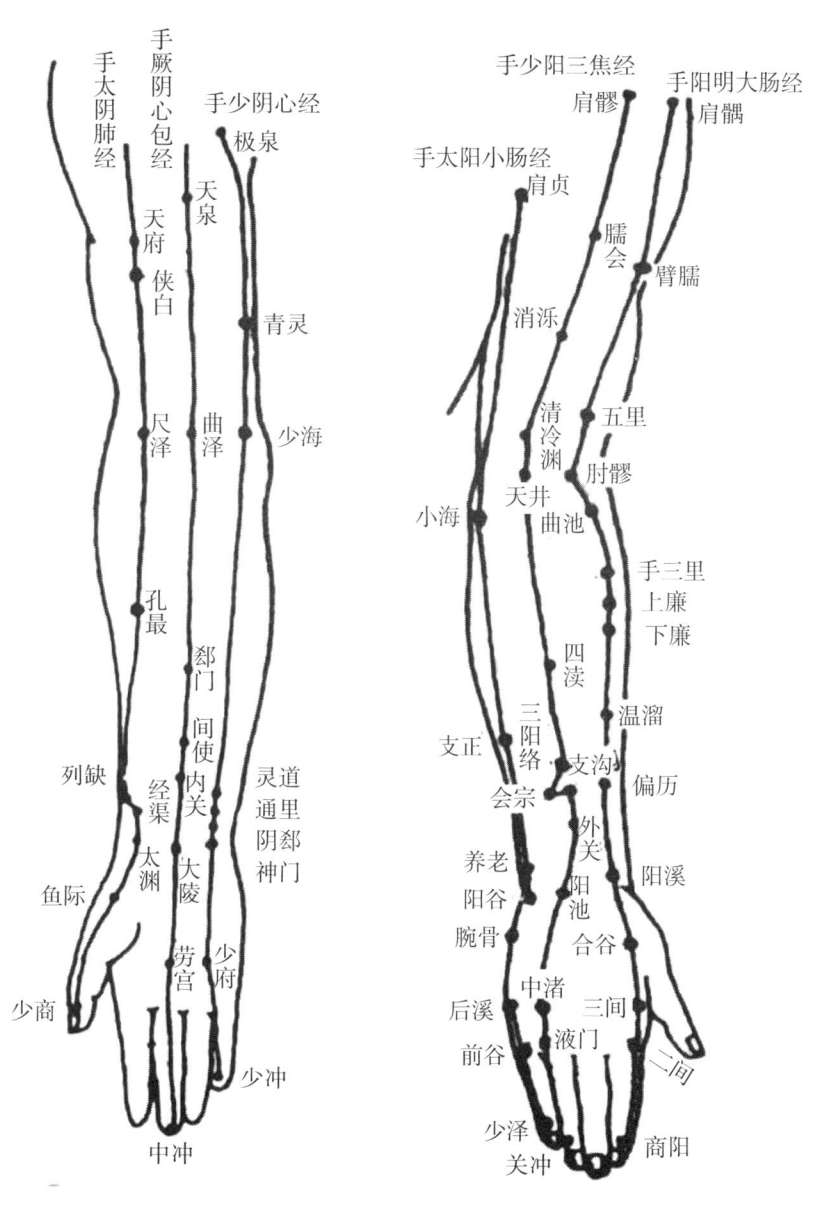

图一

（1）手三阴经（上肢）分别为手太阴肺经在前、手厥阴心包经在中、手少阴心经在后。足三阴经（下肢）分别为足太阴脾经在前、足厥阴肝经在中、足少阴肾经在后，其中足三阴经在足内踝以下为厥阴在前、太阴在中、少阴在后，至内踝 8 寸以上。

（2）太阴交出于厥阴之前。手三阳经（上肢）分别为手阳明大肠经在前、手少阳三焦经在中、手太阳小肠经在后。足三阳经（下肢）分别为足阳明胃经在前、足少阳胆经在中、足太阳膀胱经在后。督脉行于背正中线；任脉行于前正中线，见图二。

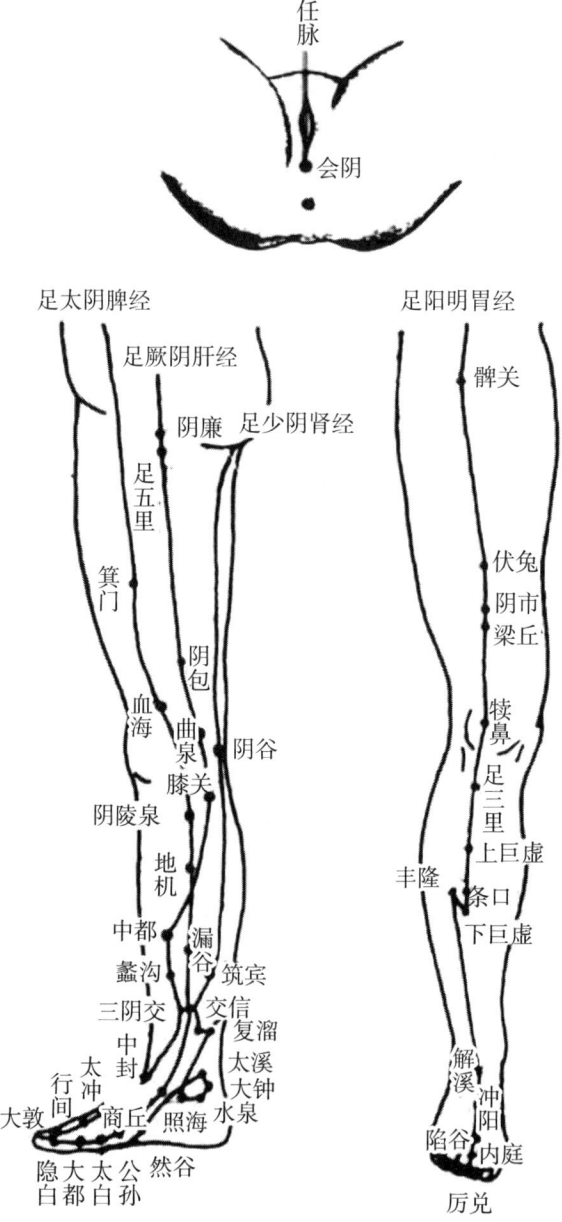

足少阳胆经
环跳
风市
中渎
膝阳关
阳陵泉
阳交
外丘
光明
阳辅
悬钟
地五会
侠溪
丘墟
足临泣
足窍阴
足太阳膀胱经
承扶
殷门
浮郄
委阳
委中
合阳
承筋
承山
飞扬
附阳
金门
昆仑
至阴
仆参
申脉
京骨
束骨
足通谷
至阴
足通谷
涌泉
太白
大都
束骨
公孙
京骨
然谷
金门
申脉
仆参
肾经
膀胱经
至阴
足通谷
束骨
胆经
足窍阴
足临泣
京骨
金门
申脉
仆参
侠溪
地五会
丘墟
胃经
厉兑
内庭
陷谷
冲阳
解溪
昆仑
肝经
大敦
行间
太冲
中封
商丘
太溪
脾经
隐白
大都
公孙
然谷
照海
水泉
大钟

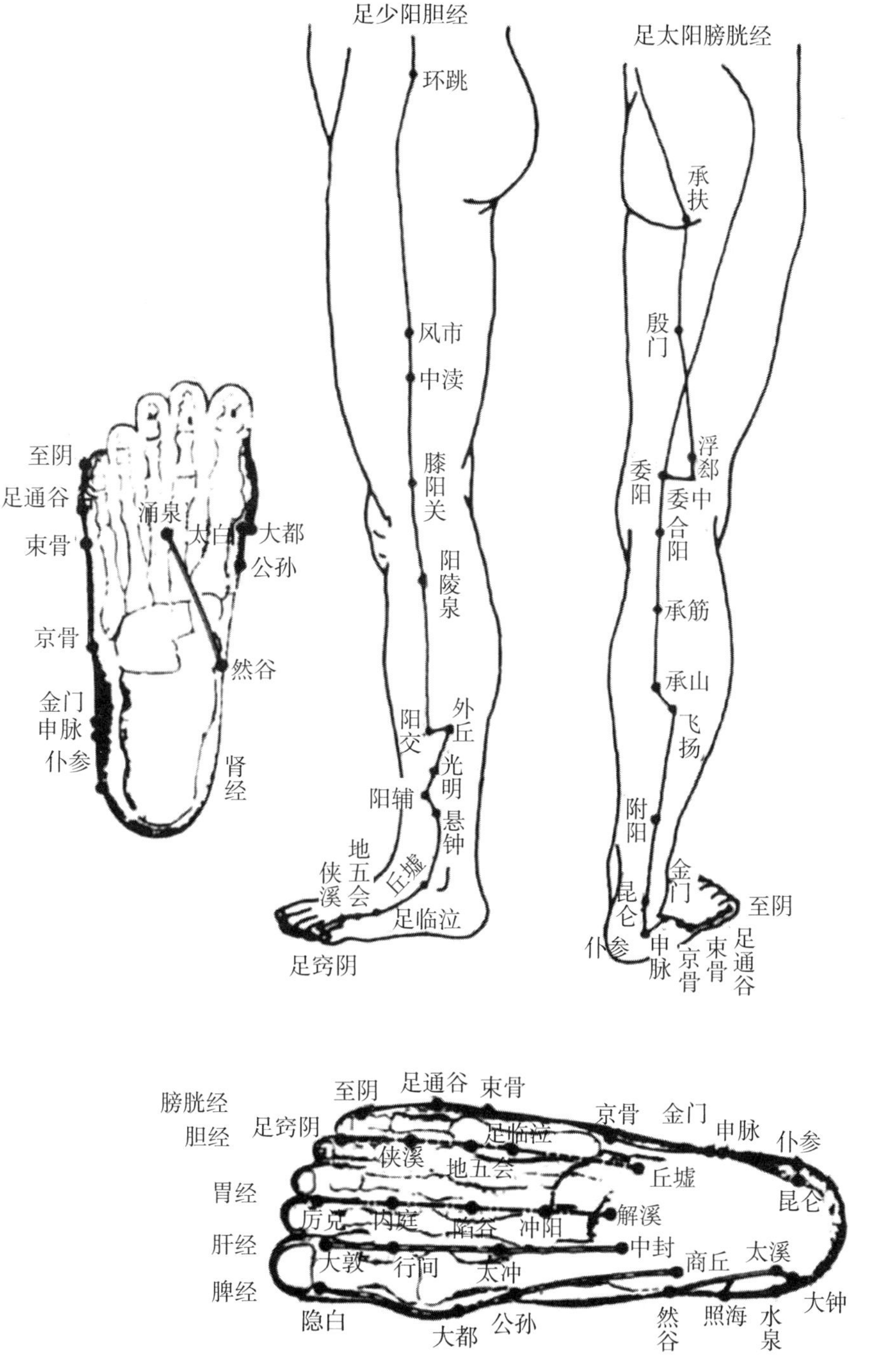

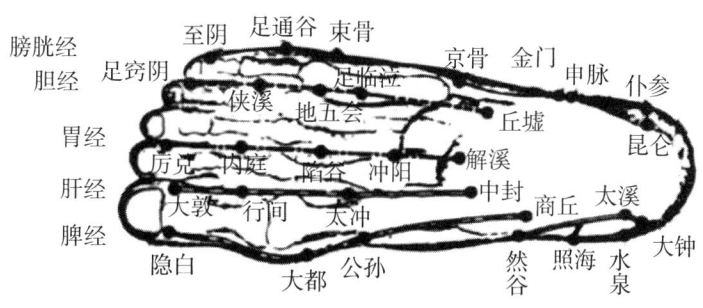

图二

4. 足三阴三阳经脉在躯干的分布

足少阴肾经在胸中线旁开 2 寸，腹中线旁开 0.5 寸处（在胸腹部内侧）；足太阴脾经行于胸中线旁开 6 寸，腹中线旁开 4 寸处（三条阴经中间）；足厥阴肝经循行规律性不强（胸腹部外侧）；足阳明胃经分布于胸中线旁开 4 寸，腹中线旁开 2 寸处；足太阳膀胱经行于背部，分别于背正中线旁开 1.5 寸和 3 寸处；足少阳胆经分布于身之侧面，见图三。

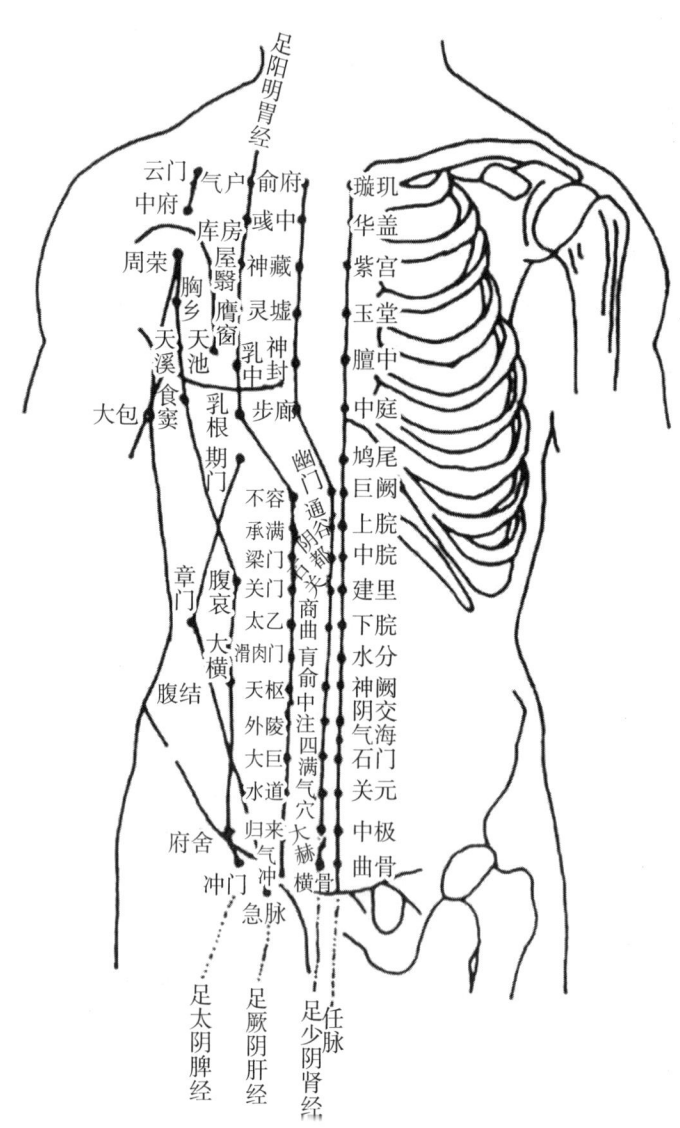

第五章 太极内功点穴释解

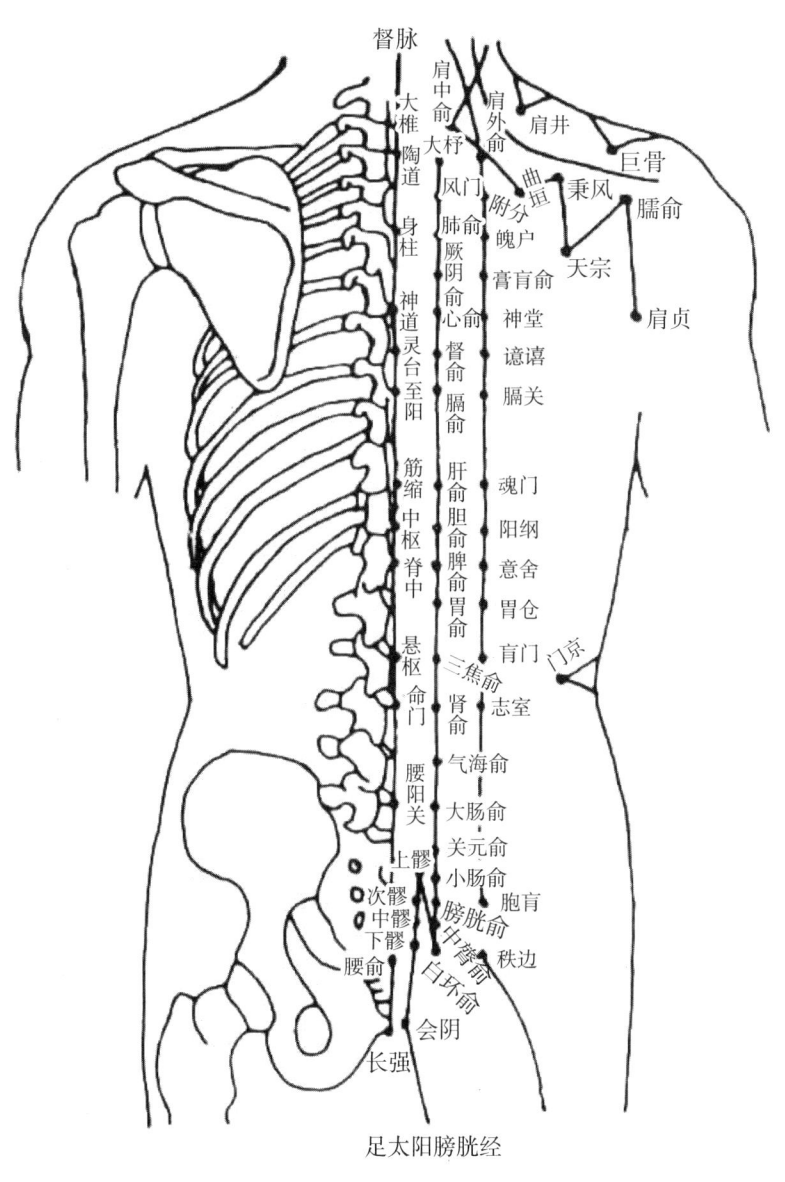

图三

5. 任督二脉

任督二脉属于奇经八脉，因具有明确穴位，医家将其与十二正经合称为十四经脉。任脉主血，为阴脉之海；督脉主气，为阳脉之海。也就是说，任督二脉分别对十二正经脉中的手足六阴经与六阳经脉起着主导作用，当十二正经脉气血充盈，就会流溢于任督两脉；相反，若任督两脉气机旺盛，同样也会循环作用于十二正经脉，故曰："任督通则百脉皆通。"

（三）人体气血"子午流注"

古医书中说："子午流注者，谓刚柔相配，阴阳相合，气血循环，时穴开合也。

"何以子午言之？曰：'子时一刻，乃一阳之生；至午时一刻乃一阴之生，故以子午分之而得乎中也。即子者阳也，午者阴也。'

"何以流注言之？曰：'流者，往也。注者，住也。'此处的流注，指人体中的气血环流。"

"子午流注"是中医圣贤发现的一种人体气血循行的规律，中医认为人体中十二条经脉对应着每日的十二个时辰，由于时辰在变，因而不同经脉中的气血在不同的时辰也有盛有衰。中医哲学主张天人合一，认为人是大自然的组成部分，人的生活习惯应该符合自然规律。把人的脏腑在十二个时辰中的兴衰联系起来看，环环相扣，十分有序，这就叫子午流注法。

1. "子午流注"时刻表

子时，23~1点钟，胆经最旺。丑时，1~3点钟，肝经最旺。寅时，3~5点钟，肺经最旺。卯时，5~7点钟，大肠经最旺。辰时，7~9点钟，胃经最旺。巳时，9~11点钟，脾经最旺。午时，11~13点钟，心经最旺。未时，13~15点钟，小肠经最旺。申时，15~17点钟，膀胱经最旺。酉时，17~19点钟，肾经最旺。戌时，19~21点钟，心包经最旺。亥时，21~23点钟，三焦经最旺。

2. "子午流注"循行图

十二经脉的流注是从手太阴肺经开始，阴阳相贯，首尾相接，逐经相传，到肝经为止，从而构成了周而复始、如环无休的流注系统，将气血周流全身，起到濡养的作用，见图四。

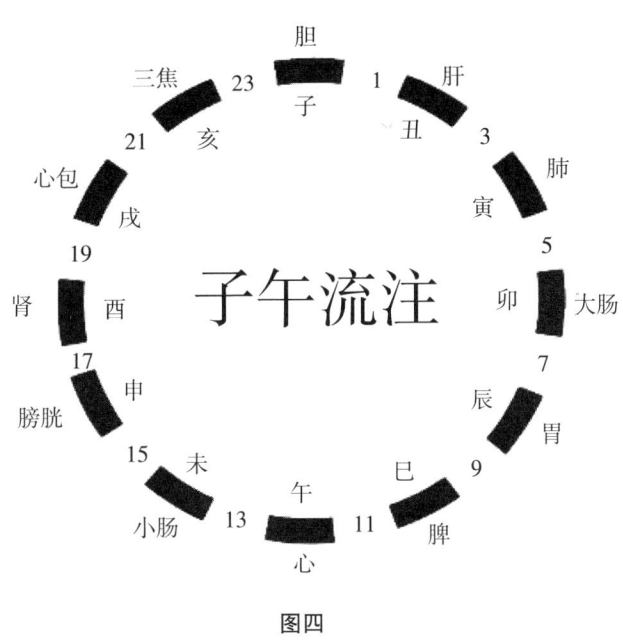

图四

二、人体穴位气血流注详解

"十二经穴气血流注"是习"点穴之技"不可或缺的第一步。此步的核心问题是"精悉经络、穴道和气血循行之理"。不下苦工，何能记住？少林师长叹曰："此技得皮毛者，借奇而自掩；得真传者，视珍奇而自秘。如此千年余，渐而失传。"可见揭示其秘之难也。因而，习"点穴之法"，必先识各穴所在的位置，辨明其起止循行路线，通晓各穴位与脏腑、气血、五行、阴阳之关系，明白相互生克、制约之理，方能沿其道渐而习之并掌握。

此技，少林师曰："习点穴之法，虽表功在手，但力源在脏。内外发一点，皆动百节内外，全身动也。"又曰："静者积，积之必滞，疾也；动者通，通畅百节必活，健也。"

如今习武之人，仅闻点穴之名，而不知其法，令人惋惜。点穴之法，其理深奥，非精心研练者，难通其术。少林师曰："砺苦恒志，几十年如一日，方能获得真功。"

经络气血循行,是一门复杂的人体科学,古人为使人好记好背,将气血循行流注时辰、脏腑等编成歌诀。如果想将气血循行之理弄明白,熟记歌诀是一个很好的捷径。

十二时辰气血流注歌:

寅时气血流注肺,卯时大肠辰时胃,
巳脾午心未小肠,申属膀胱酉肾注,
戌时心包亥三焦,子胆丑肝各定位。

按医学子午流注理论,每日人体气血按时辰依次环流十二经脉。气血沿经脉每循环一周,气血必经行一度,其经行则以十二时辰为准。少林师言:"吾人若悉所此规,施其点穴法,皆有效验,攻者必破,守者必坚,常胜也。"

据《针灸大成校释》所述,"子午流注法"以"平旦为纪",即"寅时",气血流注肺经,一昼夜气血流注十二经脉,和十二时辰相配,使经脉中的气血流注具有了时间的意义。一个时辰流注一经,流注某经时某经气血旺盛;行离某经时,则某经气血衰减。这种时间、阴阳、刚柔的变化,就是计算经穴"开、合"的理论基础。

以下对十二经穴气血流注进行解析。

(一)手太阴肺经

此经寅时3~5点钟,起于胸部乳上三肋间处"中府穴",终于手拇指内侧"少商穴"。另一支脉,从手腕部"列缺穴"分出,一直走向手食指端,与"手阳明大肠经""商阳穴"相交,见图五。

穴歌:

手太阴肺十一穴,中府云门天府诀,
侠白尺泽孔最存,列缺经渠太渊涉,
鱼际少商如韭叶。(左右二十二穴)

第五章 太极内功点穴释解

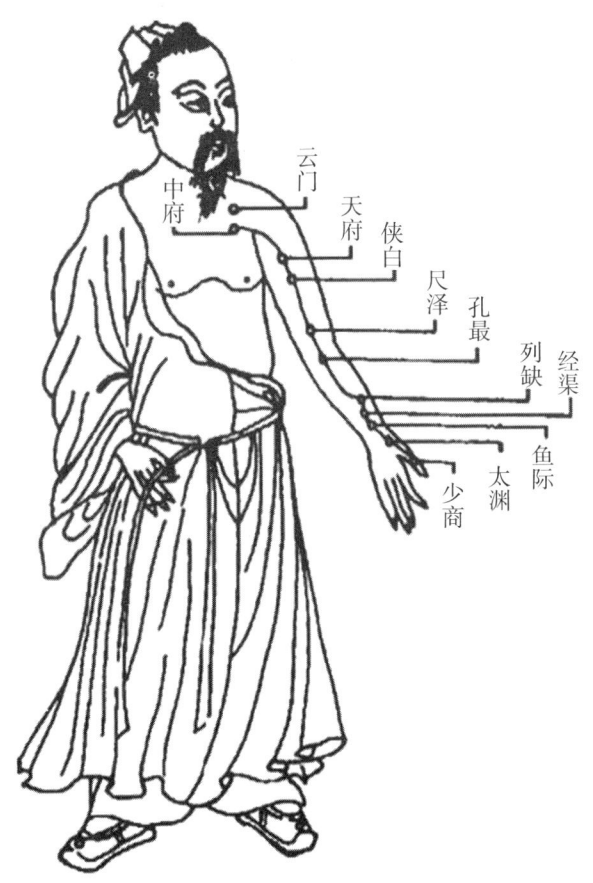

图五 手太阴肺经气血循行和腧穴示意

寅时 3~5 点钟气血始注于手太阴肺经，本经多气少血。

［注］用穴歌对照肺经腧穴示意图和此经气血循行路线，牢记腧穴位置和名称。

（二）手阳明大肠经

此经卯时 5~7 点钟起于手食指端"商阳穴"，终于头部鼻下孔旁"迎香穴"。另一支脉，由锁骨上行至面颊，回绕上唇至鼻翼两旁的"迎香穴"，而后上行至头部眼角处，与"足阳明胃经"的"承泣穴"相交，见图六。

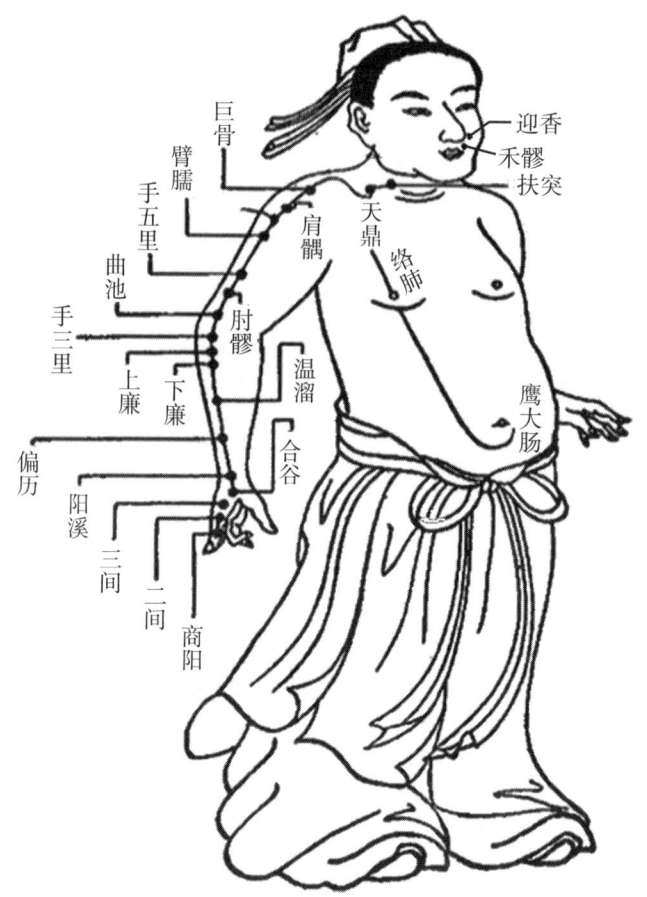

图六　手阳明大肠经气血循行和腧穴示意

穴歌：

　　手阳明穴起商阳，二间三间合谷藏，
　　阳溪偏历温溜长，下廉上廉手三里，
　　曲池肘髎五里近，臂臑肩髃巨骨当，
　　天鼎扶突禾髎接，鼻旁五分号迎香。
　　（左右四十穴）　（臑音闹、髃音鱼、髎音疗）

　　卯时5~7点钟气血注入"手阳明大肠经"，本经气血俱多，受手太阴之交。

　　[注] 用穴歌对照大肠经腧穴示意图和此经气血循行路线，牢记腧穴位置和名称。

（三）足阳明胃经

此经辰时 7~9 点钟起于头部眼角处的"承泣穴"，终于足二趾外侧、趾甲角后"厉兑穴"。另一支脉，从足跗上"冲阳穴"分出，进入足大趾内侧的"隐白穴"，与"足太阴脾经"相交，见图七。

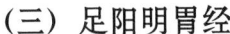

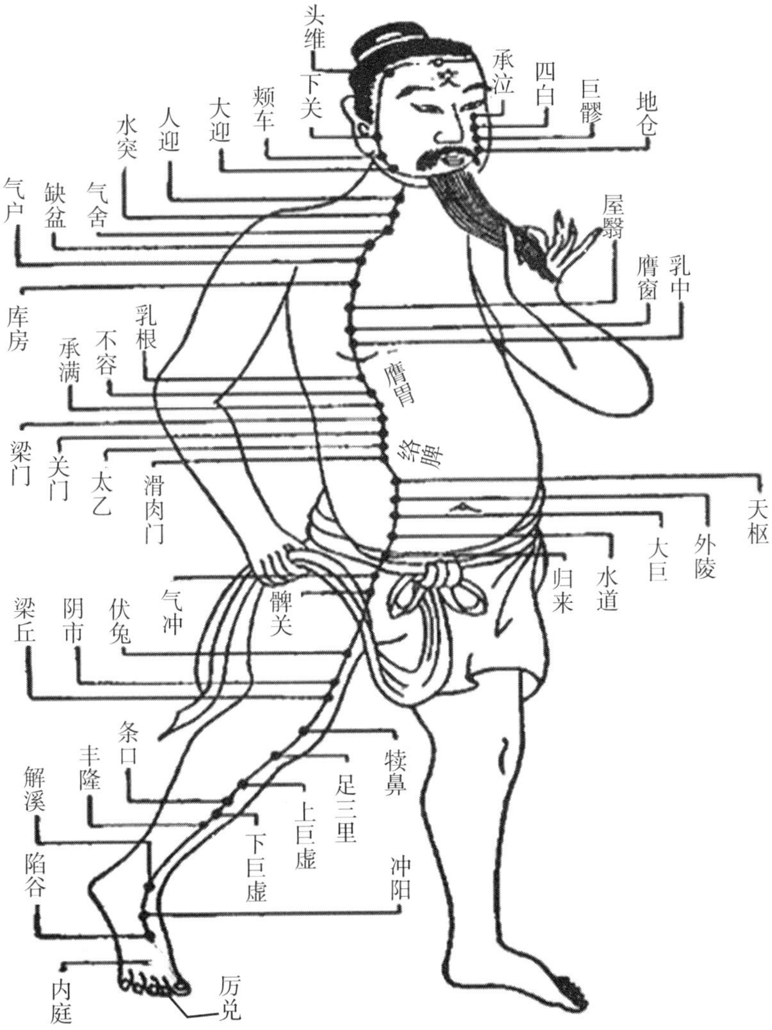

图七　足阳明胃经气血循行和腧穴示意

穴歌：

> 四十五穴足阳明，头维下关颊车停，
> 承泣四白巨髎经，地仓大迎对人迎，
> 水突气舍连缺盆，气户库房屋翳屯，
> 膺窗乳中延乳根，不容承满梁门起，
> 关门太乙滑肉门，天枢外陵大巨存，
> 水道归来气冲次，髀关伏兔走阴市，
> 梁丘犊鼻足三里，上巨虚连条口位，
> 下巨虚跳上丰隆，解溪冲阳陷谷中，
> 内庭厉兑经穴终。（左右九十穴）（翳，音益）

辰时 7~9 点钟气血注入"足阳明胃经"，本经多血多气。

［注］用穴歌对照胃经腧穴示意图和此经气血循行路线，牢记腧穴位置和名称。

（四）足太阴脾经

此经巳时 9~11 点钟起于足大趾端内侧"隐白穴"，终于腋窝下 6 寸处"大包穴"。另一支脉，进入胃，再由胃分出，向上通过横膈，流入心中，与"手少阴心经"相交，见图八。

穴歌：

> 二十一穴脾中州，隐白在足大趾中，
> 大都太白公孙盛，商丘三阴交可求，
> 漏谷地机阴陵穴，血海箕门冲门开，
> 府舍腹结大横排，腹哀食窦连天溪，
> 胸乡周荣大包随。（左右四十二穴）

巳时 9~11 点钟气血注入"足太阴脾经"，本经少血多气。

［注］用穴歌对照脾经腧穴示意图和此经气血循行路线，牢记腧穴位置和名称。

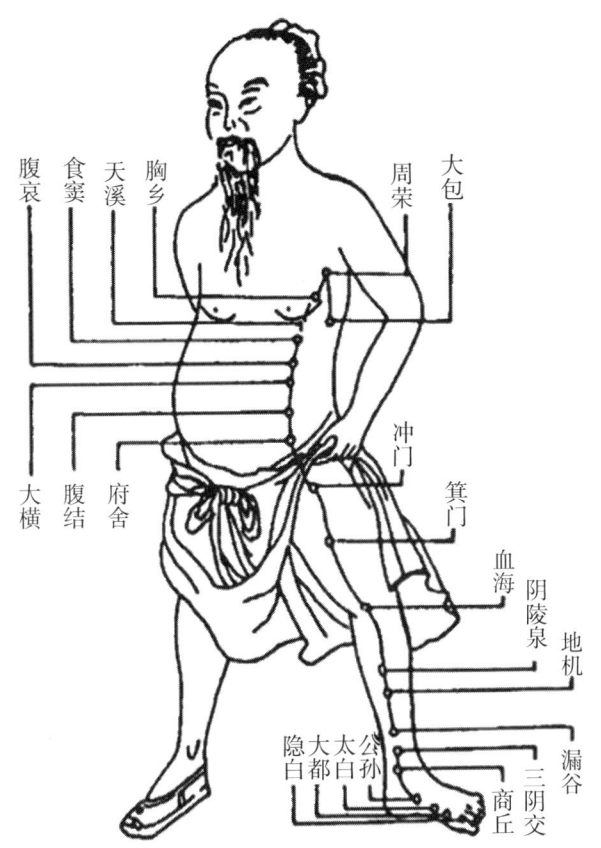

图八　足太阴脾经气血循行和腧穴示意

（五）手少阴心经

此经午时 11~13 点钟起于胸部腋窝中央"极泉穴"，终于手小指内侧"少冲穴"。其直行脉，从心系上上行于肺部，再向下进入腋窝，顺臂进入掌心，沿小指的桡侧，至末端"少冲穴"与"手太阳小肠经"的"少泽穴"相接，见图九。

穴歌：

　　　　九穴午时手少阴，极泉青灵少海深，
　　　　灵道通里阴郄邃，神门少府少冲寻。

　　　　　　（左右十八穴）

图九　手少阴心经气血循行和腧穴示意

午时11~13点钟气血注入"手少阴心经",本经多气少血。

[注] 对照心经腧穴示意图,参见此经气血循行图,牢记腧穴位置和名称。

(六) 手太阳小肠经

此经未时13~15点钟起于手小指外侧"少泽穴",终于头部耳屏与下颌关节之间处"听宫穴"。另一支脉,从面颊部分出,至目眦下,与"足太阳膀胱经"的"睛明穴"相交,见图十。

第五章　太极内功点穴释解

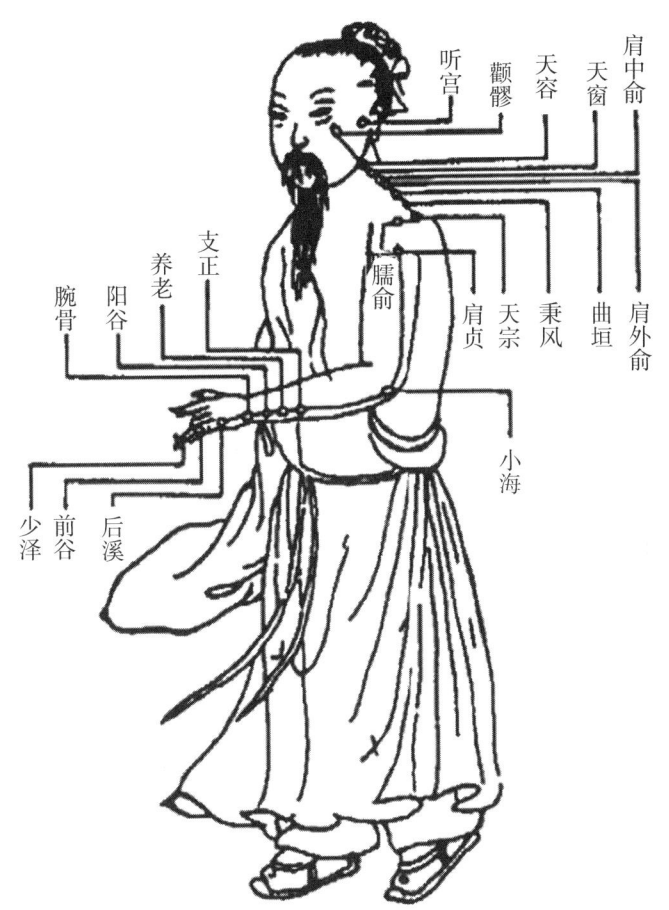

图十　手太阳小肠经气血循行和腧穴示意

穴歌：

手太阳穴一十九，少泽前谷后溪薮，
腕骨阳谷养老绳，支正小海外辅肘，
肩贞臑俞接天宗，髎外秉风曲垣首，
肩外俞连肩中俞，天窗乃与天容偶，
锐骨之端上颧髎，听宫耳前珠上走。
（左右三十八穴）（臑音闹、髎音疗）

未时 13~15 点钟气血注入"手太阳小肠经"，多血少气。

[注] 对照小肠经腧穴示意图，参见此经气血循行图，牢记腧穴位置和名称。

（七）足太阳膀胱经

此经申时 15~17 点钟起于头部目内眼角"睛明穴"，终于足小指内侧"至阴穴"。另一支脉，从足小趾外侧端"至阴穴"延伸至脚心，与"足少阴肾经"的"涌泉穴"相接，见图十一。

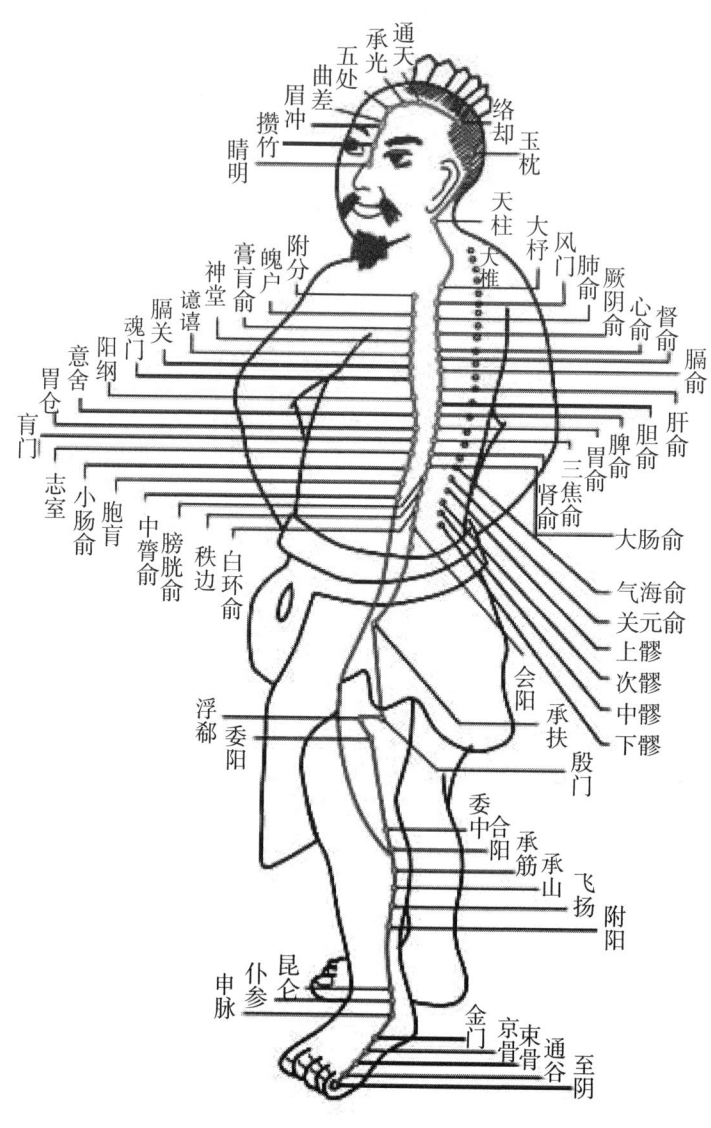

图十一 足太阳膀胱经气血循行和腧穴示意

穴歌：

  足太阳经六十七，睛明目内红肉藏，
  攒竹眉冲与曲差，五处上寸半承光，
  通天络却玉枕昂，天柱后际大筋外，
  大杼背部第二行，风门肺俞厥阴四，
  心俞督俞膈俞强，肝胆脾胃俱挨次，
  三焦肾气海大肠，关元小肠到膀胱，
  中膂白环仔细量，自从大杼至白环，
  各各节外寸半长，上髎次髎中复下，（髎音疗）
  一空二空腰髁当，会阳阴尾骨外取，
  附分侠脊第三行，魄户膏肓与神堂，
  譩譆膈关魂门九，阳纲意舍仍胃仓，
  肓门志室胞肓续，二十椎下秩边场，
  承扶臀横纹中央，殷门浮郄到委阳，
  委中合阳承筋是，承山飞扬踝附阳，
  昆仑仆参连申脉，金门京骨束骨忙，
  通谷至阴小趾旁。（左右一百三十四穴）

申时 15~17 点钟气血注入"足太阳膀胱经"，本经多血少气。

[注] 用穴歌对照膀胱经腧穴示意图和此经气血循行路线，牢记腧穴位置和名称。

（八）足少阴肾经

此经酉时 17~19 点钟起于足心"涌泉穴"，终于胸部锁骨下缘凹陷处"俞府穴"。其支脉，由肺部出来，联络心脏，注入胸中，与"手厥阴心包经"的"天池穴"相接，见图十二。

穴歌：

  足少阴穴二十七，涌泉然谷太溪溢，
  大钟水泉通照海，复溜交信筑宾实，
  阴谷膝内跗骨后，以上从足走至膝，

横骨大赫连气穴，四满中注肓俞脐，
商曲石关阴都密，通谷幽门寸半僻，
折量腹上分十一，步廊神封膺灵墟，
神藏或中俞府毕。（左右五十四穴）

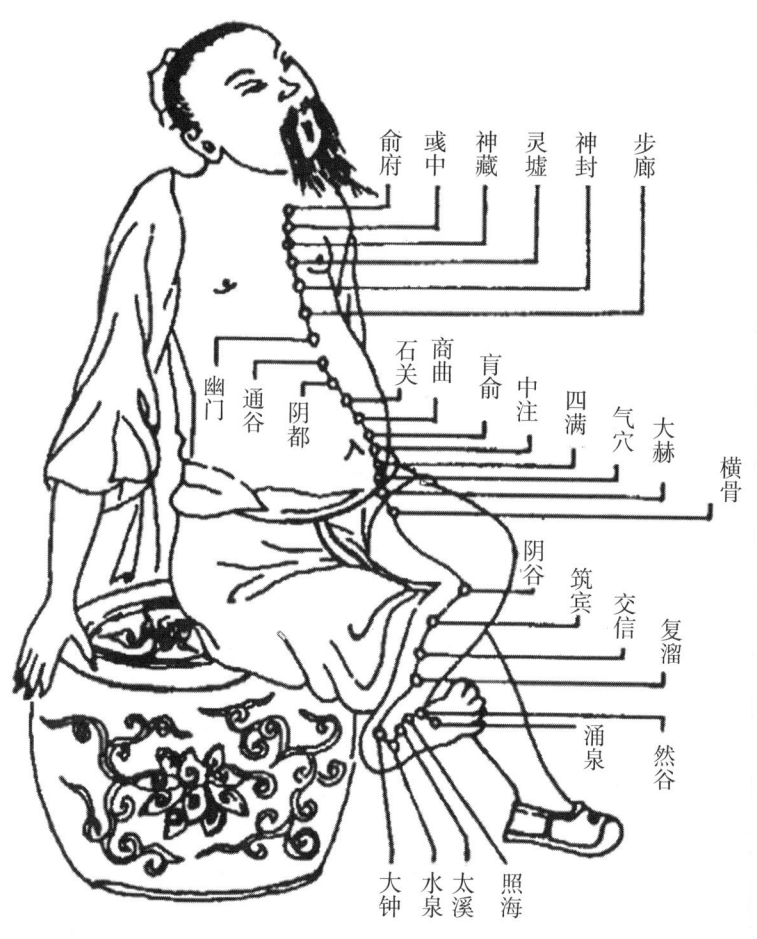

图十二　足少阴肾经气血循行和腧穴示意

酉时 17~19 点钟气血注入"足少阴肾经"，本经多气少血。

［注］用穴歌对照足少阴肾经腧穴示意图和此经气血循行路线，牢记腧穴位置和名称。

（九）手厥阴心包经

此经戌时19~21点钟起于胸部乳头外侧旁开一寸处"天池穴"，终于手中指端"中冲穴"。另一支脉，从掌中"劳宫穴"分出，沿无名指尺侧达指端，与"手少阳三焦经""关冲穴"相接，见图十三。

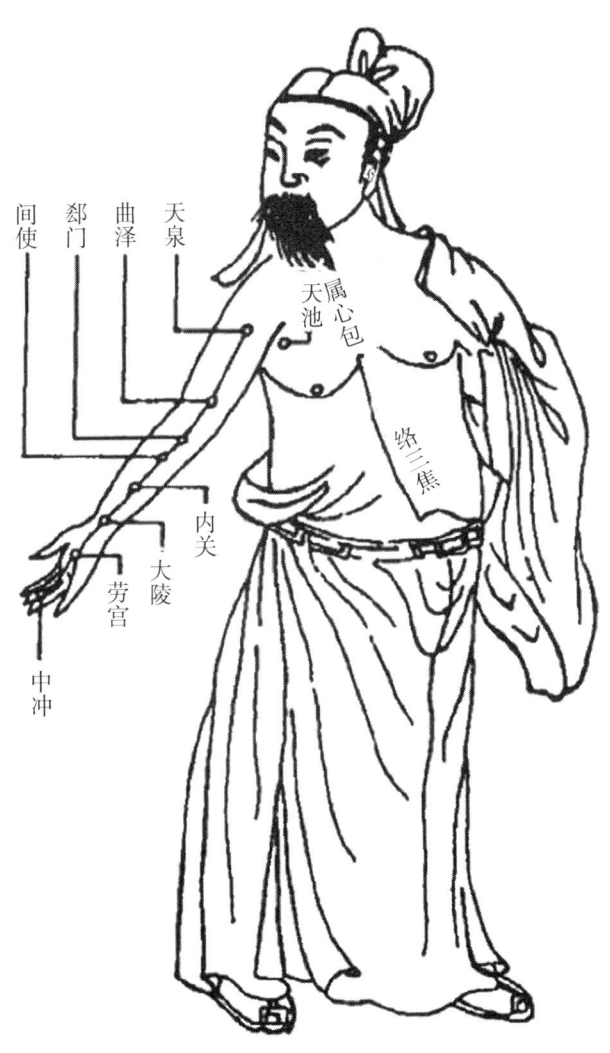

图十三　手厥阴心包经气血循行和腧穴示意

穴歌：

　　　　九穴心包手厥阴，天池天泉曲泽深。

　　　　郄门间使内关对，大陵劳宫中冲侵。

　　　　　　（左右一十八穴）

戌时 19~21 点钟气血注入"手厥阴心包经"，本经多血少气。

[注] 用穴歌对照心包经腧穴示意图和此经气血循行路线，牢记腧穴位置和名称。

（十）手少阳三焦经

此经亥时 21~23 点钟起于手无名指末端的"关冲穴"，终于头部眉毛外端凹陷处的"丝竹空穴"。另一支脉，由目外眦的"丝竹空穴"与目外眦角处的"足少阳胆经"的"瞳子髎穴"相接，见图十四。

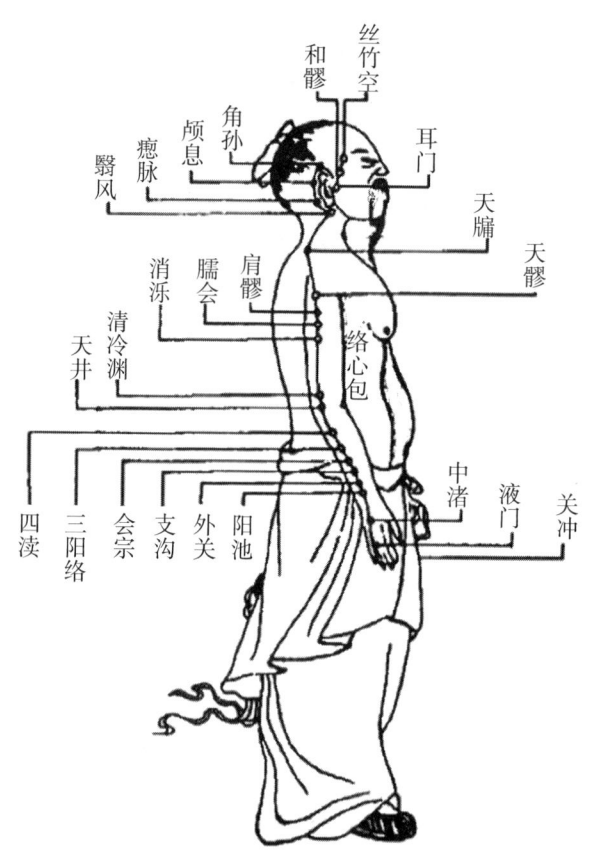

图十四　手少阳三焦经气血循行和腧穴示意

穴歌：
　　　　二十三穴手少阳，关冲液门中渚旁，
　　　　阳池外关支沟正，会宗三阳四渎长，
　　　　天井清冷渊消泺，臑会肩髎天髎堂，
　　　　天牖翳风瘈脉青，颅息角孙丝竹张，
　　　　和髎耳门听有常。（左右四十六穴）

（泺音裸、臑音闹、牖音有、翳音益、瘈音赤）

亥时21~23点钟气血注入"手少阳三焦经"，本经多气少血。

[注] 用穴歌对照三焦经腧穴示意图和此经气血循行路线，牢记腧穴位置和名称。

（十一）足少阳胆经

此经子时23~1点钟起于头部外眼角外侧约半寸处"瞳子髎（音疗）穴"，终于第四足趾外侧端"足窍阴穴"。另一支脉，由足跗部的"足临泣穴"分出，沿第一、二跖骨之间，出足大趾外侧端，与"足厥阴肝经"的"大敦穴"相接，见图十五。

穴歌：
　　　　少阳足经瞳子髎，四十四穴行迢迢，
　　　　听会上关颔厌集，（颔，音汉）
　　　　悬颅悬厘曲鬓翘，率谷天冲浮白次，
　　　　窍阴完骨本神邀，阳白临泣目窗辟，
　　　　正营承灵脑空摇，风池肩井渊液部，
　　　　辄筋日月京门标，带脉五枢维道续，
　　　　居髎环跳风市招，中渎阳关阳陵穴，
　　　　阳交外丘光明宵，阳辅悬钟丘墟外，
　　　　足临泣地五侠溪，第四趾端窍阴毕。

　　　　　　　（左右八十八穴）

子时23~1点钟气血注入"足少阳胆经"，本经多气少血。

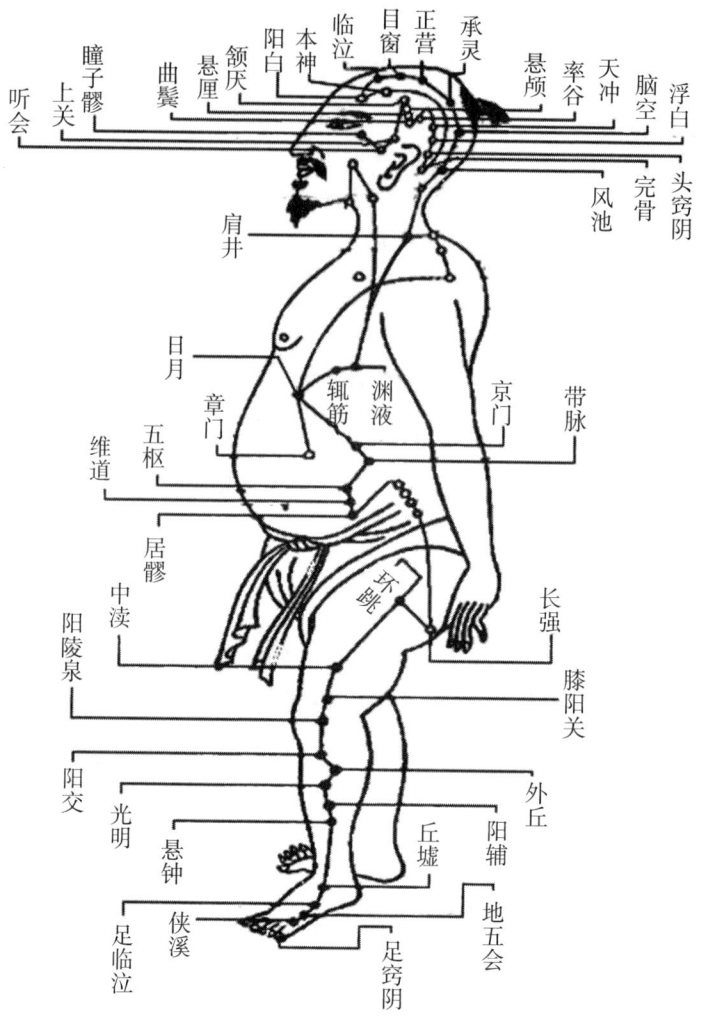

图十五 足少阳胆经气血循行和腧穴示意

[注] 用穴歌对照胆经腧穴示意图和此经气血循行路线，牢记腧穴位置和名称。

（十二）足厥阴肝经

此经丑时1~3点钟起于足大趾外侧端"大敦穴"，终于胸部乳头直下一寸半处"期门穴"。另一支脉，再从肝脏分出，通过横膈，向上输注于肺脏，再与"手太阴肺经""中府穴"相交,见图十六。

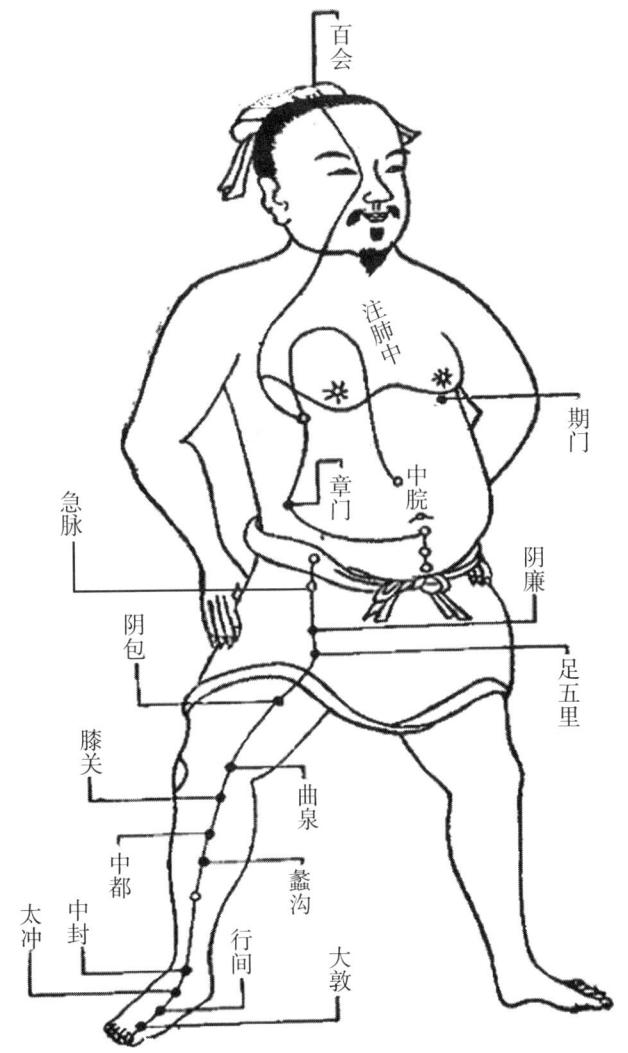

图十六 足厥阴肝经气血循行和腧穴示意

穴歌:

一十三穴足厥阴,大敦行间太冲侵,
中封蠡沟中都近,(蠡,音离)
膝关曲泉阴包临,五里阴廉羊矢下,
章门常对期门深。

(注:此穴歌缺"急脉穴",左右应为二十八穴)

丑时 1~3 点钟气血注入"足厥阴肝经"，本经多血少气。

［注］用穴歌对照肝经腧穴示意图和此经气血循行路线，牢记腧穴位置和名称。

以上为"子午流注"，十二经脉气血循行一周天。

三、奇经八脉和腧穴

奇经八脉，是指十二经脉之外而具有特殊作用的、连接和沟通十二经脉的较大的支脉，其八条经脉的名称是：督脉、任脉、冲脉、带脉、阳跷脉、阴跷脉、阳维脉和阴维脉。

其中除了督脉、任脉有固定的腧穴外，其余六条经脉都未有腧穴。由于它们的循行路径不同于十二经脉，与脏腑没有直接的相互络属关系，也没有表里配合，故称"奇经八脉"。它们交叉贯穿于十二经脉之间，具有调节气血的作用。

奇经八脉中的任督二脉，点穴中的主要穴位均在此二脉上，因此必须弄通任督二脉的功能。

（一）督脉

督脉在人体中气血运行范围大、层次多、深度深，表里关系复杂，与脏腑联系密切。

穴歌：

督脉中行二十七，长强腰俞阳关密。
命门悬枢接脊中，筋缩至阳灵台逸。
神道身柱陶道长，大椎平肩二十一。
哑门风府脑户深，强间后顶百会率。
前顶囟会上星园，神庭素髎水汤窟。
兑端开口唇中央，龈交唇内任督毕。

（注：此穴歌缺"中枢穴"，应为二十八穴）

督脉起于尾骨尖端与肛门之中点的"长强穴"，终于上唇与上齿龈（音

"银")之间的"龈交穴",共计二十八穴,即长强、腰俞、阳关、命门、悬枢、脊中、中枢、筋缩、至阳、灵台、神道、身柱、陶道、大椎、哑门、风府、脑户、强间、后顶、百会、前顶、囟会、上星、神庭、素髎(音"疗")、人中(水沟)、兑端、龈交。

气血循行:督脉出于会阴部尾骨端,向后沿着脊柱上行,直达项后风府穴,而进入脑内,并由项沿着头部正中线,上达头顶,经过前额下行至鼻柱下方,到达上齿龈,见图十七。

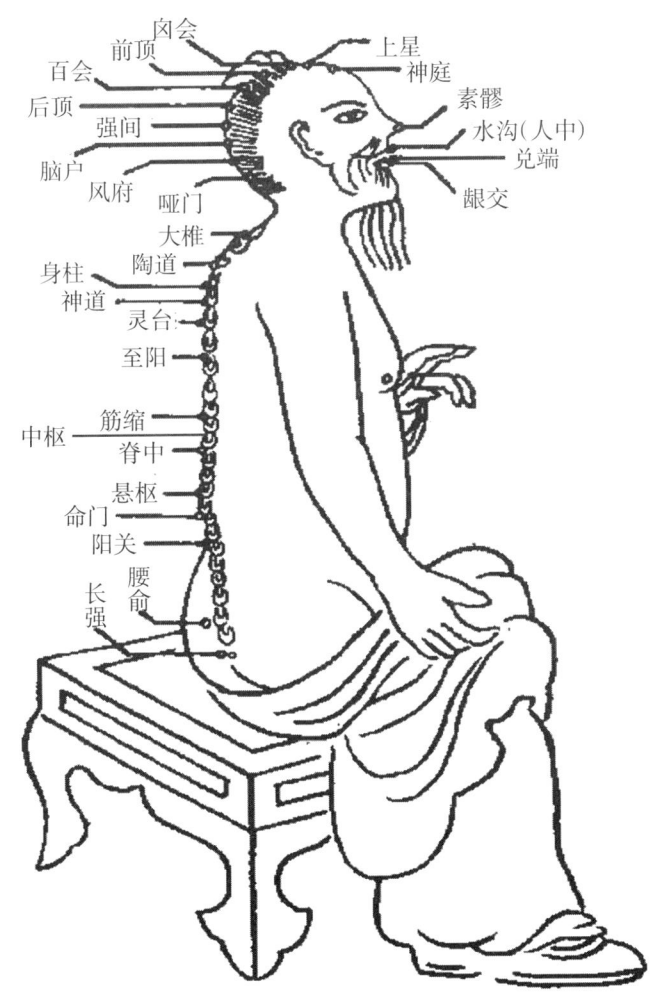

图十七 督脉气血循行和腧穴示意

[注] 用穴歌对照督脉腧穴示意图和此经气血循行路线,牢记腧穴位置和名称。

（二）任脉

任脉称"阴脉之海"，人的气血，像水一样在诸阴经中周流，而任脉是诸阴经的总会。

穴歌：

    任脉三八起会阴，曲骨中极关元锐。
    石门气海阴交仍，神阙水分下脘配。
    建里中上脘相连，巨阙鸠尾蔽骨下。
    中庭膻中募玉堂，紫宫华盖璇玑夜。
    天突结喉是廉泉，唇下宛宛承浆舍。

        （共二十四穴）

任脉起于阴囊与肛门（阴唇与肛门）之间的"会阴穴"，沿中极穴上行，经阴毛处，再沿腹内上行，经关元等穴到达咽喉部，终于"承浆穴"，与督脉相接。共计二十四穴，即会阴、曲骨、中极、关元、石门、气海、阴交、神阙、水分、下脘、建里、中脘、上脘、巨阙、鸠尾、中庭、膻中、玉堂、紫宫、华盖、璇玑、天突、廉泉、承浆。

气血循行：任脉气血循行由小腹内，向下出于会阴部，再上至阴毛部，沿腹部正中线，达胸部、咽喉、下额，再经下唇，环绕口唇，通过面部，而进入目下，见图十八。

［注］用穴歌对照任脉腧穴示意图和此经气血循行图，牢记腧穴位置和名称。

第五章　太极内功点穴释解

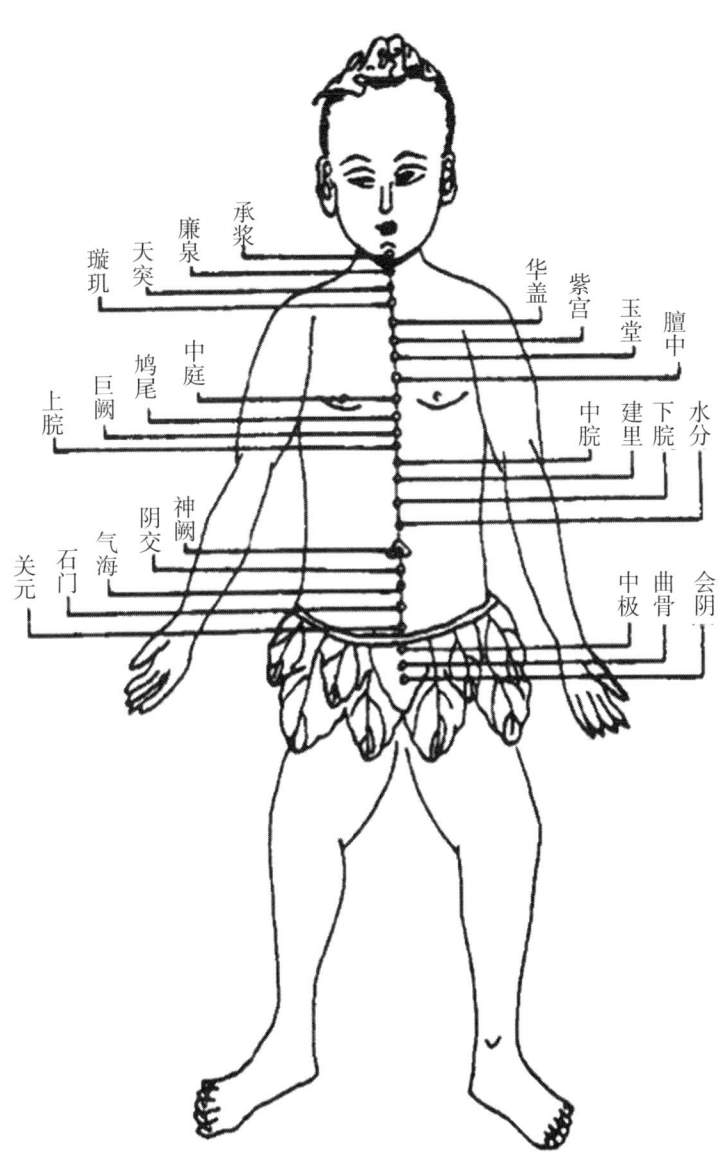

图十八　任脉气血循行和腧穴示意

（三）任督二脉气血循行"子午流注"开穴法

传统点穴术，点击任督二脉上的"穴位"是不分时辰的，任意点打。这是因为古医书上认为任督二脉气血循行不存在"子午流注"之说。现代医学研究证明：任督二脉气血循行也是按"子午流注"规律循行的。

本书所述"任督气血流注开穴法"，是以陈述堂所著《子午流注说奥》和方云鹏、方本正编著的《时间医学与针灸万年历》等书为依据的。任督气血流注开穴法，是以十二时辰配合任督腧穴，以阳升、阴降顺序流注开穴。

此法是以天人相应理论为依据，按督脉为阳，任脉为阴，阳由督后上升，阴由任前下降，任督二脉互相为环，绕人身一周，保持了人之生命的正常运动。医家称任督二脉，释家称法轮，道家称周天，名虽各自不同，但其作用均认为人体气血循行之道路。

任督二脉腧穴开穴方法：将任督二脉的 52 个穴位分成十二个经段，并且对应十二个时辰。

1. 任督二脉十二个经段及每个经段的穴位

一经段：会阴、长强、腰俞。
二经段：腰俞、阳关、命门。
三经段：命门、悬枢、脊中、中枢、筋缩。
四经段：筋缩、至阳、灵台、神道、身柱。
五经段：身柱、陶道、大椎、哑门、风府。
六经段：风府、脑户、强间、后顶、百会。
七经段：百会、前顶、囟会、上星、神庭、素髎、人中。
八经段：人中、兑端、龈交、承浆、廉泉、天突。
九经段：天突、璇玑、华盖、紫宫、玉堂、膻中。
十经段：膻中、中庭、鸠尾、巨阙、上脘、中脘。
十一经段：中脘、建里、下脘、水分、神阙、阴交、气海、石门、关元。
十二经段：关元、中极、曲骨、回到会阴。

2. 任督二脉十二个经段对应的气血流注时辰与起始穴

子时 23~1 点钟，会阴穴。

丑时1~3点钟，腰俞穴。
寅时3~5点钟，命门穴。
卯时5~7点钟，筋缩穴。
辰时7~9点钟，身柱穴。
巳时9~11点钟，风府穴。
午时11~13点钟，百会穴。
未时13~15点钟，水沟（人中）穴。
申时15~17点钟，天突穴。
酉时17~19点钟，膻中穴。
戌时19~21点钟，中脘穴。
亥时21~23点钟，关元穴。

任督二脉"子午流注"开穴法，将任督二脉上52个穴位分成十二个经段，并分出每个经段上有多少穴位，这是推算出每个穴位"血头"到达时间的必要条件。

练"点穴"一技，从理论上首先要弄清一个问题，即人体穴位"何时开，何时闭"。这是点穴一技最深奥之秘。以上内容讲的是人身"十四经脉"气血循行和穴位，古人称此为"子午流注"。"子午"指时间的阴阳变化，"流注"指人体中的气血环流。"子午流注"涵概人体气血环流与时间变化相顺应，反映出阴阳、刚柔的变化，从而出现经穴的"开、合"现象。

"任督二脉"上的穴位虽然都是"要穴"，但如不知其穴位的"开""合"时辰，点打效果自然也会大打折扣。

本书依据现代医学研究成果，揭示了"任督二脉"穴位的"开""合"之理，这对"点穴"这门绝技无疑是一次深层次的推进，其计算方法如下详析。

四、人体十四经脉"血头"计算诠释

历代点穴门派都称"气血之头"是点穴的核心技能。此技之所以称为绝技，就是因为"血头"难以计算和掌握。正如古人所言："点穴者，应知某时气血流注某经，其经之主穴又属何处，依时辰相距之长短，不难推想其所在，此亦如远行者计行程也。"不然，气未到，血已过，换句话说，就是未点在气血头上，任你指头上再有功夫，也难奏效。

人体"气血之头"，现代医学证明，除十二经脉气血按"子午流注"规律循行外，任督二脉气血也是按"子午流注"规律循行。现代医学研究成果打破了自古以来"人身只有一支血头"的说法，而是证明人身气血循行有"两支血头"。一支是"十二经脉"，另一支是"任督二脉"。都是12个时辰，24小时气血环绕一周。

（一）十二经脉"血头"计算法

如何计算"血头"？

先要掌握"十二经脉循经寻穴法"，把人体所取之穴开合时间（血头）推算出来，后必须熟悉和掌握以下四项内容。

1. 清楚每条经脉的长度

医书《针灸大成》上说：十四脉部，合一十六丈二尺，此气之大经隧也。其经脉各有所长：

（1）手之六阳经脉，从手至头，每条经长五尺，共计五六合三丈。

（2）手之六阴经脉，从胸走至手，每条经长三尺五寸，共计三六合一丈八尺，加上五六合三尺，共合二丈一尺。

（3）足之六阳经脉，从头走至足，每条经长八尺，共计六八合四丈八尺。

（4）足之六阴经脉，从足走入腹中，每条经长六尺五寸，共计六六合三丈六尺，加上五六合三尺，共合三丈九尺。

（5）两跷脉，从足至目，各长七尺五寸，共合一丈五尺。

（6）督脉、任脉，各长四尺五寸，共合九尺。

从以上各条经脉长度看，手阴经与手阳经的长度不一样，足阴经与足阳经的长度也不一样，但子午流注气血循行理论告诉我们：十二经气血循行，每条经各占一个时辰（2个小时）。阴经、阳经虽长短不一样，但循行时间都一样，结论是手阴经、手阳经、足阴经、足阳经所循行的"速度"是不一样的。只要求出每条阴经、阳经的"循行速度"，再寻找每条经的"气血之头"也就不难了，见图十九。

第五章　太极内功点穴释解

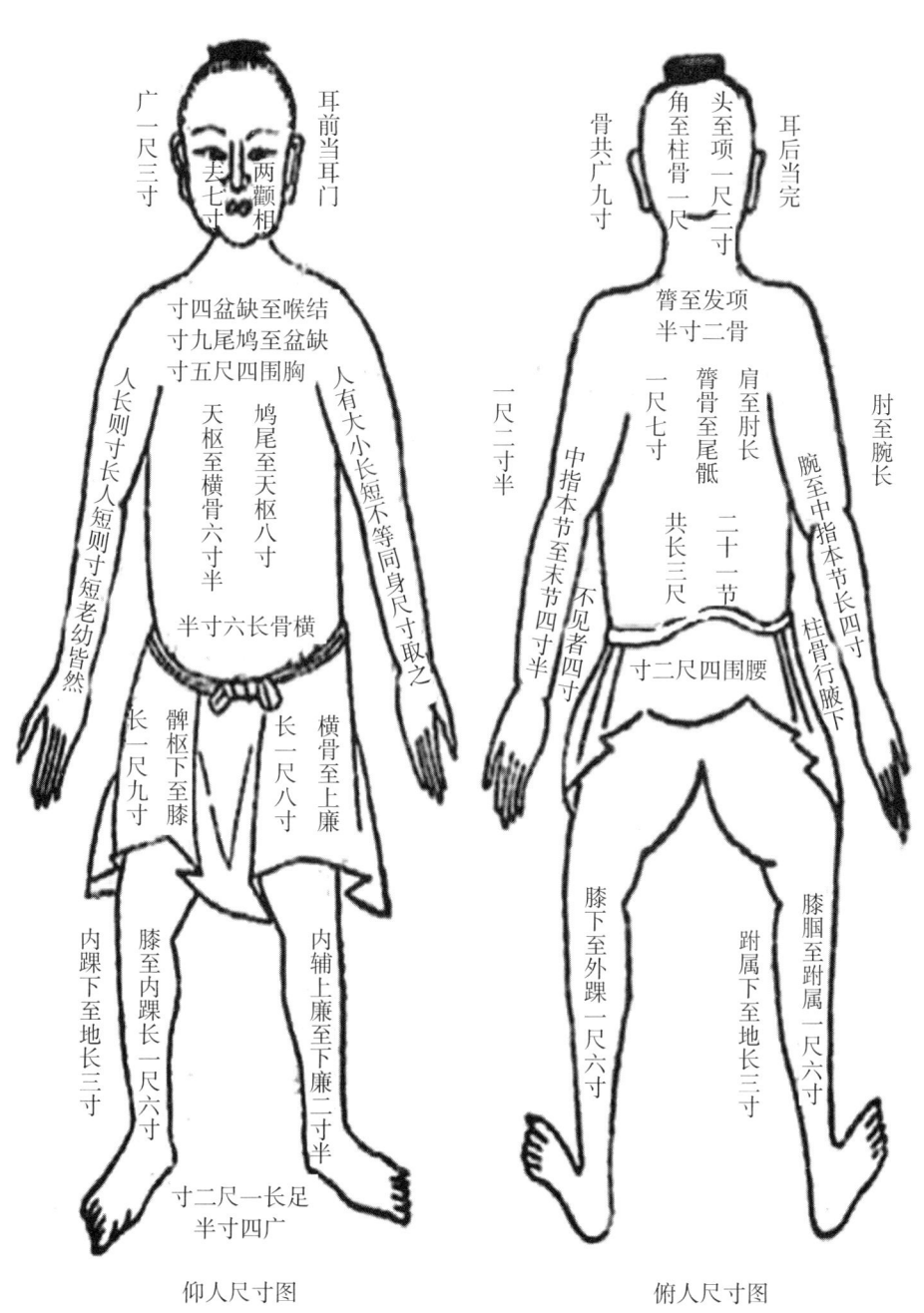

仰人尺寸图　　俯人尺寸图

图十九

2. 掌握每条经脉气血循行 "起点穴" 和 "终点穴"

人体循行规律是 "阴升阳降"，此是气血出入之机，男女无一异。《灵枢》逆顺说："手之三阴，从胸走手；手之三阳，从手走头；足之三阳，从头走足；足之三阴，从足走腹。"

古代医家何若愚在《子午流注针经》中说："夫经气者，内干五脏，而外络支节。其浮气不循经者，为卫气；精专行于经隧者，为荣气。阴阳相随，外内相贯，如环之无端。常以平旦为纪，其脉始从中焦手太阴出，注于手阳明，上行注足阳明……合足厥阴，上行至肝，从肝上注肺中，复出于手太阴，此营气之行也，逆顺之常。"

上文所提 "平旦" 即 "寅时"，这就使气血流注具有了 "时间" 的意义，确定了气血流注的 "起点"。和十二时相配，每个时辰，流注一条经脉，这就确定了每条经脉气血流注的 "终点"。同时也是下一条经脉气血流注的 "起点"。经过十二时辰，到丑时末到达肝经期门穴而止，正好一周，回到第二天寅时，再从肺经中府穴开始循行，循环不止。

医书上 "子午流注" 所载， "一时取十二经之原" 法，是为点穴提供了气血在十二经内流注过程中每条经气血循行的 "起点" 和 "终点"，见表一。

表一 十二经脉气血循行起始表

寅	卯	辰	巳	午	未
手太阴 （肺）	手阳明 （大肠）	足阳明 （胃）	足太阴 （脾）	手少阴 （心）	手太阳 （小肠）
起于中府 终于少商	起于商阳 终于迎香	起于承泣 终于厉兑	起于隐白 终于大包	起于极泉 终于少冲	起于少泽 终于听宫

申	酉	戌	亥	子	丑
足太阳 （膀胱）	足少阴 （肾）	手厥阴 （心包）	手少阳 （三焦）	足少阳 （胆）	足厥阴 （肝）
起于睛明 终于至阴	起于涌泉 终于俞府	起于天池 终于中冲	起于关冲 终于丝竹空	起于瞳子髎 终于窍阴	起于大敦 终于期门

表中说明：寅时，气血从肺经中府穴开始循行，经过十二时辰到丑时末到达肝经期门穴而止，正好一周，回到第二天寅时，再从肺经中府穴开始循行，循环不止。每条经脉的起始穴和终点穴已说得很清楚。

3. 熟悉每条经脉上"穴与穴之间距离尺寸"

气血沿十二经脉循行一周，行途中要经过几百个穴位，"把所点之穴延经定位"，这就是所说的"循经寻穴法"。此法重要的一步，就是首先要熟知每条经脉气血流注的起点和终点，然后测出这条经穴与穴之间的尺寸距离。

"气血之头"的确定，应从实战的角度上去思考问题。确定血头，不仅需要准，而且需要快，才不会失去"得机得势"的机遇。人体的重要穴位（致死、致晕、致残穴位）大体分布在头部、胸部、腹部、背部等几个部位。将这几个部位的尺寸距离预先明确，对计算所点穴位及时提供了方便、加快了速度。以下为"背部俞穴歌""背部穴图"和"胸腹部穴位尺寸图"。

背部俞穴歌：

> 二节大椎，风门肺俞，
> 厥阴心督，肝膈胆脾，
> 胃俞三焦，肾俞气海，
> 大肠关元，小肠膀俞，
> 中膂白环，上次中下，
> 膏肓患门，四花六穴，
> 腰俞命门，穴皆可彻。

背部穴图：

除脊三寸	除脊寸半	督脉(左)	椎	督脉(右)	除脊寸半	除脊三寸
	大杼	椎道	一	大椎		
分户	风门	道	二	陶		附分
俞堂	肺俞	柱	三			魄户
譩譆	厥阴俞		四	身		膏肓
膈关	心俞	道台阳	五			神堂
	督俞		六	神		譩譆
	膈俞		七	灵		膈
			八	至		膈
			九			
魂门	肝俞		十	肝		魂
阳纲	胆俞		十一	胆		阳
意舍	脾俞	中	十二	脊		意
胃仓	胃俞	枢	十三	胃		胃
肓门	三焦俞	门	十四	悬		肓
志室	肾俞		十五	命		志
	气海俞		十六	海气		
	大肠俞	关	十七	阳		
	关元俞		十八	元关		
	小肠俞		十九	肠小		
胞肓	膀胱俞		二十	胱膀		胞
秩边	中膂俞		二十一	膂中		秩
	白环俞		〇	腰		白环
	上髎					上
	次髎					次
	中髎		长			中
	下髎		阴强会			下

背部大椎穴至尾骶骨穴，共计二十一椎，通作三尺，故谓人为三尺之躯者，此也。

上七椎，每椎一寸四分一厘，共九寸八分七厘。

中七椎，每椎一寸六分一厘，共一尺一寸二分七厘。

第五章　太极内功点穴释解

下七椎，每椎一寸二分六厘，共八寸八分二厘。

第二行，侠脊各一寸半，除脊一寸，共折作四寸，分两旁。

第三行，侠脊各三寸，除脊一寸，共折作七寸，分两旁。

胸腹部穴位尺寸图：

		二寸	二寸	二寸	天　突	二寸	二寸	二寸	
寸六		门	户	府	璇玑	俞	气	云	寸六
寸六		府	房	中	华盖（寸六）	彧	库	中	寸六
寸六		荣	翳	藏	紫宫（寸六）	神	屋	周	寸六
寸六		乡	窗	墟	玉堂（寸六）	灵	膺	贸	寸六
寸六		溪	中	对	膻中（寸六）	神	乳	天	寸六
寸六		宝	根	郎	中庭（寸六）	步	乳	食	寸六
		寸半	寸半	寸半	鸠尾（一寸）	寸半	寸半	寸半	
一寸	门	容	门	巨阙（一寸）	幽	不	期	一寸
	月	满	谷	上脘（一寸）	通	承	日	
五分	门	门	都	中脘（一寸）	阴	梁		五分
	哀	门	关	建里（一寸）	石	关	腹	
寸半		乙	曲	下脘（一寸）	商	大		寸半
		内门		水分（一寸）		滑		
		一寸	一寸	一寸		一寸	一寸	一寸	
三寸半		枢陵巨	俞厥  神		肓中	天外	大	三寸半
			注交（一寸）阴		四			
一寸三分		横结舍门	满海（五分）气		气	大	腹府冲	一寸三分
			穴门（五分）石		大			
二寸			赫元（一寸）关		横			二寸
一寸			骨极（一寸）中					一寸
			曲骨（一寸）					
		道	一寸		一寸	水		
		来	二寸	会	二寸	归		
		冲	一寸	阴	一寸	气		

胸腹部，膺部腹部横寸，并用对乳间横折作八寸，膺腹横寸取穴，悉依上法。直寸取穴，依中行心蔽骨下至脐，共折八寸。人无蔽骨者，取歧骨下至脐心，共折九寸取之。脐下至毛际横骨，折作五寸，天突至膻中，折作八寸，下行一寸六分为中庭，上取天突，下至中庭，共折九寸六分。

4. 掌握每条经脉的"气血循行速度"

手阴经，每条经长3尺5寸，循行时间一个时辰（2个小时），其循行速度：每小时循行长度为1尺7寸5分，每分钟循行长度为2分9厘。

从这一公式出发，我们可以得出十四经脉每条经脉的循行速度（每分钟循行长度）：手阴经每分钟循行长度为2分9厘，手阳经每分钟循行的长度为4分1厘，足阴经每分钟循行的长度为5分4厘，足阳经每分钟循行的长度为6分7厘，任督二脉每分钟循行的长度另有计算方法。

（二）任督二脉每个经段"血头"计算法

从以上十四经脉气血循行速度可以看出，因经脉长短不同，出现了五种不同的循行速度。因此，在计算"血头"时必须依据每条经脉的循行速度。求"血头"公式是：

每条经脉"气血循行'起始穴'至'点打穴'之间的尺寸距离"
除以"每分钟循行长度"，得出"血头"到达所点之穴的"时间"。
再加上这条经脉气血循行"时辰"，便是所求"血头"到达时刻。

以"任督二脉"详析：督、任二脉，脉长9尺，"血头"由"会阴穴"逆行而上，循行十二个时辰再回到"会阴穴"，即24小时循环一周。要想计算出"任督二脉"上每个穴位"血头"到达的时间，要依据陈述堂所著《子午流注说奥》一书，"任督气血流注开穴法"。

首先，按十二时辰，将任督二脉上的52个穴位分成十二个经段，每个经段又包含若个穴位。请见"表二任督二脉经段所含穴位"。

以任脉为例，任脉在胸腹部有"申时、酉时、戌时、亥时、子时"五个时辰经段，每个经段中都有若干个穴位（见表二），要想推算出"血头"到达每个"穴位"的准确时间，必须掌握以下四个条件。

表二　任督二脉每个"经段"所含穴位

时辰	时间	经脉	每个"经段"所含穴位
子时	23~1	任脉	会阴、长强、腰俞
丑时	1~3	督脉	腰俞、阳关、命门
寅时	3~5	督脉	命门、悬枢、脊中、中枢、筋缩
卯时	5~7	督脉	筋缩、至阳、灵台、神道、身柱
辰时	7~9	督脉	身柱、陶道、大椎、哑门、风府
巳时	9~11	督脉	风府、脑户、强间、后顶、百会
午时	11~13	督脉	百会、前顶、囟会、上星、神庭、素髎、人中
未时	13~15	督脉	人中、兑端、龈交、承浆、廉泉、天突
申时	15~17	任脉	天突、璇玑、华盖、紫宫、玉堂、膻中
酉时	17~19	任脉	膻中、中庭、鸠尾、巨阙、上脘、中脘
戌时	19~21	任脉	中脘、建里、下脘、水分、神阙、阴交、气海、石门、关元
亥时	21~23	任脉	关元、中极、曲骨、会阴

1. 明确气血循行"每个时辰经段"的"起始穴"和"终止穴"

例如：申时（15~17点钟）经段，其循行起始穴是"天突穴"，终止穴是"膻中穴"。这一经段经长8寸，穴与穴距离尺寸1.6寸。表三为任督二脉十二个经段气血循行的起始表。

表三　任督二脉十二个经段气血循行起始

子	丑	寅	卯	辰	巳
（23~1点钟）	（1~3点钟）	（3~5点钟）	（5~7点钟）	（7~9点钟）	（9~11点钟）
任　脉	督　脉	督　脉	督　脉	督　脉	督　脉
起于会阴 终于腰俞	起于腰俞 终于命门	起于命门 终于筋缩	起于筋缩 终于身柱	起于身柱 终于风府	起于风府 终于百会

午	未	申	酉	戌	亥
（11~13点钟）	（13~15点钟）	（15~17点钟）	（17~19点钟）	（19~21点钟）	（21~23点钟）
督　脉	督　脉	任　脉	任　脉	任　脉	任　脉
起于百会 终于人中	起于人中 终于天突	起于天突 终于膻中	起于膻中 终于中脘	起于中脘 终于关元	起于关元 终于会阴

2. 明确在每个"时辰经段"中有几个穴位

如在申时经段中有六个穴位，即天突、璇玑、华盖、紫宫、玉堂、膻中。

3. 明确穴与穴距离尺寸

天突至璇玑距离尺寸为1寸6分；璇玑至华盖距离尺寸为1寸6分；华盖至紫宫距离尺寸为1寸6分；紫宫至玉堂距离尺寸为1寸6分；玉堂至膻中距离尺寸为1寸6分。

4. 明确任督二脉每个经段气血循行速度

任督二脉因每个经段长短、穴位多少和穴与穴之间距离尺寸不同，因而气血循行的速度也不相同。根据计算，每个经段每分钟气血循行速度分别为：子时0.52厘米，丑时0.73厘米，寅时0.66厘米，卯时0.73厘米，辰时0.65厘米，巳时0.37厘米，午时0.41厘米，未时1.2厘米，申时0.66厘米，酉时0.47厘米，戌时0.58厘米，亥时1厘米。

以上经段气血循行速度，是根据每个经段"穴与穴距离尺寸"长短而计算出来的。要计算、确定点打之穴的血头，首先需要选准所点之穴在哪个经段之循行速度。

例如：申时经段，穴与穴距离尺寸是1寸6分，其循行速度是每1分钟循行长度0.66厘米。

公式：经段起始穴气血循行时间＋穴与穴距离尺寸÷每分钟循行长度＝"血头"到达下一个穴位的时间。

通过以上几个数据，便可计算出，申时（15~17点钟）"血头"从经段气血循行起始穴，依次到达这一经段每个穴位的具体时间。

申时经段，每个穴位"血头"到达的时间，即："血头"从天突穴到达璇玑穴时间为15点24分钟（误差0.5分钟），"血头"从璇玑穴到达华盖穴时间为15点48分钟（误差0.5分钟），"血头"从华盖穴到达紫宫穴时间为16点13分钟（误差0.5分钟），"血头"从紫宫穴到达玉堂穴时间为16点37分钟（误差0.5分钟），"血头"从玉堂穴到达膻中穴时间为17点0分钟（误差0分钟）。

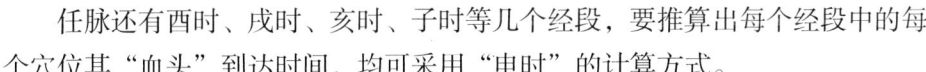

任脉还有酉时、戌时、亥时、子时等几个经段,要推算出每个经段中的每个穴位其"血头"到达时间,均可采用"申时"的计算方式。

注:"人体十四经脉气血之头推算法",已将人体十四经脉上361个穴位的"气血之头"全部计算出来,以表格形式刊登,因表格数量较多,刊于本书后面,供使用者查阅。

五、武术点穴功

武术点穴功是运用各种武术特效手法,结合雄厚的内功劲力,运用拳、指、肘、膝等骨梢之强固点来击打人体上的某些薄弱部位和穴道,使其产生疼痛、酸软、麻木、昏晕及死亡症状,从而达到制服对手的一种武术技击术。传统的点穴术又称打穴,有以下七种打法,即斫、戳、拍、擒、拿、撞、闭。

用掌边侧打者为"斫"(音啄),
用手指直打者为"戳",
用掌根按打者为"拍",
用五指抓取者为"擒",
用二指掐取者为"拿",
用膝、肘打者为"撞",
用手指扣扣者为"闭"。

点穴法中以指点啄为最常见,又有一指点、二指点、撮指点等。要习点穴法,掌握点穴术,必须明确以下传统习练点穴术的几个问题。

(一)遵守点穴之戒律

习此技者,要尚武葆侠,练体健身,切莫无故伤人。好勇斗狠,以强凌弱者勿传。点穴武师在择徒上极严,要从学练者的人品、武德、智能、悟性、毅力、吃苦、尊师、重技等方面严格考核,即使通过师考,还要发誓言、秘传之,并不轻易授人。对那些无德、无志、自夸、好斗、嗜酒、贪色、愚钝、狡诈之人,概不传功授技,这正如谚曰:"祖辈留下绝妙技,不可乱传恶歹人。"

良师教徒要严守三则：一是平日与人交手不可乱点要害穴位；二是遇到死穴，点时要有分寸，不可冒点；三是持之以恒，刻苦研练，不可半途而废，困难再大也要坚持到最后成功。

（二）熟练掌握"识穴"

"点穴容易，识穴难"。点穴之要，主要在于熟知全身各穴。人体周身约有几百个穴位，其中在十四经脉上的361个穴位是武术点穴重点。历代武术家从中选出108穴，列为武术点打之穴，被称为要穴。其中72个小穴，36个大穴，俗称"死穴"，或"致命穴"。

练识穴办法：古人选用木人、铜人、橡胶人或草人等，然后将人体十二正经、任督二脉的起止线路和上述的要穴逐一标出，标线可用不同颜色区别（如经别和主穴），然后闭目默读其穴位名，内视木人穴位，若有差错，开目视之改过，还可双人进行考问练习。

（三）熟练掌握"取穴法"

通常取穴方法有："寸指法""特定法""动作法"三种。

习练武术点穴一技，必须精修"取穴"之功，才能在对搏中点穴见奇效，习练者上述"取穴三法"都应懂，需循序渐进、熟能生巧，方能取中要穴。

1. 寸指法

也称"手指同身寸定位法"。习练武术点穴者，这是一定要知道的一种方法。手指同身寸定位法是一种以手指尺寸为标准来测量取穴的方法。它的意义在于以本人的手指关节长度作为度量单位，每个人的身高与手指关节的长度成正比。用手指关节测量穴位简便易行，更有针对性，适用于不同身高的人。较为常用的是以下三种，请看下面的图示。

（1）中指同身寸法：以自己中指中节桡侧两端横纹之间的距离为1寸。适用于四肢纵向取穴和腰背部横向取穴。（图5-1）

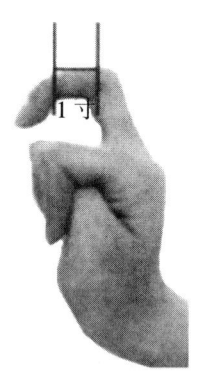

图 5-1

(2) 拇指同身寸法：拇指同身寸，以自己拇指的第一个关节的宽度为 1 寸。适用于四肢部取穴。（图 5-2）

(3) 横指同身寸法：横指同身寸，将自己的食指、中指、无名指、小指并拢，以中指中节关节横纹为标准，四指的宽度为 3 寸。（图 5-3）

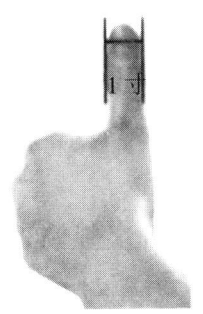
图 5-2

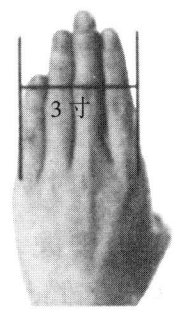
图 5-3

[特别提醒] 这里说的一寸两寸，不能换算成厘米来衡量。1 米 5 和 1 米 8 的人，他们的一寸用厘米来算肯定是不相等的。

2. 特定法与动作法

"特定法"和"动作法"更适合武术实战点穴。比如"特定法"，人的双眉间取眉心穴、鼻尖下取人中穴、脐中取神阙穴、裆部取会阴穴、颈部正面取咽喉穴等。

又如"动作法"，对手举手臂发招时，腋窝正中处取极泉穴；低头进身使摔招时，头部后颈正中末端取大椎穴等，都很容易将穴位取准。

（四）"气、指、眼"三功

少林点穴功明确指出，习练点穴者，必备的条件是"气、指、眼"三功。如诀曰："点打奇功门，秘传在少林。一练硬功底，气功乃根本。二练手指功，平日需专心。三练眼力准，秘传在眼神。气指眼之法，点打武艺真。三十春秋苦，可得真功夫。"

仅以练"指功"而言：先练点软，后练点硬，如点木、点石、点铁，每日上千次；逐渐加大力度，再练点插石沙、铁砂，使指、掌、拳的点劲、抓劲、冲劲能破石、能吹灯（指风、掌风、拳风三尺之内能把蜡烛吹灭）。

1. 气功

关于"气"、内功的练习问题，请参见本人所著《陈式太极拳内功心法》一书，此处不再赘述。

2. 指法

传统指法有三种，即：

（1）"金针点穴指"，中指伸直，其余四指内屈，拇指内扣，紧压食指和无名指。用于点刺要害部位，如点眼、软组织的诸穴。（图5-4）

（2）"金剪点穴指"，食指、中指伸直，其余三指内屈，拇指压在无名指第一指节上，用中指点要害部位上。如点眼、鼻、腋下、肋间和软组织的诸穴，见图5-4。

（3）"三阴点穴指"，食、中、无名三指伸直并拢，小指、拇指内屈，拇指扣压在小指第一指节上，用于点插腹部和全身软组织的诸穴，如三阴交、曲池、曲泉、幽门等，见图5-4。

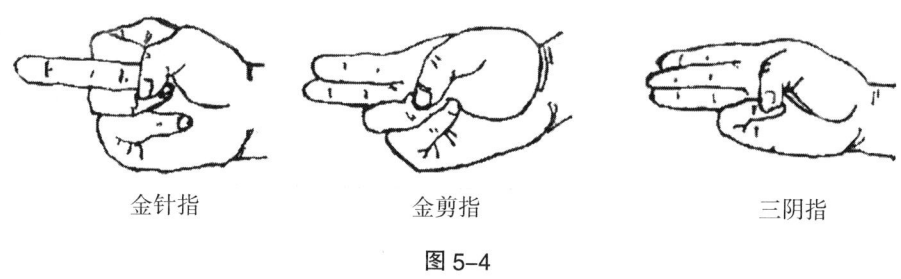

金针指　　　　　金剪指　　　　　三阴指

图 5-4

3. 眼功

眼功练法很多，如暗中练，达到暗室中启目见物。"眼力为点穴法之魁"。疾速瞭物，精深的眼功在点穴过程中起着至关重要的作用，否则眼不明、手不快、身不灵，难以制人。这几样功夫需要二三十年，才能达到真功夫。

武术点穴，虽表功在手，但力源在内，内外发一点，则全身动也。一个点穴高手，必须有雄厚的内力。

（五）"拳、肘、足"基础点穴法

指法，是少林童子功夫，常人到了 40 岁上下很难练此功。吾已年逾古稀，经多年探讨研究，一般功底较浅的人练点穴之功，可用四法代之，即拳、肘、足和指环点穴针。

1. 拳法

传统点穴拳法有四种（此点穴手法，一般指无功底的人使用较好）。

（1）鸦嘴拳：也叫锥子手（食指突出之拳法）。手型为无名指、中指和小指内屈，食指向内屈成勾，向外突出，拇指向内封压在中指屈眼上，五指紧握，用食指突出的尖点击对方要害部位。主要用于点击对方面部、颊侧面和胸腹侧面诸穴，如太阳、下关、玉堂、章门、日月等穴。（图 5-5）

（2）鹤嘴拳：也叫透骨拳（中指突出之拳法）。手型为食、中、无名指和小指先后内屈，中指向外凸形突出，拇指向内封压住中指末节，五指再尽力握紧，用突出中指凸部点击对方要害穴位。此拳点穴法适合印堂、太阳、翳风、章门、日月、人中、膻中、中脘、中极、身柱和命门等穴，见图 5-5。

（3）鸡嘴拳：手型为中指伸直，拇指和食指并紧附于中指的第一节和第二节横纹内侧，无名指、小指内屈，形如鸡嘴，用中指点对方的要害部位。主要用于对方凹陷处，如印堂、列缺、合谷、阳陵泉、阴陵泉和手足背面诸穴，见图 5-5。

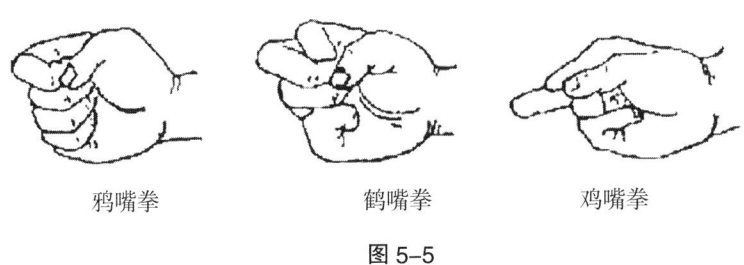

鸦嘴拳　　　鹤嘴拳　　　鸡嘴拳

图 5-5

（4）瓦楞拳：手型为食、中、无名、小指内屈，四指末节紧扣掌内，拇指封压食指孔眼，使手型如瓦楞形，用拳楞点击对方。用于点打胸部、头部前后诸穴，如百会、上星、印堂、后顶、膻中、乳根、肝俞、膈俞、风市、肩井等

诸穴。（图5-6）

2. 肘法

肘点穴法。前臂内屈，形成肘尖，藏于腹部，用腰部螺旋劲，发寸劲点打对方的胸腹胁部要害穴位，如巨阙、中脘、章门、日月、神阙、天枢等。

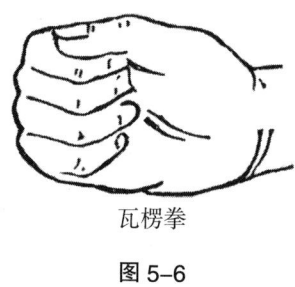

瓦楞拳

图 5-6

3. 足法

足点穴法，即踢法。踢出时足面绷平，用力向前或向两侧弹踢。主要用于踢对方脐胯以下部位，如中极、气海、曲骨、会阴、阴囊、长强、三里、环跳等诸穴。

4. 指环点穴针

按中指粗细打造一指环，宽约10厘米，套在中指第三节上，指环上突出一粗细5~6厘米的圆柱体，高5~6厘米，圆柱顶部呈半圆形。此称"指环点穴针"。

指环点穴针戴在中指第三节上，紧握拳，圆柱体露在拳面上，用螺旋弹抖劲发拳，冲击对方要害部位。此针只用在对付大奸大恶之人，不可乱用。

六、要穴精准点打

"穴位"是指神经末梢密集或神经干线经过的地方。穴位的学名是腧穴，别名包括气穴、气府、节、会、骨空、脉气所发、砭灸处、穴位等。

为什么称之"要穴"，这是本书要介绍的一个重要问题。从概念上讲：人体十四经脉上有360多个穴位，这么多的穴可称为繁多，应用起来，自然记忆较难，点打定位不易。因而也就有"去繁就简，去轻就重"之意。

自古武家各门各派所论"要穴"也是根据医家所论。古医家将气血循行过程中所经过的穴位，总结出对人体起着至关重要作用的穴位，将其归纳分成了"门、海、俞、募、原、会"六个门类。这六个门类的穴位综合为"二十二门、五海、十二俞、十二募、十二原、八会"，共计71穴，说这些穴位重要是因为："门类穴"是经气出入之门户；"海类穴"是经气所归之处；"俞类穴"是脏腑经气输转之处；"募类穴"是经气聚集之处；"原类穴"是脏腑原气经过和留止之处；"会类穴"是奇经八脉与十二正经"脉气相通"之处。

武家又从实战需要出发，从攻击的角度审视这六类要穴，有些穴位因为所在位置不便攻击，因而古人便取其要中之要，就简去繁，使之更符合实战得机得势之需要，达其"认穴准，点穴快"的目的。随之也就有了致命的36要穴，这36要穴在人身躯干上分布在四个部位上：一是头颈部9穴；二是胸腹部14穴；三是背部、骶部8穴；四是上下肢5穴。歌诀曰：

> 人体俞穴三百六，
> 须记要害穴印首，
> 头部多为致晕穴，
> 莫忘致命三十六，
> 四肢梢穴俱致残，
> 腹胸肋穴把命勾。

习练点穴之术者，人体"要穴"是系人生命之穴，不可不明。凡练此技者须明练点穴目的，一则为健身，二则为防身，须高树武德，严守规范，不轻意使用此术伤人。尤其是致命穴位，更不能因生活小事，或与人争吵，或小小纠纷，就点要穴致人于残于命。即使被人打了几拳、踢了几脚，也不用点穴讨之。如遇拦路抢劫，暴徒杀人，方可用点穴法制之。点穴一技，是在生死搏斗中，作为"杀手"使用。歌诀曰：

> 百会倒在地，尾闾不还乡，
> 章门被击中，十人九人亡，
> 太阳和哑门，必然见阎王，
> 断脊无接骨，膝下急亡身。

综上所述致命36穴，虽然都是要害部位，但要致死大概不尽全是，其中历代传抄，加进了不少神秘色彩，尽管如此，不可否认，如被点中会对人身造成极大伤害，有些穴位被点中后初伤时，可能有的感觉不大，但后果严重，凡被点中者，不可轻视。

本文"要穴"精准点打，是以36要穴为范例，详析取穴窍门、精准定位、血头时辰、精准时间以及经属何脉、点后症状等。每穴并配有穴位"精确定位图"和"取穴窍门图"。

（一）致命36穴精准点打范例

1. 头颈部位要穴（共9穴）

（1）百会穴。

位置：在头顶正中线与两耳尖连线的交点处。

经属：为督脉，为手足三阳、督脉之会。

被击中后：脑晕倒地不省人事。

血头时辰：午时11~13点钟，精准时间为11点钟。

任、督二脉之穴可以不循时守经，任意点打。

精确定位：位于头部，前发际正中直上5寸。

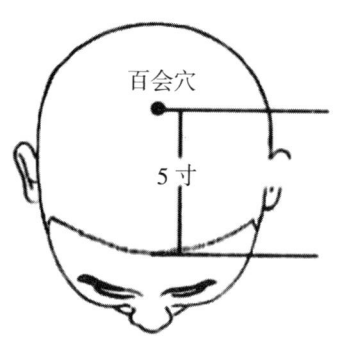

取穴窍门：正坐，两耳尖与头正中线相交处，按压有凹陷处，即是百会穴。

（2）神庭穴。

位置：头前部入发际五分处。

经属：为督脉、督脉与足太阳膀胱经之会穴。

被击中后：头晕、脑胀。

血头时辰：午时11~13点钟，精准时间为12点38分钟。

任、督二脉之穴可以不循时守经，任意点打。

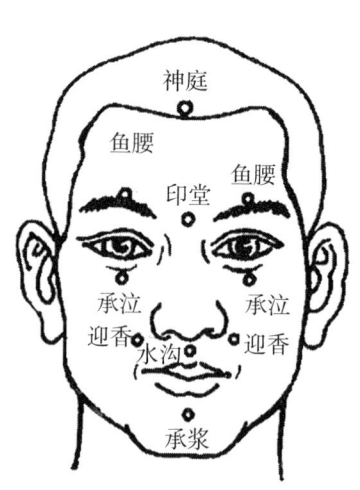

精确定位：位于人体的头部，当前发际正中直上0.5寸左右，感觉有个凹下去

的地方。

取穴窍门：在左右额肌之交界处；有额动、静脉分支。

(3) 太阳穴。

位置：在眉梢与外眼角之间向后约1寸凹处。

经属：奇穴。

被点中后：头昏、眼黑耳鸣。

奇穴，可以不循时守经，任意点打。

精确定位：位于头部，眉梢与目外眦之间，向后约1横指的凹陷中。

取穴窍门：正坐位，眉梢与目外眦连线中点向后1横指，触及一凹陷处。

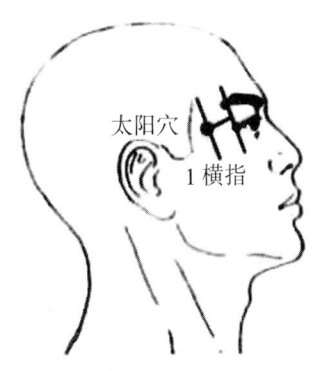

(4) 耳门穴。

位置：在耳屏上切迹前、张口呈现凹陷处。

经属：为手少阳三焦经。

被点中后：耳鸣头晕倒地。

血头时辰：亥时21~23点钟，精准时间为22点54分钟。

精确定位：人体耳门穴位于面部，当耳屏上切迹的前方，下颌骨髁状突后缘，张口有凹陷处。

取穴窍门：正坐或仰卧、仰靠的取穴姿势，头部侧面耳前部，耳珠上方稍前缺口陷中。

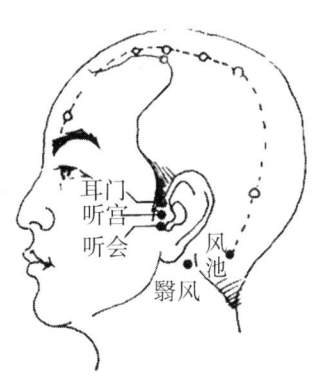

(5) 睛明穴。

位置：在眼内眦角上方0.1寸处。

经属：为足太阳膀胱经，为手足太阳和足阳明、阳跷、阴跷五脉之会。

被点中后：头昏眼花倒地。

血头时辰：申时15~17点钟，精准时间为15点钟。

精确定位：位于面部，目内眦内上方眶内侧壁凹陷中。

取穴窍门：正坐合眼，手指置于内侧眼角

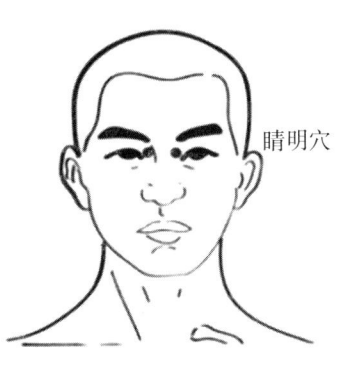

稍上方，按压有一凹陷处，即是晴明穴。

(6) 人中穴。

位置：在人中沟偏上（沟下沿上量 2/3 处）。

经属：属督脉，为手、足阳明，督脉之会。

被点中后：头晕眼昏。

血头时辰：未时 13~15 点钟，精准时间为 13 点 0 分钟。

任、督二脉之穴可以不循时守经，任意点打。

精确定位：人中穴在面部，人中沟上的 1/3 与中 1/3 交点处。

取穴窍门：面部人中沟上 1/3 处，按压有酸胀感处即是人中穴。

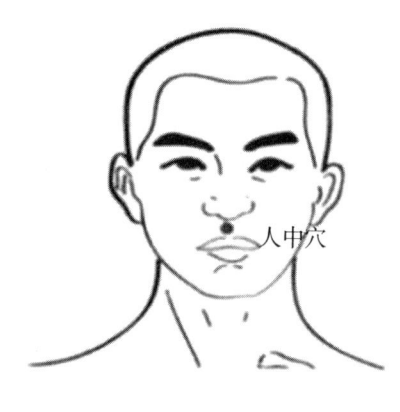

(7) 哑门穴。

位置：在项部后正中线上，第一与第二颈椎棘突之间的凹陷处（后发际凹陷处）。

经属：为督脉，系督脉与阳维脉之会穴。

被点中后：冲击延髓中枢，失哑、头晕、倒地不省人事。

血头时辰：辰时 7~9 点钟，精准时间为 8 点 52 分钟。

任、督二脉之穴可以不循时守经，任意点打。

精确定位：位于项部，当后发际正中直上 0.5 寸，第一颈椎下。

取穴窍门：采用正坐或俯卧、俯伏的姿势，穴位于后颈部，在后正中线上，第一颈椎棘突下。

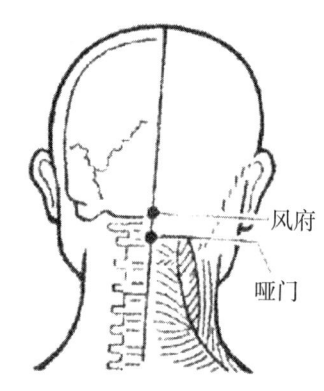

(8) 风池穴。

位置：在枕骨粗隆直下凹陷处与乳突之间，在当斜方肌和胸锁乳突之间取穴。

经属：足少阳胆经，系手足少阳阴维

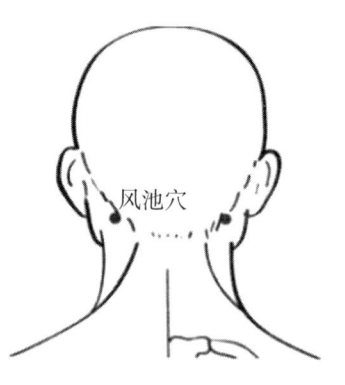

之会。

被击中后：冲击延髓中枢，晕迷不醒。

血头时辰：子时23~1点钟，精准时间为23点39分钟。

精确定位：风池穴在颈后区，枕骨之下，胸锁乳突肌上端与斜方肌上端之间的凹陷中。

取穴窍门：正坐，枕骨下两条大筋外缘陷窝中，与耳垂齐平处，即是风池穴。

(9) 人迎穴。

位置：喉结旁开1.5寸。

经属：足阳明胃经。

被点中后：气滞血淤、头晕。

血头时辰：辰时7~9点钟，精准时间为7点23分钟。

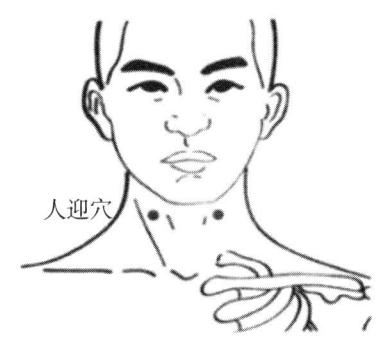

精确定位：人迎穴在颈部，横平喉结，胸锁乳突肌前缘，颈总动脉搏动处。

取穴窍门：正坐，从喉结外量2横指，可感胸锁乳突肌前缘动脉搏动处即是人迎穴。

2. 胸腹部要穴（共14穴）

(1) 膻中穴。

位置：在体前正中线，两乳头中间。

经属：任脉，是足太阴、少阴，手太阳、少阳，任脉之会。气会膻中心包募穴。

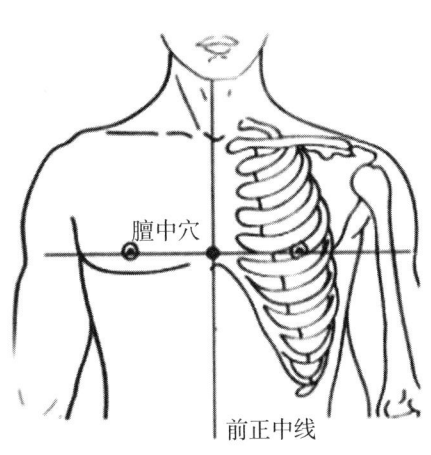

被击中后：内气漫散，心慌意乱，神志不清。

血头时辰：酉时17~19点钟，精准时间为17点0分钟。

注：任、督二脉之穴可以不循时守经，任意点打。凡十二经脉上的穴位，都必须"按时辰点打"。

精确定位：位于胸部，横平第4肋间隙，前正中线上。

取穴窍门：在胸部，两乳头连线中点处，即是膻中穴。

(2) 鸠尾穴。

位置：位于脐上 7 寸，剑突下 0.5 寸。

经属：任脉，系任脉之络穴。

被击中后：冲击腹壁动、静脉及肝、胆，震动心脏，血滞而亡。

血头时辰：酉时 17~19 点钟，精准时间为 17 点 55 分钟。

精确定位：鸠尾穴在上腹部，胸剑联合部下 1 寸，前正中线上。

取穴窍门：从胸剑联合部沿前正中线直下 1 横指处，即是鸠尾穴。

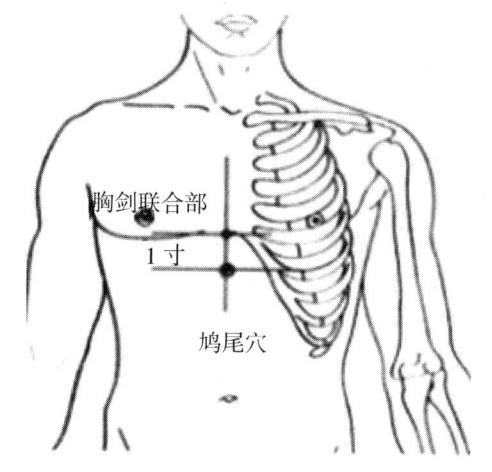

(3) 巨阙穴。

位置：在体前正中线，脐上 6 寸处。

经属：任脉，系心之募穴。

被击中后：冲击肝、胆，震动心脏而亡。

血头时辰：酉时 17~19 点钟，精准时间为 18 点 17 分钟。

精确定位：位于腹部中部，左右肋骨相交之处，再向下 2 指宽即为此穴。

取穴窍门：腹部前正中线上，当脐中上 6 寸。

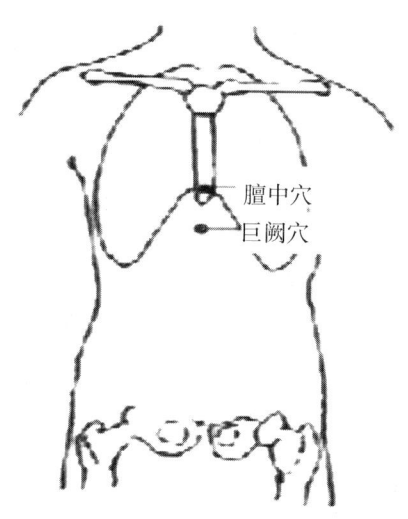

(4) 神阙穴。

位置：位于脐窝正中。

经属：任脉。

被击中后：冲击肋间神经，震动肠管、膀胱，伤气，身体失灵。

血头时辰：戌时 19~21 点钟，精准时间为 20 点 9 分钟。

精确定位：神阙穴在腹部，脐中央。

第五章 太极内功点穴释解

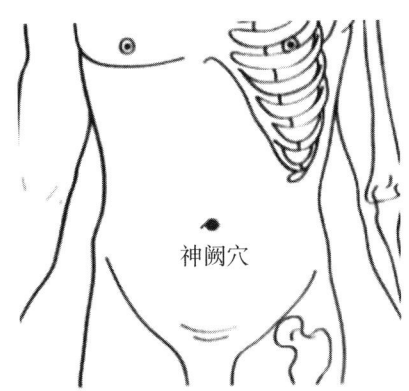

取穴窍门：在腹部，肚脐中央即是神阙穴。

(5) 气海穴。

位置：位于体前正中线，脐下 1.5 寸。

经属：任脉。

被击中后：冲击腹壁，动静脉和肋间，破气血淤，身体失灵。

血头时辰：戌时 19~21 点钟，精准时间为 20 点 35 分钟。

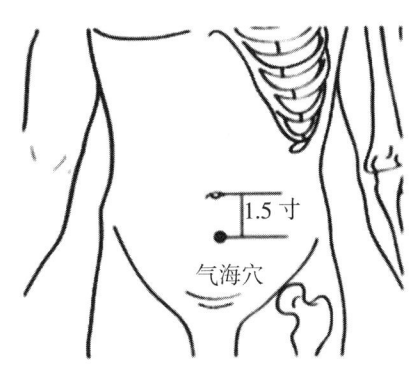

精确定位：位于下腹部，脐中下 1.5 寸，前正中线上。

取穴窍门：在下腹部正中线上，肚脐中央向下 2 横指处，即是气海穴。

(6) 关元穴。

位置：位于脐下 3 寸处。

经属：任脉，系三阴、任脉之会，小肠之募穴。

被击中后：冲击腹壁下动、静脉及肋间神经震动肠管，气滞血淤。

血头时辰：亥时 21~23 点钟，精准时间为 21 点 0 分钟。

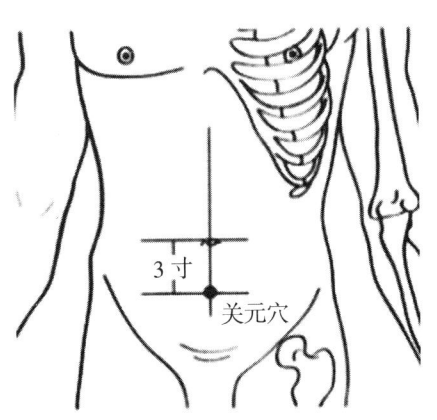

精确定位：关元穴在下腹部，脐正中下 3 寸，前正中线上。

取穴窍门：在下腹部，正中线上，肚脐中央向下4横指处，即是关元穴。

（7）中极穴。

位置：体前正中线，脐下4寸。

经属：任脉，系足三阴、任脉之会，膀胱之募穴。

被击中后：冲击腹壁动、静脉和神经，伤气机。

血头时辰：亥时21~23点钟，精准时间为21点10分钟。

精确定位：中极穴位于人体下腹部，前正中线上。

取穴窍门：耻骨和肚脐连线五等分，由下向上1/5处即为中极穴。

（8）曲骨穴。

位置：腹下部耻骨联合上缘上方凹陷处。

经属：任脉，系足厥阴肝经与任脉之会。

被击中后：伤周天气机，气滞血淤。

血头时辰：亥时21~23点钟，精准时间为21点20分钟。

精确定位：位于腹下部耻骨联合上缘上方凹陷处。

取穴窍门：在小腹部，由肚脐从上往下推，会触摸到一个拱形的骨头，这块骨头就是耻骨，在这个拱形边缘中点的位置就是曲骨穴。

（9）膺窗穴。

位置：在胸骨中线第三肋间玉堂穴旁开4寸。

经属：足阳明胃经。

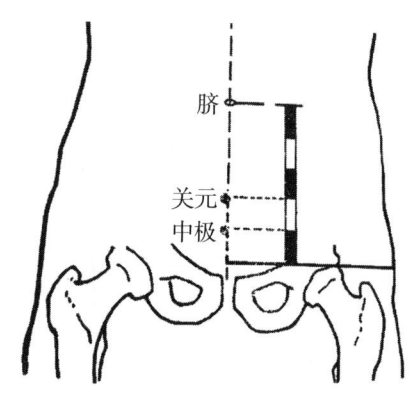

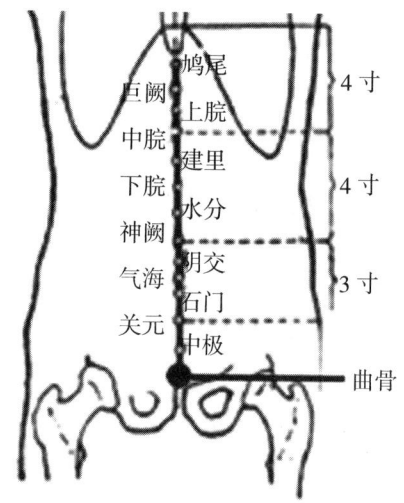

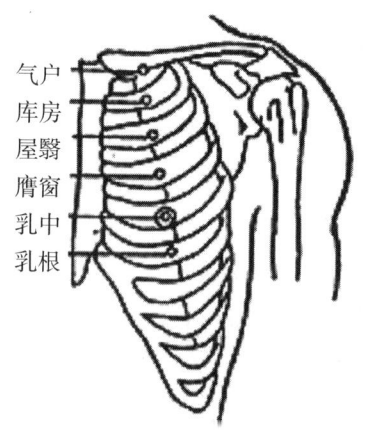

被击中后：冲击肋间神经和胸前神经及动、静脉，震动心脏停止供血、休克。

血头时辰：辰时 7~9 点钟，精准时间为 7 点 40 分钟。

精确定位：位于第三肋间隙，前正中线旁开 4 寸。

取穴窍门：正坐位，从乳头沿垂直线向上推 1 个肋间隙，乳头上 2 指。

（10）乳中穴。

位置：在乳头中央。

经属：足阳明胃经。

被击中后：冲击肋间神经和动脉充血破气。

血头时辰：辰时 7~9 点钟，精准时间为 7 点 42 分钟。

精确定位：位于人体的胸部，当第四肋间隙，距前正中线 4 寸。

取穴窍门：乳头中央。

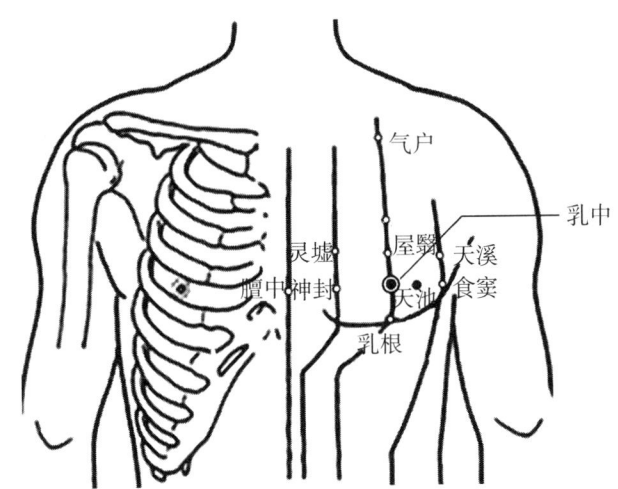

（11）乳根穴。

位置：在乳头中央直下一肋间处。

经属：足阳明胃经，左侧内为心脏。

被击中后：冲击心脏，休克易亡。

血头时辰：辰时 7~9 点钟，精准时间为 7 点 45 分钟。

精确定位：位于胸部，当乳头直下，乳房根部，第五肋间隙，距前正中线 4 寸。

取穴窍门：该穴位于人体的胸部，当第五肋间隙，前正中线旁。

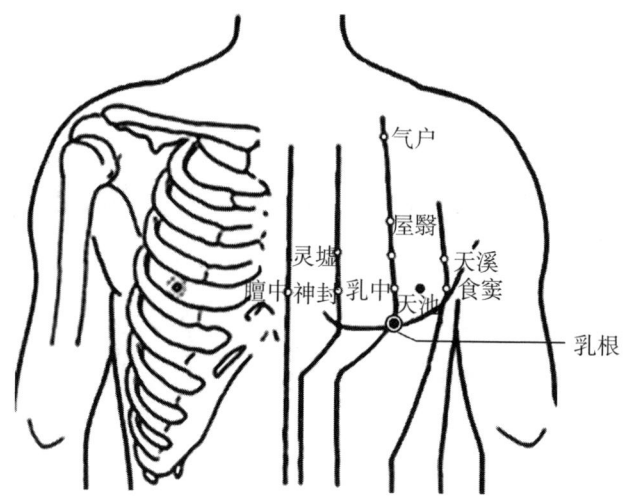

（12）期门穴。

位置：位于乳下两肋间当第六肋间。

经属：属肝经，肝之募穴。足太阴、厥阴、阴维之会。

被击中后：冲击肝、脾，震动膈肌，气滞血淤。

血头时辰：丑时1~3点钟，精准时间为3点0分钟。

精确定位：位于胸部，第六肋间隙，前正中线旁开4寸。

取穴窍门：当乳头直下，位于乳下两肋间当第六肋间。

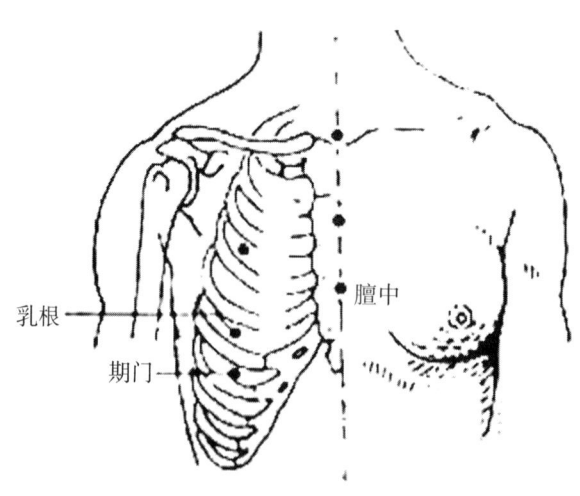

(13) 章门穴。

位置：在腋中线，第一浮肋前端，屈肘合腋时正当肘尖尽处。

经属：足厥阴肝经，系足太阴、厥阴、阴维之会，肝之募穴。

被击中后：冲击肝脏或脾脏，破坏膈肌膜，阻血伤气。

血头时辰：丑时 1~3 点钟，精准时间为 2 点 44 分钟。

精确定位：位于人体侧腹部，当第十一肋游离端的下方。

取穴窍门：右侧当肝脏下缘，左侧当脾脏下缘。

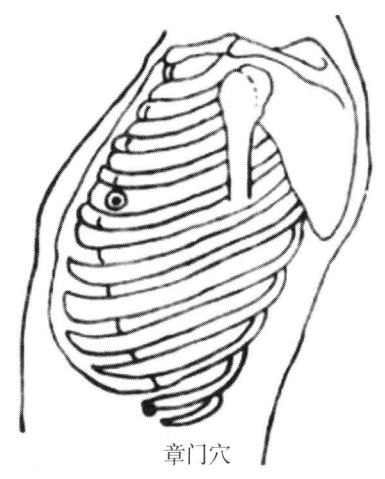

章门穴

(14) 商曲穴。

位置：位于腹中部当任脉、下脘穴的外侧五分处。

经属：足少阴肾经，系足少阴与冲脉之会。

被击中后：冲击肋神经和腹壁动脉，震动肠管，伤气滞血。

血头时辰：酉时 17~19 点钟，精准时间为 18 点 34 分钟。

精确定位：位于腹中部当任脉、下脘穴的外侧五分处。

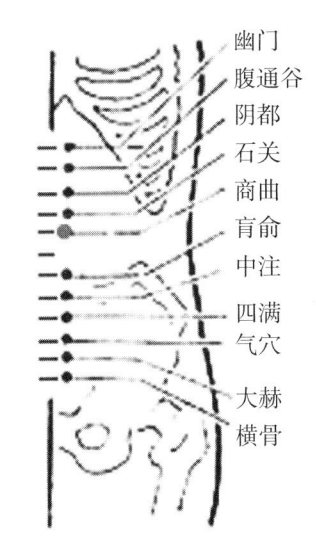

取穴窍门：脐中上 2 寸，前正中线旁开 0.5 寸。

3. 背腰、骶部的要穴（共 8 穴）

(1) 肺俞穴。

位置：第三胸椎棘突旁开 1.5 寸。

经属：足太阳膀胱经。

被击中后：冲击第三肋动、静脉和神经，震动心肺，破气机。

血头时辰：申时 15~17 点钟，精准时间为 15 点 23 分钟。

精确定位：位于脊柱区，第三胸椎棘突下，后正中线旁开 1.5 寸。

取穴窍门：颈背交界处椎骨高突向下推 3 个椎体，下缘旁开 2 横指处，即是肺俞穴。

(2) 厥阴俞穴。

位置：在第四胸椎棘突下旁开 1.5 寸处。

经属：属足太阳膀胱经。

被击中后：冲击心、肺，破气机，易死亡。

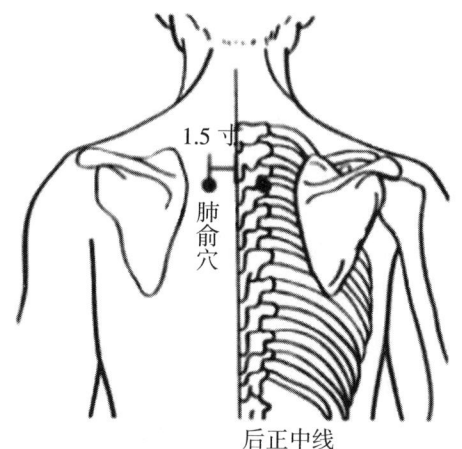

血头时辰：申时 15~17 点钟，精准时间为 15 点 25 分钟。

精确定位：位于第四胸椎棘突下旁开 1.5 寸处。

取穴窍门：取穴时通常采用正坐或俯卧姿势，该穴位于人体的背部，第五胸椎棘突上方，左右 2 指宽处（约 2 厘米）。

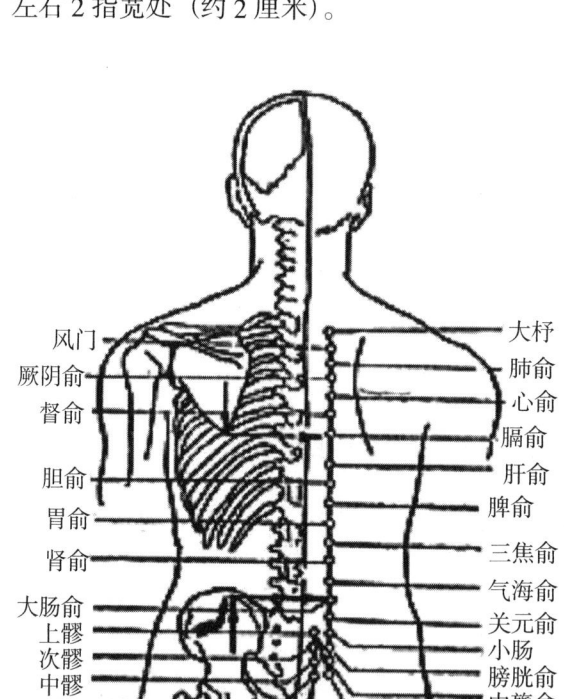

(3) 心俞穴。

位置：位于第五胸椎棘突旁开 1.5 寸。

经属：足太阳膀胱经。

被击中后：冲击心脏，破血伤气。

血头时辰：申时 15~17 点钟，精准时间为 15 点 27 分钟。

精确定位：位于脊柱区，第五胸椎棘突下，后正中线旁开 1.5 寸。

取穴窍门：肩胛骨下角水平连线与脊柱相交椎体处，往上推 2 个椎体，下缘旁开 2 横指处，即是心俞穴。

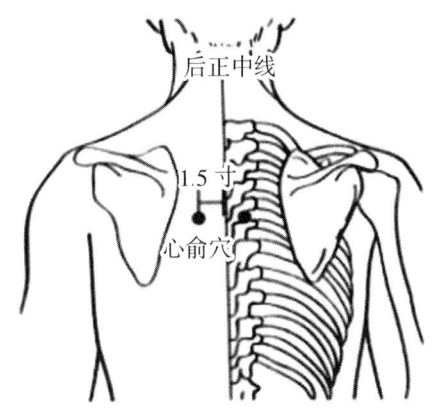

(4) 肾俞穴。

位置：在第二腰椎棘突旁开 1.5 寸处。

经属：足太阳膀胱经。

被击中后：冲击肾脏，伤气机，易截瘫。

血头时辰：申时 15~17 点钟，精准时间为 15 点 48 分钟。

精确定位：肾俞穴在脊柱区，第二腰椎棘突下，后正中线旁开 1.5 寸。

取穴窍门：肚脐水平线与脊柱相交椎体处，下缘旁开 2 横指处，即是肾俞穴。

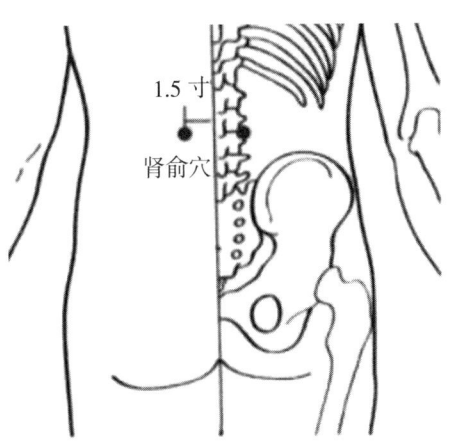

(5) 命门穴。

位置：在第二腰椎与第三腰椎棘突之间。

经属：督脉。

被击中后：冲击脊椎，破气机，易截瘫。

血头时辰：寅时 3~5 点钟，精准时

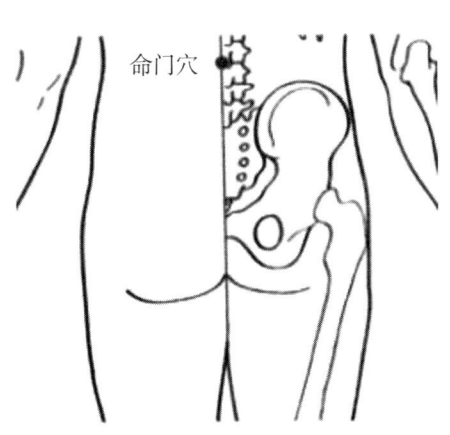

间为3点0分钟。

精确定位：位于第二腰椎与第三腰椎棘突之间。

取穴窍门：位于腰部，当后正中线上，第二腰椎棘突下凹陷中。

(6) 志室穴。

位置：在第二腰椎棘突旁开3寸处（命门旁开3寸）。

经属：足太阳膀胱经。

被击中后：冲击腰动、静脉和神经，震动肾脏，伤内气。

血头时辰：申时15~17点钟，精准时间为15点48分钟。

精确定位：位于腰部，当第二腰椎棘突下，旁开3寸。

取穴窍门：常采用俯卧的姿势，志室穴位于身体腰部，在第二腰椎棘突下方，左右5厘米处（或左右旁开3寸）。

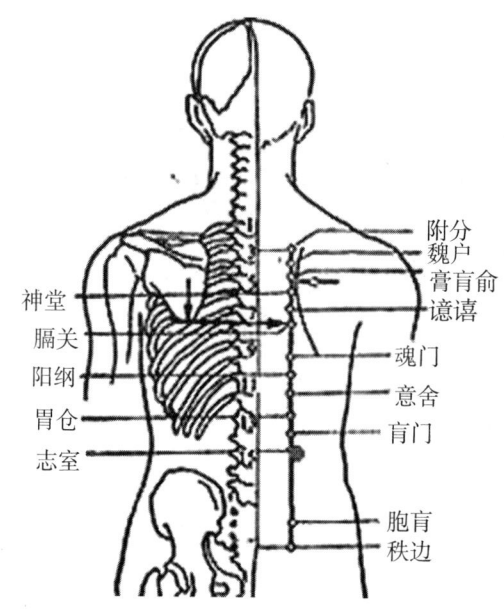

(7) 气海俞穴。

位置：在第三腰椎棘旁开1.5寸处。

经属：足太阳膀胱经。

被击中后：冲击肾脏，阻血破气。

血头时辰：申时15~17点钟，精准时间为15点50分钟。

精确定位：气海俞穴在脊柱区，第三腰椎棘突下，后正中线旁开1.5寸。

取穴窍门：肚脐水平线与脊柱相交椎体处，往下推1个椎体，下缘旁开2

第五章 太极内功点穴释解

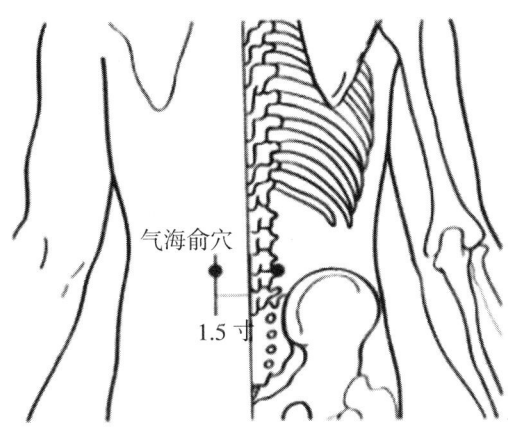

横指处，即是气海俞穴。

(8) 尾闾穴（长强穴别称，有时也称为尾闾）。

位置：位于尾骨端与肛门之间。

经属：督脉，督脉之络穴，别走任脉。

被击中后：阻碍周天气机，丹田气机不升。

血头时辰：子时 23~1 点钟，精准时间为 24 点 36 分钟。

精确定位：长强穴在会阴区，尾骨下方，尾骨端与肛门连线的中点处。

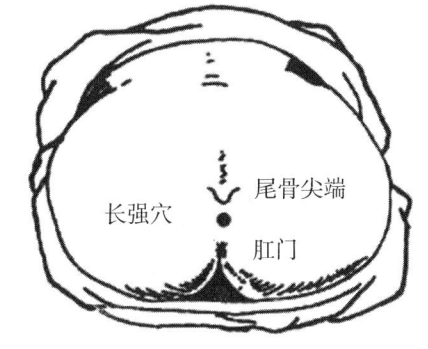

取穴窍门：在尾骨端下，尾骨端与肛门连线中点处，即是长强穴。

4. 上下肢要害穴位（共 5 穴）

(1) 肩井穴。

位置：在大椎穴与肩峰连线的中点，肩部最高处。

经属：足少阳胆经，系手少阳、足少阳、足阳明与阳维脉之会。

被击中后：半身麻木。

血头时辰：子时 23~1 点钟，精准时间为 23 点 40 分钟。

精确定位：肩井穴在肩胛区，第七颈椎棘突与肩峰最外侧端连线的中点。

取穴窍门：找到颈背交界处椎骨高突与锁骨肩峰端，二者连线中点即是肩井穴。

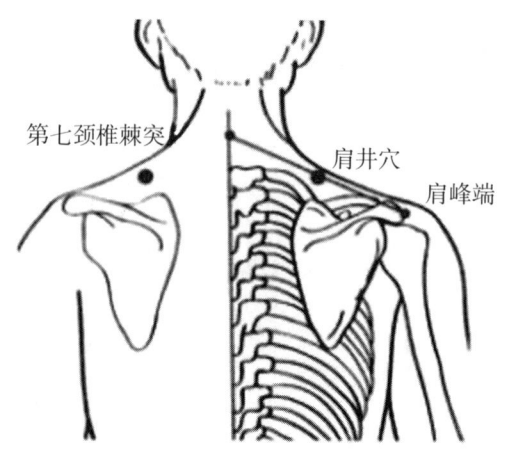

(2) 太渊穴。

位置：仰掌、腕横纹之桡侧凹陷处。

经属：手太阴肺经，肺之原穴，百脉之会。

被击中后：阻止百脉，内伤气机。

血头时辰：寅时 3~5 点钟，精准时间为 4 点 42 分钟。

精确定位：太渊穴在腕前区，桡骨茎突与舟状骨之间，拇长展肌腱尺侧凹陷中。

取穴窍门：掌心向上，腕横纹外侧摸到桡动脉，其外侧即是太渊穴。

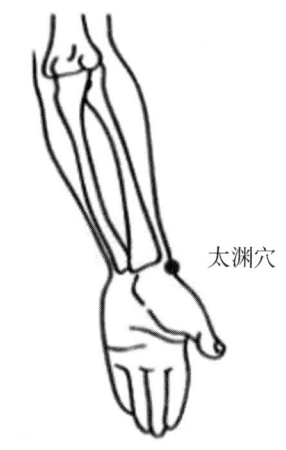

(3) 足三里穴。

位置：外膝眼下 3 寸，胫骨外侧约 1 横指处。

经属：足阳明胃经，足阳明之脉所入为合。

被击中后：下肢麻木、不灵。

血头时辰：辰时 7~9 点钟，精准时间为 8 点 34 分钟。

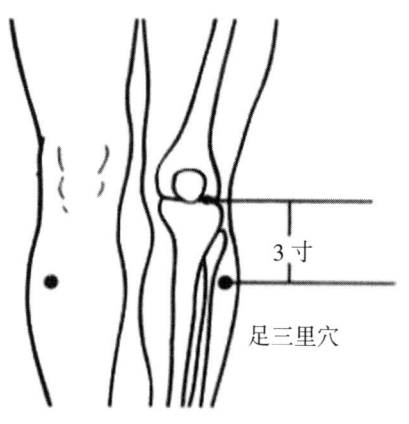

精确定位：位于小腿前外侧，髌骨与髌韧带外侧有一凹陷，直下3寸处即是足三里穴。

取穴窍门：站位弯腰，同侧手虎口围住髌骨上外缘，其余四指向下，中指指尖处，即是足三里穴。

(4) 三阴交穴。

位置：在内踝尖直上3寸，胫骨后缘。

经属：足太阳脾经，系足太阴、厥阴、少阴之会。

被击中后：下肢麻木、失灵，伤丹田气。

血头时辰：巳时9~11点钟，精准时间为9点16分钟。

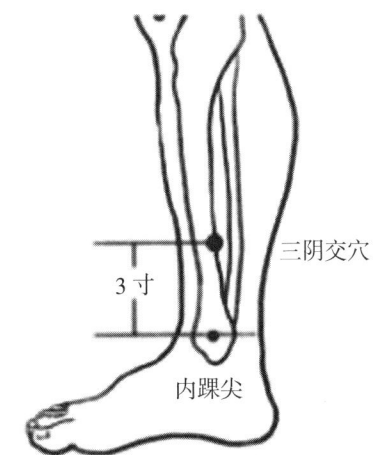

精确定位：在小腿内侧，内踝尖上3寸，胫骨内侧缘后际。

取穴窍门：手四指并拢，小指下缘靠内踝尖上，食指上缘所在水平线与胫骨后缘交点，即是三阴交穴。

(5) 涌泉穴。

位置：在足掌心前三分之处，当屈足趾时出现凹陷处。

经属：足少阴肾经。

被击中后：伤丹田气，气机不能上升，破轻功。

血头时辰：酉时17~19点钟，精准时间为17点0分钟。

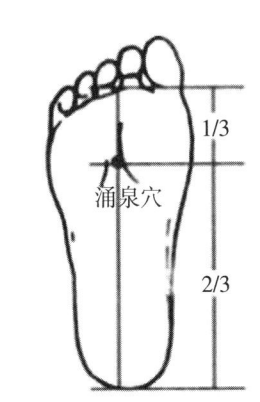

精确定位：位于足底，第二三趾趾缝纹头端与足跟连线的前1/3与后2/3交点上。

取穴窍门：卷足，足底前1/3处可见有一凹陷，按压有酸痛感处。

总之，以上36个要害穴，被点中后，初伤时，可能感觉不大，但后果严重，凡被点中者，不可轻视。

（二）点打破气散功秘穴

民间点穴术中传说有破气散功"四大秘穴"。武林中，凡练内功、硬气功、内丹功和铁砂掌者，最怕点打"四大秘穴"，被称为"破气散功秘穴"。有歌诀为证：

> 破气散功效无穷，武学败类遇此凶。
> 大骨膀胱脐中进，腋下一穴鬼神惊。
> 内功最惊大骨穴，膀胱专破硬气功。
> 脐中气漏内丹失，腋下穴伤手无功。

1. 大骨穴

练内功者最怕被人点伤大骨穴（近大椎处），点则十二经脉气散而不收，一般颈椎骨折极易引起高位截瘫，即除了头部可以活动外，四肢瘫痪，为最难救治之症，大骨穴伤，则人无法聚运全身之内劲，只能用一臂之力。

大骨穴即大椎穴，经属督脉，"血头"到达时辰为辰时 7~9 点钟，精准时间为 8 点 14 分钟。传统点穴法，督脉之穴也可不循时，任意点打。

2. 膀胱穴

凡练硬气功者一般均提气于胸背，布于四肢，然后自我捶打磨炼而成"死皮硬肉"，抗击打能力极强。但膀胱穴被人点中，轻则当即清便长流不收，重则无法提气布于全身，日久则小便自流，此疾将缠绵终生不愈。

膀胱穴即膀胱俞，经属足太阳膀胱经，"血头"到达时辰为申时 15~17 点钟，精准时间为 15 点 59 分钟。

3. 丹田穴

凡练内丹功之人，最怕丹田被人用金针指破穴散气，此穴一伤则内丹无法聚积丹田，成漏气之球，不刚不韧无用也。

丹田穴即关元穴，经属任脉，"血头"到达时辰为亥时 21~23 点钟，精准时间为 21 点 0 分钟。传统点穴法，任脉之穴也可不循时，任意点打。

4. 腋下穴

腋下穴被人伤，日久则无法将所练之内劲贯达四梢。如有铁砂掌、金刚指、虎爪功等功者，被点中也绝对无法发挥其威力。

腋下穴即极泉穴，经属手少阴心经，血头到达时辰为午时 11~13 点钟，精准时间为 11 点 0 分钟。

七、实战演练点穴法

武术点穴一技，盖武术之精华，出手即可制敌。然而人身要穴也有上百个，实战应用的穴位要精而又精，对血头熟之又熟，施手时才能得心应手。

点打穴位之法，除眼、指、拳基本功训练外，还要着重于实践演练，学以致用，体用结合，方能妙悟其中的精义。古人言："运用之妙，存乎一心，惟在精熟耳。"此实战演练点穴法，举例范围均在身躯的胸腹、腰背两个区域内，其主要目的是体悟演练"点穴法之实体"，莫为虚无的夸大之辞所迷惑，理应用科学的观点认识这门古老的武术文化精髓。

1. 点打乳中穴（左右二穴）

位置：乳中穴位于人体的胸部，当第四肋间隙，乳头中央，距前正中线 4 寸。

经属：足阳明胃经。

被击中后：冲击肋间神经和动脉充血破气。

血头时辰：辰时 7~9 点钟，精准时间为 7 点 42 分钟。

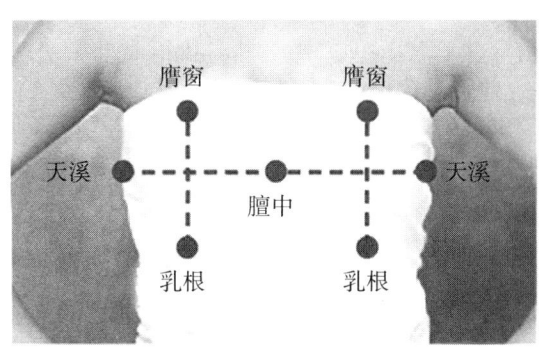

战例分析：

从上图可以看出，以乳中穴为中心，在胸的两侧，各有一个"方阵"，在击打乳中穴时，可用"特定法"和"动作法"取穴，其方法以乳头（乳中穴）为中心，上下左右各有一穴，即：上1.6寸"膺窗穴"（经属胃经，血头为辰时7~9点钟，精准时间为7点40分钟）；下1.6寸"乳根穴"（经属胃经，血头为辰时7~9点钟，精准时间为7点45分钟）；左（右）乳头各旁开2寸"天溪穴"（经属脾经，血头为巳时9~11点钟，精准时间为10点41分钟）；右（左）乳头各旁开4寸"膻中穴"（经属任脉，可不循经按时辰点打，精准时间为酉时17点钟）。

胸前如果以"乳中穴"为中心，就形成左右两个方阵。在冲打对方胸部时，如用"特定法"可在施手时"举一反三"，采用灵活多变的拳势，上方可打"膺窗穴"，下方可打"乳根穴"，左（右）可打"天溪穴"，右（左）可打"膻中穴"。如点打膻中穴也可采用传统点穴法，不循经取穴，任意点打。此种点穴方法"其妙存乎一心耳"。

伤穴手法（指无功底的一般人而言，下同）：

点打乳中穴，用"鸦嘴拳"，也叫锥子手（食指突出之拳法）或用"鹤嘴拳"，也叫透骨拳（中指突出之拳法）击打即可。

实战演练：

在临阵实战中，如对方进右步成右弓步，以右掌向前穿击我咽喉部或右拳冲击我头部，其招式凶狠。我急缩身势闪避之，同时上动不停，我左手立即借其势向其左上侧推挑，以破坏其重心，乘其未稳固之机，立即向前进右步，同时右手握锥子拳向前迅速点打对方右胸部之乳中穴。

其实，此处可点打部位甚多，以右乳头为中心，上有膺窗穴，下有乳根穴，右有天溪穴，左有膻中穴，均是要穴。视情况而定，切不可拘泥于成法，而成呆板之势。

注意事项：

如对方进步前穿快而猛，我则要把握时机稳而准，快速灵活，缩身有分寸。左手推其肘部最佳，可控制对方中节，且要破坏其重心。右脚进步、右拳偷点应同时进行，上下配合，协调一致，连贯迅速，力达右锥子拳。拳打一气连，切勿迟疑呆滞，贻误战机。

2. 点打神阙穴（肚脐）

位置：神阙穴，即肚脐，又名脐中，是人体任脉上的要穴，它位于命门穴平行对应的肚脐中。

经属：任脉。

被击中后：冲击肋间神经，震动肠管、膀胱，伤气，身体失灵。

血头时辰：戌时19~21点钟，精确时间为20点9分钟。

任、督二脉之穴可以不循时守经，任意点打。

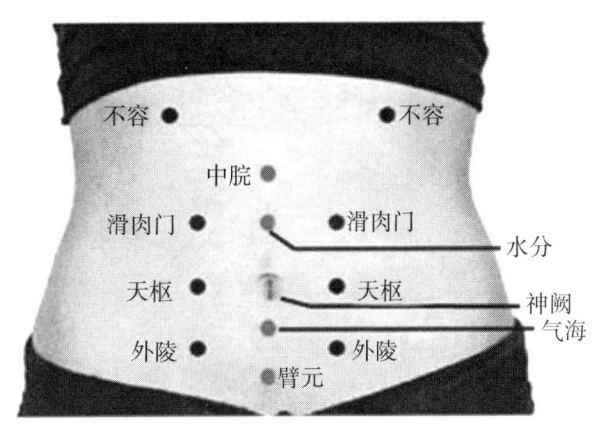

战例分析：

冲打对方腹部神阙穴时，击打方式变化甚多，可用"特定法"取穴。以神阙穴为中心，上下左右各有一穴。向上1寸是"水分穴"（属任脉，可不循时守经，任意点打，精准时间为19点52分钟）；向下1寸是"气海穴"（属任脉，可不循时守经，任意点打，精准时间为20点35分钟）；向左右各旁开2寸是"天枢穴"（属足阳明胃经，为辰时7~9点钟，精准时间为7点58分钟）。

以"神阙穴"为中心，形成一个上下左右点打方阵。学者应举一反三，触类旁通，运用之妙存乎一心耳。

伤穴手法：

用"鸦嘴拳"，也叫锥子手（食指突出之拳法）或用"鹤嘴拳"，也叫透骨拳（中指突出之拳法）击打即可。

实战演练：

在临阵实战中，对方突进右脚向前一步成右弓步势，同时急以凶猛凌厉的右拳冲打我小腹部。我采取避峰闪身之势，左脚向左前迈进一步成虚步势，急出左手向下格截对方右前臂，左臂内旋将其右臂向我左下侧捋带搂化，并乘其重心不稳之机，左脚立即向前迈进一步屈膝成半马步，同时迅速用右拳向前偷击对方腹部之神阙穴，力达锥子手。

以"神阙穴"为中心，形成一个上下左右点打方阵。学者应举一反三，触类旁通，向上1寸是"水分穴"，向下1寸是"气海穴"，向左右各旁开2寸是"天枢穴"，均是要穴。运用之妙存乎一心耳。

注意事项：

左脚向前进步、左手向下格截要同时进行，动作连环一致。左臂捋带搂化是要破坏对方重心，对方欲稳定重心必拧腰转胯；我则立即左脚进步，右拳锥子手恰好点打对方腹部，此式要把握时机，快速灵活有力，上下协调，一气呵成方妙。

3. 点打身柱穴

位置：身柱穴在背部，脊柱正中线上，第三胸椎棘突下凹陷中。取穴时首先定大椎穴，低头时颈项部最突出的棘突就是大椎穴，再往下数3个椎体即为第三胸椎棘突，其下方凹陷处就是身柱穴。

经属：督脉。

被击中后：头痛，咳嗽，气喘，惊厥，癫狂痫症，腰脊强痛。

血头时辰：辰时7~9点钟，精准时间为7点0分钟。

任、督二脉之穴，可以不循时守经，任意点打。

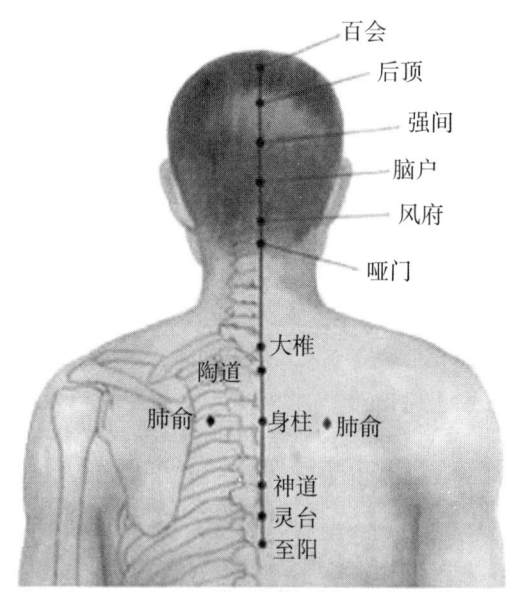

战例分析：

身柱穴是督脉的一个重要穴道，上下、左右可形成一个点打"方阵"。上方（向上 4.5 寸）是大椎穴，经属督脉，可不循时守经，任意点打，精准时间为 8 点 14 分钟。左右（旁开 1.5 寸）是肺俞穴（与神柱穴平行线），此穴属足太阳膀胱经，血头时间为申时 15~17 点钟，精准时间为 15 点 23 分钟。下方（向下 2.8 寸）是神道穴，此穴属督脉，血头时间为卯时 5~7 点钟，精准时间为 6 点 41 分钟。

五穴形成一个方阵，点击手法要一举反三，触类旁通。可根据临阵变化情况，对照"方图"选择击打的穴位。

伤穴手法：

借拧转身之势，用左"鸦嘴拳"，也叫锥子手（食指突出之拳法）或用"鹤嘴拳"，也叫透骨拳（中指突出之拳法）击打，顺势选穴击打即可。也可用右反背拳（瓦楞形拳）甩打对方背部"身柱穴"。

实战演练：

在临阵实战中，对方飞步向我扑来，同时出右拳借前冲之势向我头部击来。我见其来势甚猛急向左侧闪步，以左横马急避之，并迅速借其前冲之势我速右转体，借拧腰转胯之势，迅速用左拳点击对方背部身柱穴。

其实，身柱穴上下左右五穴紧紧相连，同属人体要害部位，点一穴可兼点五穴，只是手法略有差异。亦可用右反背拳（瓦楞形拳）甩点，学者可触类旁通，举一反三。

注意事项：

此势关键在于闪避要快而灵活，故身法步要配合协调，相随如一。转身宜快而稳，左拳点击要借拧腰转胯之腰劲。整个动作须上下相随，配合一致，快速灵活，一气呵成方妙，切勿呆板僵滞，反受制于人。

4. 点打命门穴（小腰穴）

位置：位于后背两肾之间，在第二腰椎与第三腰椎棘突之间，与肚脐相平、相对。

经属：督脉。

被击中后：冲击脊椎破气机，易截瘫。症状为腰痛、肾脏受损、精力减退、疲劳感等。

血头时辰：寅时 3~5 点钟，精准时间为 3 点 0 分钟。

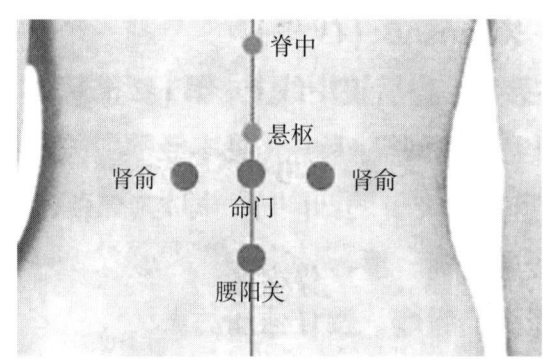

任、督二脉之穴可以不循时守经，任意点打。

战例分析：

命门旁开（左右）各 1.5 寸是"肾俞穴"（左右各一穴）。此穴属足太阳膀胱经，血头时辰为申时 15~17 点钟，精准时间为 15 点 48 分钟。

伤穴手法：

以急转身法用右反背拳（瓦楞形拳）甩打对方腰部"命门穴"。

实战演练：

在临阵实战中，对方以速猛之势向我猛扑而来，我见其来势凶猛，急以束身闪避其锋锐。对方一击未中，前势未消，必然前冲落步，我迅速起身乘对方尚未站稳根基之时，急转身用右反背拳甩打对方腰部"命门穴"。

命门穴左右旁开 1.5 寸是"肾俞穴"，也是人身的要穴，此拳甩打时还要顾及到两侧的肾俞穴。学者可触类旁通，举一反三，视其情况而定。

注意事项：

闪避之法在点打背后、侧身点穴时经常用到，要求身法活便，步法快捷，眼法灵活，能准确判断对方来势，并掌握时机，以免受制于人。此法闪避要快而灵活，转身甩拳要借拧腰转胯之腰劲，力达右拳。转体要快而稳，保持重心稳固，手脚配合，协调一致，一气呵成方妙。

5. 点打章门穴

位置：在腋中线，第十一浮肋游离端前下缘，屈肘合腋时正当肘尖尽处。

经属：足厥阴肝经，系足太阴脾经"脾之募穴"。

被击中后：左侧内为脾脏，右侧为肝脏。击中后，直接冲击脾或肝脏，会造成休克、易亡、气机逆乱，同时破坏膈肌膜，气血被阻，淤血气滞，痛疼难当，阻碍呼吸。

第五章 太极内功点穴释解

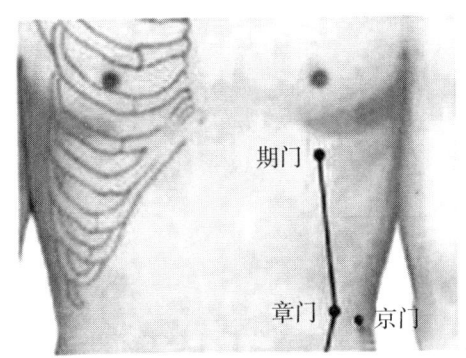

血头时辰：丑时 1~3 点钟，精准时间为 2 点 44 分钟。

战例分析：

章门穴位于人体两侧部（胁部下缘），系足太阴、足厥阴、阴维三脉之会。因章门穴内右侧为肝脏，左侧正当脾脏下缘，章门穴还是五脏气血的汇聚点，也是通往五脏的门户，地位很重要。

在冲击章门穴时，还要顾及到两侧的京门穴。从章门穴向后一指，即是第十二肋骨游离端足少阳胆经的京门穴，用"瓦楞拳"楞角向前同时冲打两穴。此穴，血头时辰为子时 23~1 点钟，精准时间为 24 点 1 分钟。

从章门穴往上 6.5 寸是期门穴（血头时辰为丑时 1~3 点钟，精准时间为 3 点钟）。

伤穴手法：

冲击此穴，用"鹤嘴拳"，也叫锥子手（中指突出之拳法）或用"瓦楞形拳"。此穴位在肘尖下。古有用肘尖点墨寻穴之法，点打此穴时，可用"特定法"施手。

实战演练：

在临阵实战中，对方以迅猛之势向我冲击而来，并出右肘向我胸前撞击。我见其来势甚猛，左脚急向后退一步以闪避对方锋锐，同时出右拳做虚势以击挡之。上动不停，然后用右手向上旋转托架对方右肘臂，左脚迅速向前迈进一步屈膝成左弓步，同时出左手向前、向上用瓦楞形拳迅猛点击对方腹部"章门穴"，力达拳楞。

从章门穴向后一指，即是第十二肋骨游离端胆经的"京门穴"，用"瓦楞拳"楞角向前同时冲打两穴（属足少阳胆经，血头时辰为子时 23~1 点钟，精准时间为 24 点 1 分钟）。

同时，施手时还要顾及到邻近的穴位。从章门穴往上 6.5 寸是"期门穴"

（血头时辰为丑时1~3点钟，精准时间为3点钟）。

注意事项：

对方来势凶猛凌厉时，我左脚后退要快而稳，右手挡击目的是化其招势，左脚复进步实是活步法之具体应用。进退要快速灵活自然，动作连贯协调，上下配合，劲猛势雄，一气呵成为妙。

6. 点打中脘穴

位置：中脘穴位于上腹部，前正中线上，当脐中上4寸。

经属：任脉。

被击中后：（最重要的是这个"脘"字，脘指的是胃）胃痛，不能进食。

血头时辰：戌时19~21点钟，精准时间为19点00分钟。

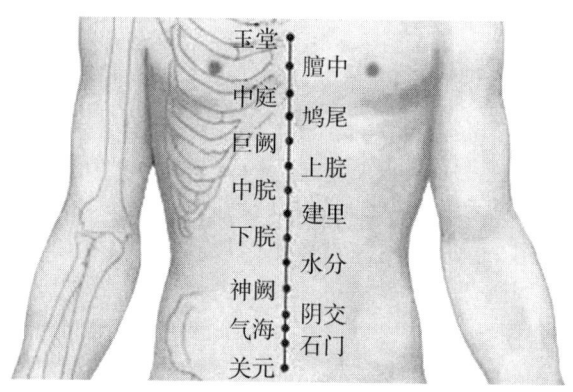

战例分析：

中脘穴位于上腹部，前正中线上，为任脉的要穴，是手太阳小肠经、手少阳三焦经、足阳明胃经、任脉之会，是任脉的主要穴道。

此穴上部有上脘穴，下部有下脘穴等，冲击此穴时，可顾及各穴。

伤穴手法：

用"鸦嘴拳"，也叫锥子手（食指突出之拳法）或用"鹤嘴拳"，也叫透骨拳（中指突出之拳法）击打即可。

实战演练：

在临阵实战中，对方进左脚向前成左弓步势，同时以左拳由上向前下抡打我头部。我见其招势凶猛凌厉，右脚立即向前迈步成右弓步势，急出右拳由下向上、向中划弧格挡对方左拳。上动不停，乘对方不备，迅速左脚进步成左弓步势，同时借上步之势出左拳向前冲打对方腹部中脘穴，力达左拳。

此势变化甚多，亦可用左锥子拳向前点打对方的上脘穴（向上1寸）、下脘穴（向下2寸）；亦可进左步直入对方洪门中宫，以左冲天炮冲打对方下颌，翻腕冲打咽喉穴；亦可用左兜心拳冲打对方脐部（神阙穴）等。学者应举一反三，触类旁通，运用之妙存乎一心耳。

注意事项：

我右手拳只是虚招，只要能将对方的左拳拨开就行，其重点在于实招左拳，点打要快速有力，劲整势猛。整个招势应动作连贯，灵活巧妙，上下配合协调一致方妙。

7. 点打大椎穴

位置：大椎位于脊椎骨中以第七颈椎棘突隆起最高，所以称之为"大椎"，穴当其处故名，又名"百劳"，意指其穴能补虚治劳。

经属：督脉。

被击中后：大椎为手足三阳及督脉之会，冲击此穴会造成背脊强痛、头昏，就会达到打击一穴制诸经，阻止一身阳气流通。

血头时辰：辰时7~9点钟，精准时间为8点14分钟。

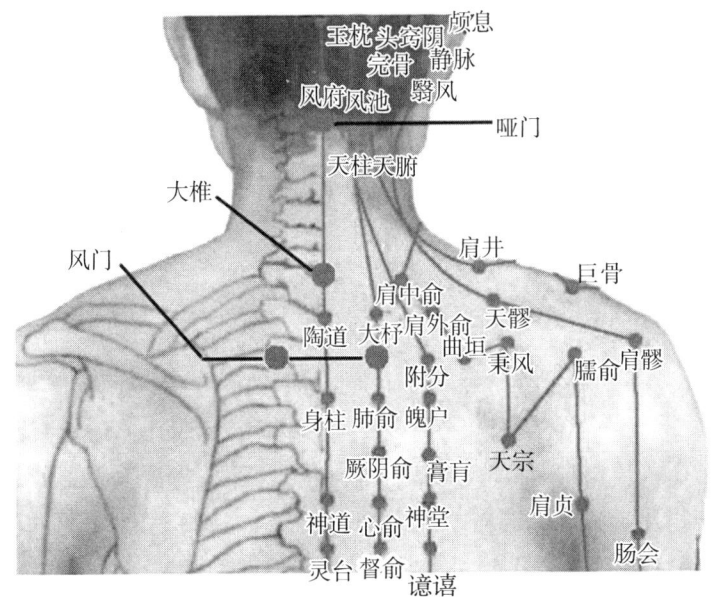

战例分析：

大椎名意指手足三阳的阳热之气由此汇入本穴并与督脉的阳气上行头颈。本穴物质一为督脉陶道穴传来的充足阳气，二为手足三阳经外散于背部阳面的阳气，穴内的阳气充足满盛如椎般坚实，故名大椎。冲击此穴可采用灵活手法，因大椎穴好认识，拳、指、掌都可用。此穴上2.5寸，有"哑门穴"（经属督脉，可不循经守时，任意点打，血头时辰为辰时7~9点钟，精准时间为8点52分钟）；下3.5寸，左右旁开1.5寸有左右"风门穴"（经属足太阳膀胱经，血头时辰为申时15~17点钟，精准时间为15点21分钟），三穴形成了三角形。

伤穴手法：

用"鸦嘴拳"，也叫锥子手（食指突出之拳法）或用"鹤嘴拳"，也叫透骨拳（中指突出之拳法）击打即可。或用四指尖之力抽击即可。

实战演练：

在临阵实战中，对方以饿虎扑食之势向我胸前凶猛地扑击而来。见其来势凶猛，我急向右侧闪躲之，从而使对方招式走空；我则乘势迅速向左转体，借拧腰转胯之势，急用左手鸦嘴拳点击之，或用四指尖之力抽击对方"大椎穴"。如对方躲之，我则速用右手剑指击点对方颈部"哑门穴"；亦可用右拳以反背拳砸打对方左右"风门穴"。

注意事项：

闪避之法贵在疾速，避实击虚在乎身步之法。闪避后，左转体与左进步要同时进行，左手须借拧腰转胯之腰劲，力达左剑指或拳背。实战时，往往右手配合点打其尾穴，上下同击方妙。

八、武术解穴秘法

武术点穴伤人与解穴救人在理论上是统一的顺逆两个方面。点穴是施术者用不同的手法，点中对方要穴，使穴位突然瞬间关闭，经络失常而不能发挥它的联络和传导作用，使气血受阻不能周流，人体就出现各种生理病变，轻者出现口不能发音，四肢无力酸软，周身关节不能支配；重者或晕或瘫或哑或原地崩溃。

解穴与点穴是相对而言的，在格斗中一旦被对方击中穴位或者对方被点中穴位，必须迅速采取有效的解救方法：点穴伤人，解穴救人；制人而不伤人，这是习武术点穴者要遵循的一条法则。

解穴是根据人的生理原则，五脏合于五行，阴阳之生克，运用不同的手法，施术于伤者体表，开通闭塞，导引阴阳，解除被点击而造成的人体机能失常现象。

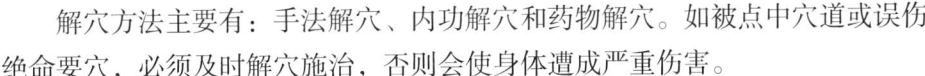

解穴方法主要有：手法解穴、内功解穴和药物解穴。如被点中穴道或误伤绝命要穴，必须及时解穴施治，否则会使身体遭成严重伤害。

实施解穴分两种情况：

一是被点打受伤者，自己知道被对方点的是什么穴位。这种情况下，按照解穴手法进行解穴即可。

二是被点打受伤者不知道自己被对方点的是什么穴位，因为格斗中变化太多，有时被人用隐晦的手法点伤、有时被点后昏迷不醒，不及时施治可能延误性命等。解穴施救者，在不知道被点为何穴的情况下，要根据症状施治。

因此解穴时，施术者首先要辨别出哪个穴位被点打、哪条经络受阻、哪个脏腑受损，然后随着经络的顺逆方向运用各种补、泻和疏法进行按摩救治，必要时还可增加药物治疗，使被点穴者恢复正常功能，这正是：

点穴伤人，轻重有别；
解穴救人，酌情施术；
肢体痉挛，挛者舒之；
躯干僵直，活僵松之；
经络阻隔，疏导通之；
气滞血瘀，气血导之。

（一）穴位解穴原理

解穴，最早见于明代徐凤的《针灸大成》一书，其中一首"四总穴歌"言之很详。其文是：

肚腹三里留，
腰背委中求，
头项寻列缺，
面口合谷收。

这首穴歌言简意赅、好读易记，包含了极其丰富的经验和深刻的道理。所言"4个穴"，两个在上肢，两个在下肢。一个是足阳明胃经的"足三里穴"，一个是手阳明大肠经的"合谷穴"，一个是足太阳膀胱经的"委中穴"，一个是手太阴肺经的"列缺穴"。

它们均分布在四肢肘膝关节以下,对头面、躯干部病变起着远道治疗作用。医书上说:足三里主治腹部病,委中主治腰背病,列缺主治头项病,合谷主治面口病。

4个穴几乎可治疗全身病变,但从部位上看,它又简括有余而全面不足,还有胸部、胁部尚未提及,所以后人在前人的基础上,补充了"内关主治心胸病""阳陵泉主治胸胁病"。这就全面了,所以,又在《四总穴歌》的基础上,加上了"胁肋寻阳陵""心胸内关谋",因而也就成了《六总穴歌》。又增加了两个穴位,一个是足少阳胆经上的"阳陵泉穴",在下肢;另一个是手厥阴心包经上的"内关穴",在上肢。

"四总"也好,"六总"也罢,它们都可以说是"远道取穴"的典范,是针灸临床取穴的大法,尤其对一些急性病,不能头病针头、腹病针腹,医学先贤为后人总结出"远道取穴"的大法。这客观上也符合武术解穴"伤人点血头,救人点血尾"之理。

(二) 《六总穴歌》解穴详解

1. 足三里穴(肚腹三里留)

足三里穴因能治理(古:"里"通"理")腹部上、中、下三部诸证,而其位在膝下3寸,故得名。据《针灸真髓》载:"三里治脾、胃、肾有效,故名三里。里通理,亦即三里。"该穴是胃经之合穴,又是强壮要穴之一,是临床的常用穴。

其性能:具有理胃肠、健脾胃、降气逆、化积滞、补中气、抗衰老、宁心神和利湿热等作用,因此,凡脾、胃、肝、胆、大小肠等肚腹病都可取本穴治疗,故有"肚腹三里留"之意。

足三里归属于足阳明胃经,是诸多经穴中最具有养生保健价值的穴位之一。此穴对循环、消化、呼吸、免疫等各系统疾病的消除都有积极作用,但以

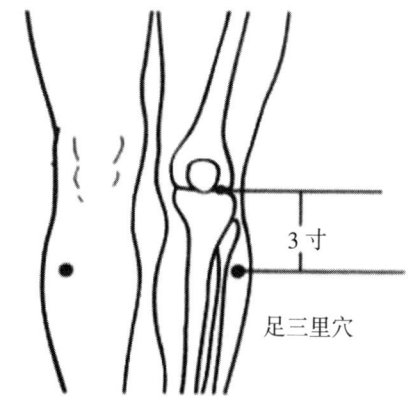

足三里穴

消化系统疾病疗效最为显著。

足三里穴，位置在小腿前外侧，髌骨与髌韧带外侧有一凹陷，直下3寸处即是足三里穴。

取穴窍门：站位弯腰，同侧手虎口围住髌骨上外缘，其余四指向下，中指指尖处，即是足三里穴。

2. 委中穴（腰背委中求）

委中穴是指本穴所在部位为腘窝横纹处中点，故名。它是足太阳之脉的合穴，该部血管丰富，宜于刺络放血，主治急性热病、神志病，尤其对于急性腰扭伤效果显著。足太阳膀胱经脉从腰背而来的两条支脉，下行汇于腘窝，从经脉所通、主治所及的作用来说，委中对腰背部有一定疗效。

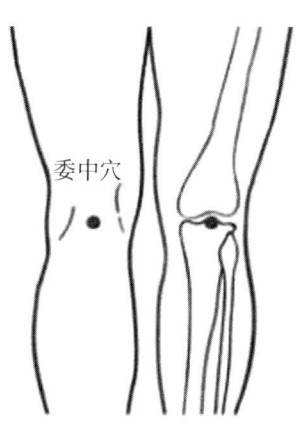

委中穴归属于足太阳膀胱经，是足太阳膀胱经上的重要穴位之一。古人云"腰背委中求"，委中穴虽然位于腿部，却是治疗腰痛、坐骨神经痛等腰背部病症的主穴。

委中穴，位置在膝后区，腘窝横纹中点。

取穴窍门：膝盖后面凹陷中央的腘窝横纹中点处，即是委中穴。

3. 列缺穴（头项寻列缺）

列缺穴为手太阴肺经的络穴，八脉交会穴之一。所谓的"八脉交会穴"是十二经脉与奇经八脉之间相互沟通脉气的联络点，其络由此而别走手阳明，有裂出缺去的现象，故用会意法取其名。列缺通任脉，任与督相通于通头，故人称为"头项寻列缺"。

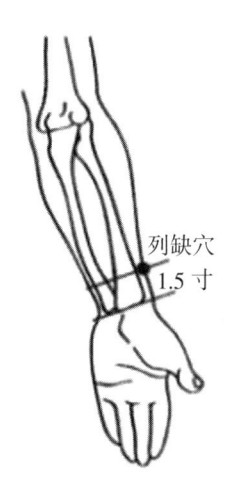

"头项寻列缺"是因为：

①列缺为肺之络穴，由此联络手阳明大肠经，手阳明经走向头、项、口齿，列缺联络表里两经。

②因为肺的生理、病理关系，肺主皮毛，与卫表关系密切，当人体感受外邪时，皮毛首当其冲，便出现发热恶寒、咳嗽、头痛等表征。

③列缺有疏风解表、宣肺理气、通络止痛之功，善治头项之疾，故人称为"头项寻列缺"。

列缺穴，位置在前臂，腕掌侧远端横纹上1.5寸，拇短腱与拇长展肌腱之间，拇长展肌腱沟的凹陷中。

取穴窍门：两手虎口相交，一手食指压另一手桡骨茎突上，食指尖到达处，即列缺穴。

4. 合谷穴（面口合谷收）

合谷穴是大肠经气的获居之地，为手阳明大肠经的原穴，脏腑中肺与大肠相表里，经络中手足阳明经两脉连贯，因而合谷既可解肺主管之表，又能治疗胃肠属下之里，治疗病种多不胜数。本穴善治头面五官病，故有"面口合谷收"之说。《玉龙歌》中有"头面纵有诸样症，一针合谷效通神"。

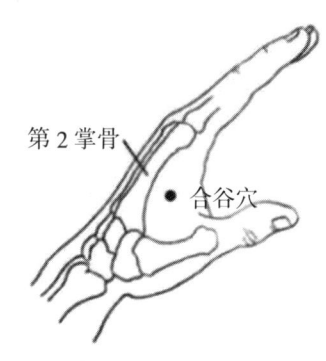

合谷穴即虎口，归属于手阳明大肠经，是人体六大养生要穴之一。本穴最善于调理大肠经的病变，可以补虚泄实，治疗胃痛、腹痛、肠炎、痢疾等。

合谷穴，位置在手背，位于1~2掌骨之间，二骨相合，形如峡谷，故得名。

取穴窍门：轻握拳，拇指、食指指尖轻触，另手握举外，拇指指腹垂直下压处。

5. 阳陵泉穴（胁肋寻阳陵）

阳陵泉属足少阳胆经之合穴，又为胆腑的下合穴，主要治疗内腑之病变。合穴是五俞穴的一种，均位于肘、膝关节部位。《灵枢·九针十二原篇》曰："所入为合。"就是指在经脉流注时好比各处的江河汇合流入大海一样。隋·杨上善《太素》注："如水出井以至海为合，脉出指井，至此合于本脏之气，故名为合。"

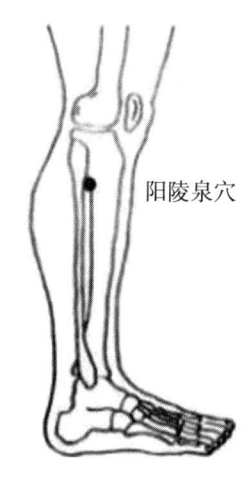

《难经·四十五难》云："筋会阳陵泉。"故阳陵

泉是治疗筋病的要穴，《说文》解释"筋"作"肉之力"，意指"能够产生力量的肌肉"，故可认为筋病即指筋肉系统的病征。

阳陵泉穴归属于足少阳胆经，凡是胆腑病症，都可取阳陵泉穴来治疗。此外，它还有舒筋、壮筋、通络的作用，是治疗下肢筋病的要穴，如下肢痿弱无力、膝关节疼痛等。主治胁痛，故有"胁肋寻阳陵"之说。

阳陵泉穴，位置在小腿外侧，腓骨头前下方凹陷中。

取穴窍门：屈膝90°角，膝关节外下方，腓骨小头前下方凹陷处，即是阳陵泉穴。

6. 内关穴（心胸内关谋）

内关穴（别名阴维穴），归属手厥阴心包经，是八脉交会穴之一，心包经的体表经水由此注入体内。是人体的养生大穴，善治内脏疾病，尤其有助于防治心脏疾患。现代研究还发现，内关穴对心脏功能有其双向调节作用，可使心功能趋于正常，使失调变平衡。

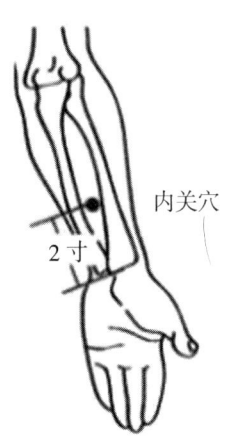

内关。内，内部也；关，关卡也。俗话说："一夫当关，万夫莫开。"在险峻的要塞，一人把住关口，一万人也打不进来。内关名意是指内关穴就相当于这样一个要塞，它是保护心脏的第一要穴，可谓重要关口，故称"内关"。内关穴的真正妙用，在于能打开人体内在机关，有补益气血、安神之功。中医学讲，"虚则补之，实则泻之"，按摩内关穴有如打开城门，让心中的苦闷之气、脾胃上逆之气从此离开。

内关穴手厥阴阴维之会，理同阴维名解。阴维，阴，阴液也；维，维持也。阴维名意指本穴有维护与调节人体内外经脉阴液的作用。不仅能治疗各种心血管疾病，如心律紊乱、心率失常、心绞痛、高血压等，而且可沟通其他各脉，维持体内阴阳、脏腑、气血的平衡，缓解胃痛、呕吐、呃逆、哮喘、头晕等症，故有"心胸内关谋"之说。

内关穴，位置在前臂前区，腕掌侧远端横纹上2寸，掌长肌腱与桡侧腕屈肌腱之间。

取穴窍门：在前臂前区，从腕横纹向上量3横指，两条索状筋之间，即是内关穴。

武术解穴"伤人点血头，救人点血尾"，此理要求我们如要熟练掌握解穴之法，就必须把这"六个要穴"的取穴之法、解穴之理、治疗功能等弄得清清楚楚，掌握手法熟而又熟，这样才能应用。

九、民间（传统）解穴法

自古至今武林秘传着一句"伤人点血头，救人点血尾"之谚。很多人对此不甚了了。此谚是中医学"气血流注"之说，是有一定道理的。实施解穴，有两种情况：

一种是已知所点何穴、何部位；另一种是不明被点何穴、何部位。根据以上两种情况，分别阐述民间武术各门各派相传的几种"击穴行经走气"的解穴秘法。

（一）已知所点何穴、何部位的解穴秘法

1. 北方殷氏秘传解穴绝技

（1）身前，包括面、胸、腹、前阴等部位，属阴经穴。

人躯体上部穴位被点，可拿"合谷穴"。以拇指拿，其余四指固定放在患者第五掌骨外缘小鱼际处，以拇指用力拿之。拿的时间均要 5~15 分钟。同时配打"走马穴"（此穴在肘窝少海穴后 3 寸处）。医者用手指尖合拢用二、三、四指头扣打穴位 24 次，此即行经。

人躯体下部穴位被点，可拿"内庭穴"（此穴位于足背，第二、第三趾缝之间，属足阳明胃经）。用拇指放在穴位上，其余四指放在脚底作固定，拇指用力拿 5~15 分钟，同时配打"委中穴"24 次。

（2）身后，包括头后、背、腰、骶等部位，属阳经穴。

人躯体上部穴位被点，可拿"中渚穴"，用拇指压住穴位拿 5~15 分钟，同时配打"走马穴"24 次。（中渚穴位于手背部位，小指与无名指根间下 2 厘米手背凹陷处，经属手少阳三焦经）。

人躯体下部穴位被点，可拿"绝骨穴"，同时配打"委中穴"。（悬钟穴别名绝骨，属足少阳胆经，八会穴之髓会，在小腿外侧，当外踝尖上 3 寸，

腓骨前缘)。

经验证明，凡受伤在 7~15 日内的仅用解穴法即可痊愈，而伤重日久则必须运用中药内服配合医治。

注：属阴经伤者，上部可拿"内关穴"，配打"走马穴"；下部拿"三阴交穴"，配打"委中穴"。

以上解穴秘法，不论何时，随时可用，不论何派之点穴手法损伤皆可解之，且一般的跌打损伤亦可救治。此法名曰"击穴行经走气"解穴法。

2."两仪"解穴法

凡是被点中胸腹部穴者，解穴施术者，站在被点者的身后，两手掌自患者小腹往上托合至中心穴，然后站在患者的左边，左手掌按住被点者的前心窝"中脘穴"，右手塌肩坠肘；捞劲带灵劲（也叫抖劲），平拍患者"神通穴"，心里暗示"透"，拍后可令被点击者立即恢复正常。如以解"中心穴""膻中穴"为例：

中心穴（中心穴也叫黑虎偷心穴，即鸠尾穴），被点后缩身、低头、腿软、呼吸困难，瘫倒在地。

解穴者，用左手把被点者抓起，站在被点者的左边，左手掌根按住被点者的前心窝（即中脘穴），右手运劲使手腕带抖劲平拍患者的神通穴（即神道穴），拍打时劲不要过大也不要过小，过大容易伤人，过小解不开，解时也要用阴阳二气所产生的能量，否则解不开。如果方法得当，即刻令其恢复正常。

膻中穴，被点后神志不清，疼痛难忍，口吐白沫。

解穴者，站在被点者左边，用右手掌下刻患者的凤凰穴，但用力不可过大，然后左手掌按住前心窝中脘穴，右手运臂力带手腕发抖劲，平拍患者神通穴，心里暗示"透"，平拍时运力不能过大也不能过小，拍后可使其立即恢复正常。

注：神通穴为什么能解穴？

神通穴为神道穴别名，又叫冲道穴、脏俞穴。督脉阳气在此循其固有通道而上行，故名"神道穴"。神道穴乃督脉阳气上升之"通道"，所以一拍即能解穴。

位置：人体神道穴位于背部，当后正中线上第五胸椎棘突下凹陷中，归属于督脉。

取穴窍门：两侧肩胛下角连线与后正中线相交处向上推 2 个椎体，下缘凹陷处即是神道穴。

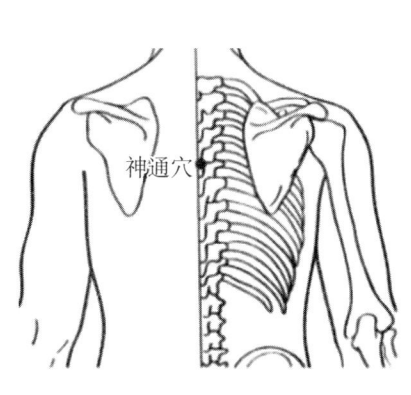
神通穴

3. 民间内功解穴法

凡知被人点穴所伤，先用右手运起内劲用轻中等功力拍"大椎穴"一掌，然后左右肩胛骨旁各拍一掌，一般昏迷之人即可苏醒，然后再对所伤之穴辨证施治。

（1）凡胸部诸穴受损点，按拿"内关穴""足三里穴"诸穴各49次（吸气时按，呼气时松之）。

（2）凡腰背部诸穴受损点，按拿"委中穴""脚跟穴"诸穴49次（脚踝骨窝处）。

（3）腋胁受损则拿按"阳关""内关"诸穴49次。

（4）头等受损则急按"太冲""合谷"诸穴各49次。

注：大椎穴为什么能解穴？

大椎穴归属于督脉，"大椎"名意指手足三阳的阳热之气由此汇入本穴并与督脉的阳气上行头颈。此穴能主宰全身阳气，是调节全身功能的要穴，有祛风除湿、增强机体抗御外邪的能力，大椎穴，古人又称其为百劳穴，顾名思义，该穴具有治疗身体劳累、虚损的功效，因此，一拍即能解穴。

位置：大椎穴在脊柱区，第七颈椎棘突下凹陷中，后正中线上。

取穴窍门：低头，颈背交界椎骨高突处椎体下缘凹陷处，即是大椎穴。

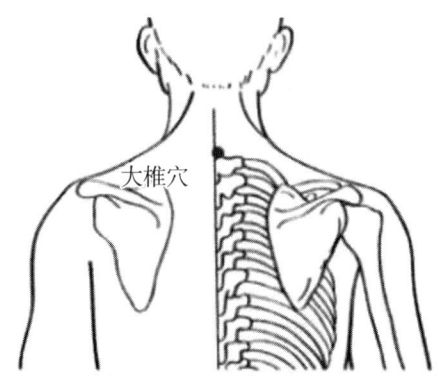

（二）未知所点何穴、何部位的解穴秘法

被点打受伤者有时不知道自己被对方点的是什么穴位，因为格斗中变化太多，有时被人用隐晦的手法点伤，有时被点后昏迷不醒，不及时施治可能延误性命，解穴施救者在不知道被点为何穴的情况下，就需要根据症状进行

施治。

1. 推拿技法及辩证解穴（民间解穴神技，附范例）

什么叫推，什么叫拿，用于什么症状，这是推拿技法及辩证解穴的核心问题。推的意思是推动血气，拿的意思是有起死回生的功效。推拿主要用于被点打闭气或猛然跌倒闭气的危症（跌打之症，都是气闭）。

推拿解穴秘诀：

(1) 推开天庭，将手在两眉中心往太阳连推 4 次。

(2) 推开天府，将布一块塞住肛门，不让放屁走气。

(3) 推开胸膛，将手在胸膛前轻轻推动数次，血气活动。

(4) 推拿六宫穴（脐中穴），将手抵住脐下 1 寸 3 分，勿让生尿。

(5) 推拿两顶筋，将手在顶筋两边拿捏 18 次。

(6) 推拿两腰，将手在腰两边拿捏 18 次。

(7) 推拿两手膀，将手在肘下、腋下捏筋弹扯 7 次。

(8) 推拿铜壶滴漏，将手在小便下总筋下捏扯 7 次。

(9) 推拿两背心窝，将手在背心窝推一掌，即回阳。

(10) 推拿滴水番，将手在尾际节骨上推动几次，即活血。

(11) 推拿两脚腿，将手从腿筋捏至脚筋，气血皆活。

(12) 推拿灌子穴（丹田），将手在总筋下往上走神阙穴推顶。

(13) 推命门穴，将手在背腰上推至丹田相对处，气血融和。

(14) 推拿两乳穴，将手从乳旁推至背心，两边在背心相接。

(15) 推拿两手脚，并将银针在中指和拇指甲下 1.0 分处针刺 1 分。

2. 依据被点症状进行相应解穴范例

实施解穴，对被点打受伤者却不知其被点何穴、何部位，在这种情况下，采取的应急解穴办法即是依据被点症状实施相应解穴救人。

从民间解穴范例中可以清楚地看到，其解穴方法均以《六总穴歌》"肚腹三里留，腰背委中求，头项寻列缺，面口合谷收，胁肋寻阳陵，心胸内关谋"为依据，从症状中找出哪条经络被封闭，然后配拿相关穴位，实施解穴。这种解穴方法完全符合"伤人点血头，救人点血尾"的远道取穴解穴之理。

(1) 症状一：四肢无力，头昏不语，眼涩不开。

取穴：合谷、人中、哑门、睛明、太阳、少商、曲池。

解法：运气于手心劳宫穴，力达指尖，按压次序是先按人中→哑门；再按太阳→睛明；最后按曲池→合谷→少商。

取穴位置：（以下取穴位置的内容中，如有相同的穴位名称，不再敷述）

合谷：位于拇、食指张开，以另一手的拇指关节横纹放在虎口上，拇指尖到达的地方。经属手阳明大肠经。

人中：位于人体鼻唇沟的中点。经属督脉。

哑门：位于项部，当后发际正中直上 0.5 寸，第一颈椎下。经属督脉。

睛明：位于眼部内侧，内眼角稍上方凹陷处。睛，指穴所在部位及穴内气血的主要作用对象为眼睛也；明，光明穴之意。睛明名意指眼睛接受膀胱经的气血而变得光明穴。本穴为足太阳膀胱经之第一穴。

太阳：位于头部，眉梢与目外眦之间，向后约 1 横指的凹陷中。属经外奇穴。

少商：手拇指内侧，距指甲下边缘 1 分处。经属手太阴肺经。

曲池：位于肘横纹外侧端，屈肘，当尺泽穴与肱骨外上髁连线中点。即在手肘关节弯曲凹陷处，屈肘成直角在肘弯横纹尽头的地方。经属手阳明大肠经。

(2) 症状二：胸腹胀闷，气滞肋痛，头痛眼花。

取穴：内关、中脘、合谷、期门、足三里。

解法：运气达劳宫穴，力达指肚，先按压内关、合谷，再运气至劳宫，手掌对中脘输放真气，最后下压足三里，并用虎口处从足三里起往足跟按摩。

取穴位置：

内关：掌后第一横纹正中直上 2 寸，两筋中间的地方。经属手厥阴心包经。

中脘：肚脐正中直上 4 寸的地方，心窝口上边正中到肚脐正中的 1/2 处。经属任脉。

合谷：同症状一中的取穴位置。

期门：位于胸部，第六肋间隙，前正中线旁开 4 寸。经属足厥阴肝经。

足三里：位于小腿前外侧，髌骨与髌韧带外侧有一凹陷，直下 3 寸处。经属足太阴脾经。

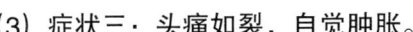

(3) 症状三：**头痛如裂，自觉肿胀**。

取穴：百会、风池、上星、太阳、合谷。

解法：运气于手掌，先按压太阳穴→率谷，然后从上星按推至百会→风池，再由风池往大椎督脉方向摩捏，最后指尖按压合谷。

取穴位置：

百会：位于头顶，前发际正中直上5寸。经属督脉。

风池：位于后颈部，两条大筋外缘陷窝中，相当于耳垂齐平（或当枕骨之下，与风府穴相平，胸锁乳突肌与斜方肌上端之间的凹陷处即是）。经属足少阳胆经。

上星：从两眉头中间向上到额上的头发边，再直上1寸处。经属督脉。

太阳：同症状一中的取穴位置。

合谷：同症状一中的取穴位置。

(4) 症状四：**气闭耳鸣，肋背胀痛**。

取穴：听宫、翳风、听会、合谷、中渚、大椎、风池、肾俞、肩井。

解法：运气于指尖，先按压听宫→听会→翳风，再按压风池→大椎→肩井，然后按压肾俞并向臀部推摩，最后压合谷→中渚。

取穴位置：

听宫：张开嘴时，在小耳朵（耳屏）正中前的凹窝处。经属手太阳小肠经。

翳风：耳后尖角陷中，按之引耳中痛。属手少阳三焦经。

听会：耳微前陷中，张口取穴。属足少阳胆经。

合谷：同症状一中的取穴位置。

中渚：位于手背部，当第四掌指关节的后方，第四五掌骨间凹陷处。属手少阳三焦经。

大椎：正坐低头，在第七颈椎下的凹窝处。经属督脉。

风池：同症状三中的取穴位置。

肾俞：肾俞穴位于人体的腰部，当第二腰椎棘突下，左右二指宽处。经属足太阳膀胱经。

肩井：位于大椎与肩峰端连线的中点上，前直对乳中。经属足少阳胆经。

(5) 症状五：**口吐白沫，神智不清**。

取穴：百会、神阙、人中、涌泉、合谷。

解法：运气于指尖，先重压人中，二压合谷，三压涌泉，四压百会并往风池推摩，五压神阙。要以指代针，输送真气于伤者穴中，效果更佳。

取穴位置：

百会：同症状三中的取穴位置。

神阙：神阙穴又名脐中，位于命门穴平行对应的肚脐中。经属任脉。

人中：同症状一中的取穴位置。

涌泉：在人体足底穴位，位于足前部凹陷处第二三趾趾缝纹头端与足跟连线的前1/3处，为全身俞穴的最下部，是肾经的首穴。属足少阴肾经。

合谷：同症状一中的取穴位置。

(6) 症状六：瘫软如棉，半身不遂。

取穴：百会、大椎、风府、阳陵泉、阴陵泉、命门、环跳、风市、曲池。

解法：运气于掌心，掌心发热按压百会约3分钟，然后运气于指尖，按压大椎→风府、阳陵泉→阴陵泉、命门→环跳，再揉风市、曲池。

取穴位置：

百会：同症状三中的取穴位置。

大椎：同症状四中的取穴位置。

风府：风府穴位于人体项部，当后发际正中直上1寸，枕外隆凸直下，两侧斜方肌之间凹陷处。经属督脉。

阳陵泉：正坐屈膝垂足，从膝关节外边向下能摸到一小圆的骨凸起，叫腓骨小头，在腓骨小头的前面稍下一点的凹窝处。经属足少阳胆经。

阴陵泉：在膝部内侧，有一高圆的骨凸起，叫胫骨内侧髁，本穴在胫骨内侧髁下缘凹陷处，前面与胫骨粗隆下缘平齐。经属足太阴脾经。

命门：位于人体的腰部，当后正中线上，第二腰椎棘突下凹陷处。经属督脉。击中后，冲击脊椎破气机，易截瘫。

环跳：趴着取穴，下腿伸直，当大转子前缘线与缘线交叉点处，向脊椎方向一横直的地方。经属足少阳胆经。

风市：在大腿外侧当中，与委中（膝弯中点）上7寸平齐处，或当直立时，两手自然下垂，中指尖到达处。属足少阳胆经。

曲池：同症状一中的取穴位置。

(7) 症状七：内损吐血，气血错乱。

取穴：哑门、大墩、太渊、肺俞、内劳宫、肝俞、百会、肩井、涌泉。

解法：运气于掌，从百会推引气往涌泉下降，然后运气于指，按哑门、大墩、肺俞→肝俞、百会→肩井、太渊→内劳宫，揉按压涌泉。

取穴位置：

哑门：同症状一中的取穴位置。

大墩：位于大姆趾（靠第二趾一侧）甲根边缘约 2 毫米处。经属足厥阴肝经。

太渊：位于人体腕掌侧横纹桡侧，桡动脉搏动处。经属手太阴肺经。

肺俞：位于人体的背部，当第三胸椎棘突下，旁开 1.5 寸（二指宽）处。经属足太阳膀胱经。

内劳宫：位于中指及无名指往下延伸交会的凹陷处，位置大约在握拳屈指时中指尖所指处。经属手厥阴心包经。

肝俞：位于人体的背部脊椎旁，第九胸椎棘突下，左右二指宽处或旁开 1.5 寸。经属手太阳膀胱经。

百会：同症状三中的取穴位置。

肩井：同症状四中的取穴位置。

涌泉：同症状五中的取穴位置。

(8) **症状八**：小腹胀痛，小便不通。

取穴：足三里、阴陵泉、气海、三阴交。

解法：运气于手掌，待手心劳宫穴发热后移小腹发气，腹内鸣响后，运气于指尖，再压足三里→阴陵泉，先按气海，最后久按压三阴交。

取穴位置：

足三里：同症状二中的取穴位置。

阴陵泉：同症状六中的取穴位置。

气海：位于体前正中线，脐下 1 寸半。经属任脉。

三阴交：位于内踝高点直上 3 寸，当胫骨后缘处，三条阴经气血交会于此，故名三阴交穴。经属足太阴脾经。

(9) **症状九**：中气被伤，大便泄泻不止。

取穴：中脘、天枢、中极、足三里。

解法：运气于掌心劳宫穴，掌心发热后朝中脘、中极、天枢发气，待腹中鸣响后，再按压中脘，然后按压足三里。

取穴位置：

中脘：同症状二中的取穴位置。

天枢：肚脐正中左右外开 2 寸为双穴。经属足阳明胃经。

中极：位于人体下腹部，前正中线上，将耻骨和肚脐连线五等分，由下向上 1/5 处。经属任脉。

足三里：同症状二中的取穴位置。

（10）**症状十：饮水不进，食入则吐。**

取穴：劳宫、中脘、足三里、支沟、上脘。

解法：运气于指尖，先按压劳宫穴，再按压足三里，然后按揉上脘→中脘，再中脘，再支沟。

取穴位置：

劳宫：同症状七中的取穴位置。

中脘：同症状二中的取穴位置。

足三里：同症状二中的取穴位置。

支沟：位于人体前臂背侧，当阳池与肘尖的连线上，腕背横纹上 3 寸，尺骨与桡骨之间。经属手少阳三焦经。

上脘：在腹部肚脐上方 5 寸、4 寸、2 寸的地方有上、中、下脘 3 个穴。它们依据位置的高低来分，最重要的是"脘"字，脘是指胃。经属任脉。

附录：人体十四经脉"气血之头"推算列表

(此法以列表形式附后)

人体有穴361处，分布在手、足十二经脉和任督二脉上。武术点穴之技，妙在"血头"。此技称之为绝技，就是因为"血头"难以计算和掌握。少林、武当点穴绝技以及太极点穴秘谱，只言其"时辰"范围之"血头"，而气血按时"循行中的精准血头"（到达每个穴位的准确时间），自古至今尚未有人解决此道。且任、督二脉的气血循行"不按时辰"，因而自古以来点穴之术，任督二脉，"不按时守经，任意点打"。如果将十四经脉361穴之"血头"均"按分钟到达每个穴位时刻计算出来"，这是一项前所未有的研究项目，解决此道，对继承、发展武术点穴这一绝技显得更加重要。

解决此题必须解决三个难题：

其一：要测算出人体十四经脉361个穴位，穴与穴之间距离尺寸。

其二：要计算出每条经脉气血循行速度。

其三：要掌握每条经脉长度和每个穴位的准确位置。

此三个难题，经过长期研究探讨、挖掘整理得到解决。医书上说："十四脉部，合一十六丈二尺，此气之大经隧也。"

手之六阳经脉，从手至头，长五尺，共计五六合三丈。

手之六阴经脉，从胸走至手，长三尺五寸，共计三六一丈八尺，五六合三尺，合二丈一尺。

足之六阳经脉，从头走至足，长八尺，共计六八四丈八尺。

足之六阴经脉，从足走入腹中，长六尺五寸，共计六六三丈六尺，五六当三尺，合三丈九尺。

督脉、任脉，各长四尺五寸，共合九尺。

根据医书所载，每条经脉长度，以及穴与穴之间的距离，按时辰将十四经脉每个穴位"气血循行之头"推算出来，现以列表的形式，列出人体361个穴位，每个穴位"气血之头"到达的时间。

表一 手太阴肺经气血循行"血头"推算表

序号	穴位	穴与穴距离尺寸	寅时（3~5）	血头到达时间
1	中府	下 2 寸		3 点钟
2	云门	下 9 寸（2 寸）		3 点 7 分钟
3	天府	下 1 寸（11 寸）		3 点 38 分钟
4	侠白	下 5 寸（12 寸）		3 点 41 分钟
5	尺泽	下 5.5 寸（17 寸）		3 点 59 分钟
6	孔最	下 5.5 寸（22.5 寸）		4 点 18 分钟
7	列缺	下 0.5 寸（28 寸）		4 点 37 分钟
8	经渠	下 1 寸（28.5 寸）		4 点 38 分钟
9	太渊	下 2.5 寸（29.5 寸）		4 点 42 分钟
10	鱼际	下 3 寸（32 寸）		4 点 50 分钟
11	少商	（3 尺 5 寸）		5 点钟
备注	1. 手太阴肺经，经长 3 尺 5 寸。 2. 气血循行时间：寅时（3~5 点钟）。 3. 气血循行速度：每分钟循行长度为 2 分 9 厘。 4. 气血循行"从胸走手"，起于中府穴，终于少商穴，计 11 穴。			

表二 手阳明大肠经气血循行"血头"推算表

序号	穴位	穴与穴距离尺寸	卯时（5~7）	血头到达时间
1	商阳	上 3 寸		5 点钟
2	二间	上 1 寸（3 寸）		5 点 7 分钟
3	三间	上 1.5 寸（4 寸）		5 点 10 分钟
4	合谷	上 1.5 寸（5.5 寸）		5 点 13 分钟
5	阳溪	上 3 寸（7 寸）		5 点 17 分钟
6	偏历	上 2 寸（10 寸）		5 点 24 分钟
7	温溜	上 3 寸（12 寸）		5 点 29 分钟
8	下廉	上 1 寸（15 寸）		5 点 36 分钟
9	上廉	上 1 寸（16 寸）		5 点 38 分钟
10	手三里	上 2 寸（17 寸）		5 点 40 分钟
11	曲池	上 1 寸（19 寸）		5 点 45 分钟
12	肘髎	上 2 寸（20 寸）		5 点 48 分钟
13	手五里	上 5 寸（22 寸）		5 点 52 分钟
14	臂臑	上 5 寸（27 寸）		6 点 4 分钟

(续表)

序号	穴位	穴与穴距离尺寸	卯时（5~7）	血头到达时间
15	肩髃	上 3 寸（32 寸）		6 点 16 分钟
16	巨骨	上 9 寸（35 寸）		6 点 23 分钟
17	天鼎	上 1 寸（44 寸）		6 点 45 分钟
18	扶突	上 4 寸（45 寸）		6 点 47 分钟
19	禾髎	上 1 寸（49 寸）		6 点 57 分钟
20	迎香	（5 尺）		7 点钟
备注	1. 手阳明大肠经，经长 5 尺。 2. 气血循行时间：卯时（5~7 点钟）。 3. 气血循行速度：每分钟循行 4 分 2 厘。 4. 气血循行"从手至头"，起于商阳穴，终于迎香穴，计 20 穴。 5. （髎，音疗）（臑，音闹）（髃，音鱼）			

表三　足阳明胃经气血循行"血头"推算表

序号	穴位	穴与穴距离尺寸	辰时（7~9）	血头到达时间
1	承泣	下 0.3 寸		7 点钟
2	四白	下 0.5 寸（0.3 寸）		7 点零半分钟
3	巨髎	下 0.6 寸（0.8 寸）		7 点 1 分钟
4	地仓	下 1 寸（1.4 寸）		7 点 2 分钟
5	大迎	下 0.6 寸（2.4 寸）		7 点 4 分钟
6	颊车	下 0.6 寸（3 寸）		7 点 4 分钟
7	下关	下 5 寸（3.6 寸）		7 点 5 分钟
8	头维	下 7 寸（8.6 寸）		7 点 13 分钟
9	人迎	下 1.5 寸（15.6 寸）		7 点 23 分钟
10	水突	下 1.5 寸（17.1 寸）		7 点 26 分钟
11	气舍	下 2 寸（18.6 寸）		7 点 28 分钟
12	缺盆	下 1.5 寸（20.6 寸）		7 点 31 分钟
13	气户	下 1.5 寸（22.1 寸）		7 点 33 分钟
14	库房	下 1.6 寸（23.6 寸）		7 点 35 分钟
15	屋翳	下 1.6 寸（25.2 寸）		7 点 37 分钟
16	膺窗	下 1.6 寸（26.8 寸）		7 点 40 分钟
17	乳中	下 1.6 寸（28.4 寸）		7 点 42 分钟

(续表)

序号	穴位	穴与穴距离尺寸	辰时（7~9）	血头到达时间
18	乳根	下3寸（30寸）		7点45分钟
19	不容	下1寸（33寸）		7点49分钟
20	承满	下1寸（34寸）		7点51分钟
21	梁门	下1寸（35寸）		7点52分钟
22	关门	下1寸（36寸）		7点54分钟
23	太乙	下1寸（37寸）		7点55分钟
24	滑肉门	下1寸（38寸）		7点57分钟
25	天枢	下1寸（39寸）		7点58分钟
26	外陵	下1寸（40寸）		8点钟
27	大巨	下3寸（41寸）		8点1分钟
28	水道	下1寸（44寸）		8点6分钟
29	归来	下2寸（45寸）		8点7分钟
30	气冲	下3寸（47寸）		8点10分钟
31	髀关	下4寸（50寸）		8点15分钟
32	伏兔	下3寸（54寸）		8点21分钟
33	阴市	下1寸（57寸）		8点25分钟
34	梁丘	下2寸（58寸）		8点27分钟
35	犊鼻	下3寸（60寸）		8点30分钟
36	足三里	下3寸（63寸）		8点34分钟
37	上巨虚	下2寸（66寸）		8点39分钟
38	条口	下1寸（68寸）		8点41分钟
39	下巨虚	下1寸（69寸）		8点43分钟
40	丰隆	下5.5寸（70寸）		8点44分钟
41	解溪	下1.5寸（75.5寸）		8点53分钟
42	冲阳	下1寸（77寸）		8点55分钟
43	陷谷	下1寸（78寸）		8点56分钟
44	内庭	下1寸（79寸）		8点58分钟
45	厉兑	（8尺）		9点钟
备注	\multicolumn{4}{l}{1. 足阳明胃经，经长8尺。 2. 气血循行时间：辰时（7~9点钟）。 3. 气血循行速度：每分钟循行6分7厘。 4. 气血循行"从头走至足"，起于承泣穴，终于厉兑穴，计45穴。 5. (髎，音疗）（翳，音益）}			

附录：人体十四经脉"气血之头"推算列表

表四 足太阴脾经气血循行"血头"推算表

序号	穴位	穴与穴距离尺寸	巳时（9~11）	血头到达时间
1	隐白	上1寸		9点钟
2	大都	上1.2寸（1寸）		9点2分钟
3	太白	上1寸（2.2寸）		9点4分钟
4	公孙	上3寸（3.2寸）		9点6分钟
5	商丘	上2.5寸（6.2寸）		9点11分钟
6	三阴交	上3.5寸（8.7寸）		9点16分钟
7	漏谷	上3.5寸（12.2寸）		9点23分钟
8	地机	上2.5寸（15.7寸）		9点29分钟
9	阴陵泉	上5.5寸（18.2寸）		9点34分钟
10	血海	上4.5寸（23.7寸）		9点44分钟
11	箕门	上9寸（28.5寸）		9点52分钟
12	冲门	上2寸（37.2寸）		10点9分钟
13	府舍	上3寸（39.2寸）		10点13分钟
14	腹结	上2寸（42.2寸）		10点18分钟
15	大横	上3.5寸（44.2寸）		10点22分钟
16	腹哀	上5.5寸（47.7寸）		10点28分钟
17	食窦	上1.6寸（53.2寸）		10点39分钟
18	天溪	上1.6寸（54.8寸）		10点41分钟
19	胸乡	上1.6寸（56.4寸）		10点44分钟
20	周荣	上7寸（58寸）		10点47分钟
21	大包	（6尺5寸）		11点钟
备注	1. 足太阴脾经，经长6尺5寸。 2. 气血循行时间：巳时（9~11点钟）。 3. 气血循行速度：每分钟循行5分4厘。 4. 气血循行"从足走入腹"，起于隐白穴，终于大包穴，计21穴。			

表五　手少阴心经气血循行"血头"推算表

序号	穴位	穴与穴距离尺寸	午时（11~13）	血头到达时间
1	极泉	下 8 寸		11 点钟
2	青灵	下 3 寸（8 寸）		11 点 32 分钟
3	少海	下 11.5 寸（11 寸）		11 点 44 分钟
4	灵道	下 0.5 寸（22.5 寸）		12 点 30 分钟
5	通里	下 0.5 寸（23 寸）		12 点 32 分钟
6	阴郄	下 0.5 寸（23.5 寸）		12 点 34 分钟
7	神门	下 3 寸（24 寸）		12 点 36 分钟
8	少府	下 3.5 寸（27 寸）		12 点 48 分钟
9	少冲	（3 尺 5 寸）		1 点钟
备注	1. 手少阴心经，经长 3 尺 5 寸。实际尺寸比医书上所说 3 尺 5 寸，短 4.5 寸，是何原因，还没找出，但不影响"血头"的计算。 2. 气血循行时间：午时 11~13 点钟。 3. 气血循行速度：每分钟循行长度为 2 分 5 厘。 4. 气血循行"从胸走手"，起于极泉穴，终于少冲穴，计 9 穴。			

表六　手太阳小肠经气血循行"血头"推算表

序号	穴位	穴与穴距离尺寸	未时（13~15）	血头到达时间
1	少泽	上 2 寸		13 点钟
2	前谷	上 1 寸（2 寸）		13 点 5 分钟
3	后溪	上 1.5 寸（3 寸）		13 点 7 分钟
4	腕骨	上 1.5 寸（4.5 寸）		13 点 11 分钟
5	阳谷	上 1 寸（6 寸）		13 点 14 分钟
6	养老	上 5 寸（7 寸）		13 点 17 分钟
7	支正	上 6 寸（12 寸）		13 点 29 分钟
8	小海	上 10 寸（18 寸）		13 点 43 分钟
9	肩贞	上 4 寸（28 寸）		14 点 7 分钟
10	臑俞	上 2 寸（32 寸）		14 点 16 分钟
11	天宗	上 2 寸（34 寸）		14 点 21 分钟
12	秉风	上 1.5 寸（36 寸）		14 点 26 分钟
13	曲垣	上 1.5 寸（37.5 寸）		14 点 29 分钟
14	肩外俞	上 1.5 寸（39 寸）		14 点 33 分钟
15	肩中俞	上 2.5 寸（40.5 寸）		14 点 36 分钟

附录：人体十四经脉"气血之头"推算列表

(续表)

序号	穴位	穴与穴距离尺寸	未时（13~15）	血头到达时间
16	天窗	上2寸（43寸）		14点42分钟
17	天容	上2.5寸（45寸）		14点47分钟
18	颧髎	上2.5寸（47.5寸）		14点53分钟
19	听宫	（5尺）		15点钟
备注	1. 手太阳小肠经，经长5尺。 2. 气血循行时间：未时（13~15点钟）。 3. 气血循行速度：每分钟循行4分2厘。 4. 气血循行"从手至头"，起于少泽穴，终于听宫穴，计19穴。 5. （臑，音闹）（髎，音疗）（颧，音全）			

表七　足太阳膀胱经气血循行"血头"推算表

序号	穴位	穴与穴距离尺寸	申时（15~17）	血头到达时间
1	睛明	下0.5寸		15点钟
2	攒竹	下2寸（0.5寸）		15点1分钟
3	眉冲	下0.5寸（2.5寸）		15点4分钟
4	曲差	下0.5寸（3寸）		15点5分钟
5	五处	下0.5寸（3.5寸）		15点5分钟
6	承光	下0.5寸（4寸）		15点6分钟
7	通天	下0.5（4.5寸）		15点7分钟
8	络却	下1.5寸（5寸）		15点8分钟
9	玉枕	下3寸（6.5寸）		15点10分钟
10	天柱	下3寸（9.5寸）	由天柱穴分出两条支脉	15点14分钟
11	大杼	下1.4寸（12.5寸）	大杼穴是从天柱穴分出的一条支脉，下行至腿部委中穴，与另一条支脉汇合	15点17分钟
12	风门	下1.4寸（13.9寸）		15点21分钟
13	肺俞	下1.4寸（15.3寸）		15点23分钟
14	厥阴俞	下1.4寸（16.7寸）		15点25分钟
15	心俞	下1.4寸（18.1寸）		15点27分钟
16	督俞	下1.4寸（19.5寸）		15点29分钟
17	膈俞	下3.2寸（20.9寸）		15点31分钟
18	肝俞	下1.6寸（24.1寸）		15点36分钟

（续表）

序号	穴位	穴与穴距离尺寸	申时（15~17）	血头到达时间
19	胆俞	下 1.6 寸（25.7 寸）		15 点 38 分钟
20	脾俞	下 1.6 寸（27.3 寸）		15 点 41 分钟
21	胃俞	下 1.6 寸（28.9 寸）		15 点 43 分钟
22	三焦俞	下 1.6 寸（30.5 寸）		15 点 46 分钟
23	肾俞	下 1.6 寸（32.1 寸）		15 点 48 分钟
24	气海俞	下 1.6 寸（33.7 寸）		15 点 50 分钟
25	大肠俞	下 2 寸（35.3 寸）		15 点 53 分钟
26	关元俞	下 1.1 寸（37.3 寸）		15 点 56 分钟
27	小肠俞	下 1.1 寸（38.4 寸）		15 点 57 分钟
28	膀胱俞	下 1.1 寸（39.5 寸）		15 点 59 分钟
29	中膂俞	下 1.1 寸（40.6 寸）		16 点 1 分钟
30	白环俞	下 3.3 寸（41.7 寸）		16 点 2 分钟
31	上髎	下 1.1 寸（45 寸）		16 点 7 分钟
32	次髎	下 1.1 寸（46.1 寸）		16 点 9 分钟
33	中髎	下 1.1 寸（47.2 寸）		16 点 10 分钟
34	下髎	下 2 寸（48.3 寸）		16 点 12 分钟
35	会阳	下 3 寸（50.3 寸）		16 点 15 分钟
36	承扶	下 4 寸（53.3 寸）		16 点 20 分钟
37	殷门	下 5 寸（57.3 寸）		16 点 26 分钟
38	浮郄	下 1 寸（62.3 寸）		16 点 26 分钟
39	委阳	下 1.1 寸（63.3 寸）		16 点 34 分钟
40	委中	下 1.4 寸（64.4 寸）		16 点 36 分钟
说明	膀胱经，从"天柱穴"分出两条支脉：一条从"大杼穴"至"委中穴"；另一条从"附分穴"至"委中穴"。两条支脉并行至腿部"委中穴"汇合后沿小腿下行至足趾"至阴穴"。 　　此推算表序号，打乱了原有序号，其中序号 41 "附分穴"至序号 54 "秩边穴"，另排表。因"委中穴"是两脉并行汇合处，两条支脉最后都标出"委中穴"，但表内其中一个"委中穴"没序号。 　　此表序号 40 "委中穴"，直接接序号 55 "合阳穴"。			

附录：人体十四经脉"气血之头"推算列表

(续表)

序号	穴位	穴与穴距离尺寸	申时（15~17）	血头到达时间
55	合阳	下2寸（65.8寸）		16点38分钟
56	承筋	下2寸（67.8寸）		16点41分钟
57	承山	下1寸（69.8寸）		16点44分钟
58	飞扬	下3寸（70.8寸）		16点46分钟
59	跗阳	下2寸（73.8寸）		16点50分钟
60	昆仑	下1寸（75.8寸）		16点53分钟
61	仆参	下1寸（76.8寸）		16点55分钟
62	申脉	下1寸（77.8寸）		16点56分钟
63	金门	下0.3寸（78.8寸）		16点58分钟
64	京骨	下0.3寸（79.1寸）		16点59分钟
65	束骨	下0.3寸（79.4寸）		16点59分钟
66	通谷	下0.3寸（79.7寸）		16点59分钟
67	至阴	（8尺）		17点钟
备注	1. 足太阳膀胱经，经长8尺。 2. 气血循行时间：申时（15～17点钟）。 3. 气血循行速度：每分钟循行6分7厘。 4. 气血循行"从头走入足"，起于睛明穴，终于至阴穴，计67穴。 5. 足太阳膀胱经从"天柱穴"分出二支并行的脉：一支由"天柱穴"下行，经"大杼穴"沿背部下行至腿部"委中穴"；另一支由"天柱穴"下行，经"附分穴"沿背部下行至腿部"委中穴"，两支脉相汇合于"委中穴"，沿小腿下行至足趾"至阴穴"。两支脉气血循行应是同时并行。			

序号	穴位	穴与穴距离尺寸	申时（15~17）	血头到达时间
10	天柱	下4.4寸（9.5寸）		15点14分钟
说明	从"天柱穴"分出的两条并行的支脉：其中一支便是从"附分穴"下行，到腿部"委中穴"与另一支脉汇合。继续下行，经"会阳穴"，沿小腿下行至足趾"至阴穴"。因而序号41～54单独列表。			
41	附分	下1.4寸（13.9寸）		15点21分钟
42	魄户	下1.4寸（15.3寸）		15点23分钟
43	膏肓俞	下1.4寸（16.7寸）		15点25分钟
44	神堂	下1.4寸（18.1寸）		15点27分钟
45	譩譆	下1.4寸（19.5寸）		15点29分钟
46	膈关	下3.2寸（20.9寸）		15点31分钟
47	魂门	下1.6寸（24.1寸）		15点36分钟
48	阳纲	下1.6寸（25.7寸）		15点38分钟
49	意合	下1.6寸（27.3寸）		15点41分钟
50	胃仓	下1.6寸（28.9寸）		15点43分钟

(续表)

序号	穴位	穴与穴距离尺寸	申时（15~17）	血头到达时间
51	肓门	下 1.6 寸（30.5 寸）		15 点 46 分钟
52	志室	下 7.4 寸（32.1 寸）		15 点 48 分钟
53	胞肓	下 2.2 寸（39.5 寸）		15 点 59 分钟
54	秩边	下 15 寸（41.7 寸）		16 点 2 分钟
汇合处	委中	下 1.4 寸（56.7 寸）		16 点 36 分钟
55	合阳	接此穴下行至足趾"至阴穴"		16 点 38 分钟
56	承筋	下 2 寸（67.8 寸）		16 点 41 分钟
57	承山	下 1 寸（69.8 寸）		16 点 44 分钟
58	飞扬	下 3 寸（70.8 寸）		16 点 46 分钟
59	跗分	下 2 寸（73.8 寸）		16 点 50 分钟
备注	从"天柱穴"分出下行的两条支脉，一条从"大杼穴"下行至"白环俞穴"与另一条从"附分穴"下行至"秩边穴"，经长是一样的，均为41.7寸。但从"白环俞穴"至"委中穴"下行之脉，是绕行；而从"秩边穴"至"委中穴"下行之脉是直行，因而短了（64.4寸-56.7寸=7.7寸）7.7寸。此段经脉气血循行速度当然是体内自行调节，不必人为再去调整。（髎，音疗）（谙，音嘻）			
60	昆仑	下 1 寸（75.8 寸）		16 点 53 分钟
61	仆参	下 1 寸（76.8 寸）		16 点 55 分钟
62	申脉	下 1 寸（77.8 寸）		16 点 56 分钟
63	金门	下 0.3 寸（78.8 寸）		16 点 58 分钟
64	京骨	下 0.3 寸（79.1 寸）		16 点 59 分钟
65	束骨	下 0.3 寸（79.4 寸）		16 点 59 分钟
66	足通谷	下 0.3 寸（79.7 寸）		16 点 59 分钟
67	至阴	（8 尺）		17 点钟
备注	1. 足太阳膀胱经，经长 8 尺。 2. 气血循行时间：申时（15~17 点钟）。 3. 气血循行速度：每分钟循行 6 分 7 厘。 4. 气血循行"从头走入足"，起于睛明穴，终于至阴穴，计 67 穴。 5. 足太阳膀胱经从"天柱穴"分出二支并行的脉：一支由"天柱穴"下行，经"大杼穴"沿背部下行至腿部"委中穴"；另一支由"天柱穴"下行，经"附分穴"沿背部下行至腿部"委中穴"，两支脉相汇合于"委中穴"，下行足趾"至阴穴"。两支脉气血循行应是同时并行。			

表八 足少阴肾经气血循行"血头"推算表

序号	穴位	穴与穴距离尺寸	酉时（17~19）	血头到达时间
1	涌泉	上3寸		17点钟
2	然谷	上3.5寸（3寸）		17点6分钟
3	太溪	上1寸（6.5寸）		17点12分钟
4	大钟	上1寸（7.5寸）		17点14分钟
5	水泉	上1寸（8.5寸）		17点16分钟
6	照海	上2.5寸（9.5寸）		17点18分钟
7	复溜	上1寸（12寸）		17点22分钟
8	交信	上3.5寸（13寸）		17点24分钟
9	筑宾	上8寸（16.5寸）		17点31分钟
10	阴谷	上18寸（24.5寸）		17点45分钟
11	横骨	上1寸（42.5寸）		18点19分钟
12	大赫	上1寸（43.5寸）		18点21分钟
13	气穴	上1寸（44.5寸）		18点22分钟
14	四满	上1寸（45.5寸）		18点24分钟
15	中注	上1寸（46.5寸）		18点26分钟
16	肓俞	上3寸（47.5寸）		18点28分钟
17	商曲	上1寸（50.5寸）		18点34分钟
18	石关	上1寸（51.5寸）		18点35分钟
19	阴都	上1寸（52.5）		18点37分钟
20	通谷	上1寸（53.5寸）		18点39分钟
21	幽门	上2.5寸（54.5寸）		18点41分钟
22	步廊	上1.6寸（57寸）		18点46分钟
23	神封	上1.6寸（58.6寸）		18点49分钟
24	灵墟	上1.6寸（60.2寸）		18点51分钟
25	神藏	上1.6寸（61.8寸）		18点54分钟
26	彧中	上1.6寸（63.4寸）		18点57分钟
27	俞府	（6.5尺）		19点钟
备注	1.足少阴肾经，经长6.5尺。 2.气血循行时间：酉时（17~19点钟）。 3.气血循行速度：每分钟循行5分4厘。 4.气血循行"从足走入腹"，起于涌泉穴，终于俞府穴，计27穴。			

表九 手厥阴心包经气血循行"血头"推算表

序号	穴位	穴与穴距离尺寸	戌时（19~21）	血头到达时间
1	天池	下 9 寸		19 点钟
2	天泉	下 7 寸（9 寸）		19 点 31 分钟
3	曲泽	下 6 寸（16 寸）		19 点 55 分钟
4	郄门	下 2 寸（22 寸）		20 点 16 分钟
5	间使	下 1 寸（24 寸）		20 点 23 分钟
6	内关	下 2 寸（25 寸）		20 点 26 分钟
7	大陵	下 3 寸（27 寸）		20 点 33 分钟
8	劳宫	下 5 寸（30 寸）		20 点 43 分钟
9	中冲	（3 尺 5 寸）		21 点钟
备注	1. 手厥阴心包经，经长 3 尺 5 寸。 2. 气血循行时间：戌时（19~21 点钟）。 3. 气血循行速度：每分钟循行长度为 2 分 9 厘。 4. 气血循行"从胸走手"，起于天池穴，终于中冲穴，计 9 穴。			

表十 手少阳三焦经气血循行"血头"推算表

序号	穴位	穴与穴距离尺寸	亥时（21~23）	血头到达时间
1	关冲	上 3 寸		21 点钟
2	液门	上 1 寸（3 寸）		21 点 7 分钟
3	中渚	上 3 寸（4 寸）		21 点 10 分钟
4	阳池	上 2 寸（7 寸）		21 点 17 分钟
5	外关	上 1 寸（9 寸）		21 点 21 分钟
6	支沟	上 1 寸（10 寸）		21 点 24 分钟
7	会宗	上 1 寸（11 寸）		21 点 26 分钟
8	三阳络	上 3 寸（12 寸）		21 点 29 分钟
9	四渎	上 5.5 寸（15 寸）		21 点 36 分钟
10	天井	上 1 寸（20.5 寸）		21 点 49 分钟
11	清冷渊	上 3 寸（21.5 寸）		21 点 51 分钟
12	消泺	上 4 寸（24.5 寸）		21 点 58 分钟
13	臑会	上 5.5 寸（28.5 寸）		22 点 8 分钟
14	肩髎	上 3 寸（34 寸）		22 点 21 分钟
15	天髎	上 5 寸（37 寸）		22 点 28 分钟

(续表)

序号	穴位	穴与穴距离尺寸	亥时（21~23）	血头到达时间
16	天牖	上1.5寸（42寸）		22点40分钟
17	翳风	上1寸（43.5寸）		22点44分钟
18	瘛脉	上1寸（44.5寸）		22点46分钟
19	颅息	上1寸（45.5寸）		22点48分钟
20	角孙	上1.5（46.5寸）		22点51分钟
21	耳门	上1寸（48寸）		22点54分钟
22	和髎	上1寸（49寸）		22点57分钟
23	丝竹空	（5尺）		23点钟
备注	1. 手少阳三焦经，经长5尺。 2. 气血循行时间：亥时（21~23点钟）。 3. 气血循行速度：每分钟循行4分2厘。 4. 气血循行"从手至头"，起于关冲穴，终于丝竹空穴，计23穴。 5.（泺，音裸）（臑，音闹）（髎，音疗）（牖，音右）（翳，音益）（瘛，音赤）			

表十一　足少阳胆经气血循行"血头"推算表

序号	穴位	穴与穴距离尺寸	子时（23~1）	血头到达时间
1	瞳子髎	下1.5寸		23点钟
2	听会	下0.5寸（1.5寸）		23点2分钟
3	上关	下2.5寸（2寸）		23点3分钟
4	颔厌	下0.5寸（4.5寸）		23点7分钟
5	悬颅	下0.5（5寸）		23点7分钟
6	悬厘	下0.5（5.5寸）		23点8分钟
7	曲鬓	下2寸（6寸）		23点9分钟
8	率谷	下0.5寸（8寸）		23点12分钟
9	天冲	下0.5寸（8.5寸）		23点13分钟
10	浮白	下0.5寸（9寸）		23点13分钟
11	头窍阴	下0.5（9.5寸）		23点14分钟
12	完骨	下5寸（10寸）		23点15分钟
13	本神	下2寸（15寸）		23点22分钟
14	阳白	下1寸（17寸）		23点25分钟
15	头临泣	下1寸（18寸）		23点27分钟

(续表)

序号	穴位	穴与穴距离尺寸	子时（23~1）	血头到达时间
16	目窗	下1寸（19寸）		23点28分钟
17	正营	下1寸（20寸）		23点30分钟
18	承灵	下3寸（21寸）		23点31分钟
19	脑空	下2寸（24寸）		23点36分钟
20	风池	下1寸（26寸）		23点39分钟
21	肩井	下4寸（27寸）		23点40分钟
22	渊液	下0.8寸（31寸）		23点46分钟
23	辄筋	下5寸（31.8寸）		23点47分钟
24	日月	下4寸（36.8寸）		23点55分钟
25	京门	下2寸（40.8寸）		24点1分钟
26	带脉	下3寸（42.8寸）		24点4分钟
27	五枢	下0.3寸（45.8寸）		24点8分钟
28	维道	下2寸（46.3寸）		24点9分钟
29	居髎	下2寸（48.3寸）		24点12分钟
30	环跳	下9.5寸（50.3寸）		24点15分钟
31	风市	下1寸（59.8寸）		24点29分钟
32	中渎	下2寸（60.8寸）		24点31分钟
33	膝阳关	下3寸（62.8寸）		24点34分钟
34	阳陵泉	下4寸（65.8寸）		24点38分钟
35	阳交	下0.8寸（69.8寸）		24点44分钟
36	外丘	下1.5寸（70.6寸）		24点45分钟
37	光明	下1寸（72.1寸）		24点48分钟
38	阳辅	下0.5寸（73.1寸）		24点49分钟
39	悬钟	下2.4寸（73.6寸）		24点51分钟
40	丘墟	下1.5寸（76寸）		24点53分钟
41	足临泣	下1寸（77.5寸）		24点56分钟
42	地五会	下1寸（78.5寸）		24点57分钟
43	侠溪	下0.5寸（79.5寸）		24点59分钟
44	足窍阴	（8尺）		1点钟
备注	1. 足少阳胆经，经长8尺。 2. 气血循行时间：子时（23~1点钟）。 3. 气血循行速度：每分钟循行6分7厘。 4. 气血循行"从头走至足"，起于瞳子髎穴，终于足窍阴穴，计44穴。 5. （颔，音汉）			

附录：人体十四经脉"气血之头"推算列表

表十二 足厥阴肝经气血循行"血头"推算表

序号	穴位	穴与穴距离尺寸	丑时（1~3）	血头到达时间
1	大敦	上1寸		1点钟
2	行间	上2寸（1寸）		1点2分钟
3	太冲	上3寸（3寸）		1点6分钟
4	中封	上4寸（6寸）		1点11分钟
5	蠡沟	上4寸（10寸）		1点19分钟
6	中都	上8寸（14寸）		1点26分钟
7	膝关	上4寸（22寸）		1点41分钟
8	曲泉	上3寸（26寸）		1点48分钟
9	阴包	上13寸（29寸）		1点54分钟
10	足五里	上1寸（42寸）		2点18分钟
11	阴廉	上1寸（43寸）		2点20分钟
12	急脉	上12寸（44寸）		2点21分钟
13	章门	上9寸（56寸）		2点44分钟
14	期门	（6.5尺）		3点钟
备注	1. 足厥阴肝经，经长6.5尺。 2. 气血循行时间：丑时（1~3点钟）。 3. 气血循行速度：每分钟循行5分4厘。 4. 气血循行"从足走入腹"，起于大敦穴，终于期门穴，计14穴。 5. （蠡，音离）			

表十三 任、督二脉气血流注开穴法

任、督二脉气血循行之理
本法源于陈述堂编著的《子午流注说奥》和方云鹏、方本正编著的《时间医学与针灸万年历》。 　　任、督二脉流注开穴法，是以十二时辰配合任、督二脉腧穴，以阳生、阴降顺序流注开穴。督脉为阳，任脉为阴，阳由督后上升，阴由任前下降。任督二脉互结为环，绕人身一周，保证了人之生命的正常运动。医家称任督二脉，道家称周天。

277

(续表)

任督气血流注穴位时间为：
子时　会阴（23~1 点钟）
丑时　腰俞（1~3 点钟）
寅时　命门（3~5 点钟）
卯时　筋缩（5~7 点钟）
辰时　身柱（7~9 点钟）
巳时　风府（9~11 点钟）
午时　百会（11~13 点钟）
未时　水沟（13~15 点钟）
申时　天突（15~17 点钟）
酉时　膻中（17~19 点钟）
戌时　中脘（19~21 点钟）
亥时　关元（21~23 点钟）

此法要推算出任、督二脉每个腧穴"血头"到达时间，须掌握以下几个问题：

①掌握任、督二脉长度。任、督经长各 4 尺 5 寸。
②掌握每经段内有多少穴位，并知穴与穴间的距离尺寸，见表 1~2。
③掌握每个经段气血循行速度。因每个经段、穴位多少不同，距离尺寸不同，气血循行的速度也不相同。每分钟气血循行速度为：

子时：0.52 厘米	丑时：0.73 厘米
寅时：0.66 厘米	卯时：0.73 厘米
辰时：0.65 厘米	巳时：0.37 厘米
午时：0.41 厘米	未时：1.2 厘米
申时：0.66 厘米	酉时：0.47 厘米
戌时：0.58 厘米	亥时：1 厘米

附录：人体十四经脉"气血之头"推算列表

表十四 任、督二脉气血循行"血头"推算表

序号	穴位	经脉	穴与穴距离尺寸	经段尺寸	时辰	血头到达时间
1	·会阴	·任脉	上5寸（不含）	6.2寸	子时23~1点钟	23点钟
2	长强	督脉	上1.2寸			24点36分钟
3	·腰俞	·督脉	上6.3寸	8.8寸	丑时1~3点钟	1点钟
4	阳关	督脉	上2.5寸			2点26分钟
5	·命门	督脉	上1.6寸	8寸	寅时3~5点钟	3点钟
6	悬枢	督脉	上3.2寸			3点24分钟
7	脊中	督脉	上1.6寸			4点13分钟
8	中枢	督脉	上1.6寸			4点37分钟
9	·筋缩	·督脉	上3.2寸	8.8寸	卯时5~7点钟	5点钟
10	至阳	督脉	上1.4寸			5点44分钟
11	灵台	督脉	上1.4寸			6点3分钟
12	神道	督脉	上2.8寸			6点41分钟
13	·身柱	·督脉	上2.8寸	7.8寸	辰时7~9点钟	7点钟
14	陶道	督脉	上2寸			7点43分钟
15	大椎	督脉	上2.5寸			8点14分钟
16	哑门	督脉	上0.5寸			8点52分钟
17	·风府	·督脉	上1.4寸	4.4寸	巳时9~11点钟	9点钟
18	脑户	督脉	上1寸			9点38分钟
19	强间	督脉	上1寸			10点5分钟
20	后顶	督脉	上1寸			10点32分钟
21	·百会	·督脉	上1寸	5寸	午时11~13点钟	11点钟
22	前顶	督脉	下1寸			11点24分钟
23	囟会	督脉	下1寸			11点49分钟
24	上星	督脉	下1寸			12点13分钟
25	神庭	督脉	下0.5寸			12点38分钟
26	素髎	督脉	下0.5寸			12点50分钟
27	人中	·督脉	下0.5寸	14.4寸	未时13~15点钟	13点钟
28	兑端	督脉	下0.5寸			13点4分钟
29	龈交	督脉	计4尺5寸			13点8分钟
30	承浆	任脉	下6.2寸			13点17分钟
31	廉泉	任脉	下6.2寸			14点8分钟
32	·天突	·任脉	下1.6寸	8寸	申时15~17点钟	15点钟

(续表)

序号	穴位	经脉	穴与穴距离尺寸	经段尺寸	时辰	血头到达时间
33	璇玑	任脉	下1.6寸			15点24分钟
34	华盖	任脉	下1.6寸			15点48分钟
35	紫宫	任脉	下1.6寸			16点13分钟
36	玉堂	任脉	下1.6寸			16点37分钟
37	·膻中	·任脉	下1.6寸	5.6寸	酉时17~19点钟	17点钟
38	中庭	任脉	下1寸			17点34分钟
39	鸠尾	任脉	下1寸			17点55分钟
40	巨阙	任脉	下1寸			18点17分钟
41	上脘	任脉	下1寸			18点38分钟
42	·中脘	·任脉	下1寸	7寸	戌时19~21点钟	19点钟
43	建里	任脉	下1寸			19点17分钟
44	下脘	任脉	下1寸			19点34分钟
45	水分	任脉	下1寸			19点52分钟
46	神阙	任脉	下1寸			20点9分钟
47	阴交	任脉	下0.5寸			20点26分钟
48	气海	任脉	下0.5寸			20点35分钟
49	石门	任脉	下1寸			20点43分钟
50	关元	·任脉	下1寸	12寸	亥时21~23点钟	21点钟
51	中极	任脉	下1寸			21点10分钟
52	曲骨	任脉	下10寸			21点20分钟
53	·会阴	·任脉	计4尺5寸	12寸	子时23~1点钟	23点钟

注：1. 任、督二脉气血循行起于会阴穴，终于会阴穴，循环一周十二时辰。因而，任、督二脉经长九尺（不含两脉相接的距离尺寸），分十二个经段，每个经段，距离尺寸不同，循行速度也不同。

2. 表中，穴位名字前加黑点者是气血循行"起、止穴"。起、止穴都是正点"血头"到达，此法与传统血头到达穴位不同。

3. 此表是点穴绝技的"核心"机密，以前未曾公开发表，非至人不可传。

图书在版编目(CIP)数据

陈式太极拳内功健身与技击术 / 王永其编著. –北京：人民体育出版社，2017
ISBN 978-7-5009-4609-0

Ⅰ. ①陈⋯ Ⅱ. ①王⋯ Ⅲ. ①陈式太极拳–内功–基本知识

Ⅳ. ①G852.11

中国版本图书馆 CIP 数据核字（2016）第 235137 号

*

人民体育出版社出版发行
三河兴达印务有限公司印刷
新 华 书 店 经 销

*

787×960 16 开本 19 印张 304 千字
2017 年 7 月第 1 版 2017 年 7 月第 1 次印刷
印数：1—5,000 册

*

ISBN 978-7-5009-4609-0
定价：56.00 元

社址：北京市东城区体育馆路 8 号（天坛公园东门）
电话：67151482（发行部） 邮编：100061
传真：67151483 邮购：67118491
网址：www.sportspublish.com
（购买本社图书，如遇有缺损页可与邮购部联系）